Motorenfahrstand
auf MLR-Schiff
Typ »Habicht«

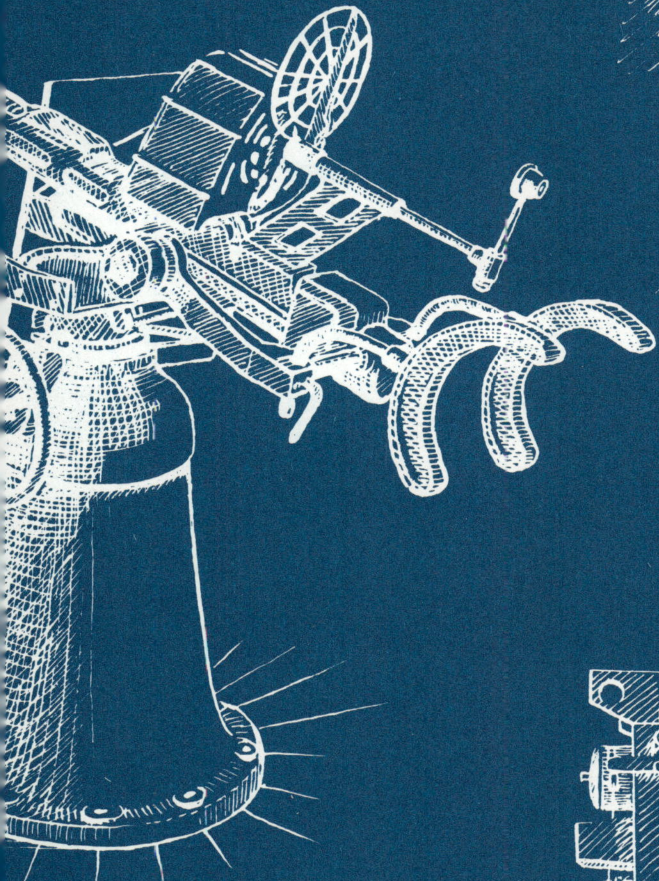

Geschütz Typ »Oerlikon«

Ankertaumine
Typ »KB«

Vom Küstenschutzboot zum Raketenschiff

Hans Mehl
Knut Schäfer
Ulrich Israel

Vom Küstenschutzboot zum Raketenschiff

Schiffe
und
Boote
der
Volksmarine

**Mit Rißzeichnungen
von Wolfgang Kramer**

Militärverlag der Deutschen Demokratischen Republik

Für die umfangreiche Unterstützung
bei der Erarbeitung dieser Publikation
danken die Autoren besonders:

Konteradmiral a. D. Dr. Friedrich Elchlepp
Kapitän zur See Dr. Georg Kautz
Fregattenkapitän Hans Vogel,
Fregattenkapitän Erwin Otte,
Fregattenkapitän Henning Berger,
Dipl.-Hist. Reiner Wachs,
Ing. Ralf Weichelt,
Dipl.-Ing. Reinhard Kramer,
Dipl.-Hist. Hartwig Eisel.

ISBN 3-327-00075-1

Inhalt

Geleitwort

Die Entwicklung der Volksmarine als Teilstreitkraft der Nationalen Volksarmee vollzog sich dank der Führung und Fürsorge durch die Sozialistische Einheitspartei Deutschlands mit dem Werden und Wachsen unserer Republik und in enger Waffenbrüderschaft mit der Baltischen Flotte der UdSSR und der Polnischen Seekriegsflotte. Die Volksmarine entwickelte sich zu einer Koalitionsflotte, die Schulter an Schulter mit den sozialistischen Ostseeflotten den Frieden im Ostseeraum sichert.

Als Soldaten des Sozialismus wissen die Angehörigen der Volksmarine, daß die Erhaltung des Friedens ihr wichtigster Klassenauftrag ist. Angesichts der imperialistischen Rüstungs- und Konfrontationspolitik nutzen sie daher die ihnen von den Werktätigen übergebene Technik und Bewaffnung zielstrebig und konsequent im Interesse der Erhöhung von Kampfkraft und Gefechtsbereitschaft.

Die in einer überarbeiteten und erweiterten Nachauflage erscheinende Publikation gibt dem Leser einen Einblick in die militärtechnische Entwicklung der Volksmarine. Er wird erweitert durch die Schilderung von Episoden, die die Anstrengungen der Angehörigen der Volksmarine bei der Erhöhung der Einsatz- und Gefechtsbereitschaft und der Festigung der Waffenbrüderschaft unterstreichen.

Die Unterstützung der UdSSR bei der Ausrüstung mit maritimer Kampftechnik sowie die Leistungen des DDR-Schiffbaus sind eine der Grundvoraussetzungen zur Erfüllung der politischen und militärischen Aufgaben, die den Verbänden, Truppenteilen und Einheiten der Volksmarine gestellt werden.

Möge dieses Buch den Stolz aller Angehörigen der Volksmarine auf die Seestreitkräfte der NVA der DDR festigen und den gedienten Reservisten eine gute Erinnerung sein.

Dr. Wilhelm Ehm
Admiral a. D.

Die Anfangsjahre des maritimen Schutzes der DDR

Die Gründung der Deutschen Demokratischen Republik am 7. Oktober 1949 markierte die entscheidende Wende in der Geschichte des deutschen Volkes, die mit der Befreiung vom Faschismus eingeleitet worden war. Dank der opferreichen Befreiungstat der Sowjetunion und ihrer internationalistischen Hilfe, dank dem zugunsten des Sozialismus grundlegend veränderten internationalen Kräfteverhältnis, dank der Herstellung der Einheit der Arbeiterklasse, die ihre führende Rolle verwirklichte und alle demokratischen Kräfte um sich zusammenschloß, konnte auf dem Boden der sowjetischen Besatzungszone der erste sozialistische deutsche Staat geschaffen werden.

Mit diesem historischen Sieg erhöhte sich die Verantwortung der Arbeiterklasse und ihrer Partei auf allen Gebieten des gesellschaftlichen Lebens. Erstmals in der Geschichte der deutschen Arbeiterbewegung erwuchs ihr die Aufgabe, einen Staat und damit die gesamte politische, wirtschaftliche und geistig-kulturelle Entwicklung des Landes zu leiten.

Unter dem Schutz der sowjetischen Besatzungstruppen war seit Kriegsende auf dem Gebiet der heutigen DDR eine konsequent antifaschistisch-demokratische Entwicklung eingeleitet und durchgesetzt worden. Ausdruck dafür war u. a., daß eine wahrhafte Volkspolizei aus klassenbewußten Arbeitern und Antifaschisten aufgebaut wurde. Ebenso vom Klassenprinzip bestimmt war die Gründung und Aufstellung einer Grenzpolizei Ende 1946, die gemeinsam mit der Sowjetarmee die Grenzen zu schützen und zu kontrollieren hatte.

Ganz anders verlief die Entwicklung in den westlichen Besatzungszonen. Zug um Zug rückten die Westmächte USA, Großbritannien und Frankreich von den Zielen und Prinzipien der Antihitlerkoalition ab. Unter Bruch völkerrechtlicher Abkommen hintertrieben sie in ihren Verantwortungsbereichen die konsequente Entnazifizierung und Demokratisierung. Sie ließen die Machtpositionen von Imperialismus und Militarismus unangetastet und leisteten damit der Restauration der alten Herrschaftsverhältnisse Vorschub.

Die Gründung des reaktionären Separatstaates BRD auf dem Gebiet der westlichen Besatzungszonen im Herbst 1949 war der Endpunkt der jahrelangen Spaltungsbemühungen sowohl der herrschenden Kreise der USA, Großbritanniens und Frankreichs als auch der im Westen Deutschlands wieder erstarkten reaktionären Kräfte. Bei der Gründung der BRD standen Antisowjetismus, Antikommunismus und Revanchismus Pate. Von Anfang an betrieb die Regierung des deutschen Separatstaates eine aggressive Politik der Remilitarisierung. Aktive Teilnahme am kalten Krieg gegen die Sowjetunion und die volksdemokratischen Länder einschließlich der jungen Deutschen Demokratischen Republik, Gelüste nach einem Revanchekrieg gegen die UdSSR und nach Sturz der Arbeiter-und-Bauern-Macht in der DDR sowie intensive geheimdienstliche Wühltätigkeit gegen die DDR waren beredte Erscheinungsformen dieser Aggressionspolitik.

Unter diesen Bedingungen stellte sich für die SED und die Regierung der DDR die Aufgabe, im Rahmen der gegebenen politischen und völkerrechtlichen Bedingungen eigene Schutzorgane mit Polizeicharakter aufzubauen. Dem entsprach die Bildung der Hauptverwaltung Ausbildung (HVA) im Ministerium des Innern der DDR im Oktober 1949, die als Führungsorgan für die seit 1948 entstandenen VP-Bereitschaften und für die VP-Schulen fungierte.

Zur Wahrung der Sicherheitsinteressen der DDR an ihrer Seegrenze wurde am 16. Juni 1950 die Hauptverwaltung der Seepolizei (HVS) gebildet. Sie war für folgende Aufgaben zuständig:

– an der Seegrenze die Errungenschaften der antifaschistisch-demokratischen Ordnung und des wirtschaftlichen Aufbaus in der DDR vor konterrevolutionären Anschlägen zu schützen;
– den Seehandel der DDR vor Schädigung durch Schmuggel an der Küste zu bewahren;
– die Fischereiflotte der DDR sowie alle anderen in Seehäfen der DDR ein- und auslaufenden Schiffe in den Küstengewässern zu schützen;
– Minen, die während des zweiten Weltkrieges gelegt worden waren, zu räumen, um die friedliche Schiffahrt und den Seehandel zu sichern.

Es waren also in kurzer Frist höchst vielfältige und komplizierte Aufgaben zu bewältigen.

Eines der wichtigsten Probleme, ja die Schlüsselfrage überhaupt, war die Erziehung und Ausbildung geeigneter Kader. Die Aufgabe bestand darin, standhafte, klassenbewußte Kämpfer mit hohem politischen Wissen und fachlichen Können zu erziehen, die bereit und fähig waren, die Errungenschaften der antifaschistisch-demokratischen Ordnung auf deutschem Boden und den wirtschaftlichen Aufbau in der DDR zu verteidigen. Das war eine Zielstellung, die zu jener Zeit die gesamte Entwicklung der jungen Seepolizei prägte.

Anfang der 50er Jahre verstärkte die BRD-Regierung fortgesetzt ihre Anstrengungen, eigene Streitkräfte aufzustellen und in die NATO aufgenommen zu werden. Die revanchistische und konterrevolutionäre Politik der herrschenden Kreise in der BRD gefährdete den Frieden in Europa. Sie bedrohte die unter großen Anstrengun-

Angehörige der Seepolizei demonstrieren zum Abschluß des III. Parteitages der SED am 24. Juli 1950 in Berlin

gen und schweren Opfern im antifaschistischen und antiimperialistischen Befreiungskampf der Völker erreichten Ergebnisse des zweiten Weltkrieges und der Nachkriegsentwicklung, vor allem die Errungenschaften des jungen sozialistischen deutschen Staates.

Im Mai 1952 unterzeichneten die USA, Großbritannien, Frankreich und die BRD den Generalvertrag und den Vertrag über die Europäische Verteidigungsgemeinschaft. Damit ging der BRD-Imperialismus zur offenen Remilitarisierung über und erklärte die »Neuordnung im Osten Europas« zum Ziel seiner Politik.

Die ständig zunehmenden Bestrebungen des wiedererstarkenden Imperialismus und Militarismus in der BRD, die DDR zu annektieren, machten es notwendig, den bewaffneten Schutz der DDR zu verstärken. Auf der 2. Parteikonferenz der SED vom 9. bis 12. Juli 1952 erklärte der erste Präsident der DDR, *Wilhelm Pieck,* in seinem Diskussionsbeitrag: »Kann es eine gerechtere Sache geben als die, daß die Arbeiter unserer volkseigenen Betriebe und Werke ihrer Hände Arbeit gegen die Profitgier der kriegslüsternen Monopolherren verteidigen? Kann es eine gerechtere Sache geben als die, daß unsere Bauern den Boden, den sie mit ihrem Schweiß gedüngt haben, gegen die Raffgier der militaristischen Junker verteidigen? ... Die Verteidigung dieser Errungenschaften unserer Republik ist die gerechteste Sache der Welt ... Bereit sein zu Abwehr des Feindes, eine eigene Armee schaffen, sie mit modernen Waffen ausrüsten und gründlich ausbilden – das erfordert von uns die veränderte internationale Situation.«*

Die 2. Parteikonferenz faßte den historischen Beschluß, in der DDR die Grundlagen des Sozialismus aufzubauen. Gleichzeitig wurde beschlossen, in dem Falle, daß die BRD eine neue, den Interessen des Imperialismus dienende Armee aufbauen sollte, reguläre Streitkräfte des Arbeiter-und-Bauern-Staates zu schaffen, und es wurden entsprechende Vorkehrungen getroffen.*

* Protokoll der 2. Parteikonferenz der SED. Berlin, 1952, S. 215f.

Junge Angehörige der Seepolizei bei der Wartung und Pflege der 1950 übernommenen KS-Boote

Vorerst schätzte die SED ein, daß man mit diesem Schritt warten könne. Um aber dem objektiven Erfordernis zu entsprechen, die sozialistischen Errungenschaften auf jede erdenkliche Weise zu schützen, beschloß die Regierung der DDR, die Schlagkraft und Organisiertheit der bestehenden Polizeikräfte zu erhöhen. Das geschah, indem unter Wahrung des Polizeicharakters mit Wirkung vom 1. Juli 1952 aus den Bereitschaften und Schulen der HVA die Kasernierte Volkspolizei (KVP) formiert wurde. Als Teil der KVP entstand die Volkspolizei-See (VP-See). Die Regierung der UdSSR erklärte sich bereit, die DDR durch Lieferung technischer Ausrüstung zu unterstützen und durch die Kommandierung erfahrener Offiziere als Berater bei der Ausbildung mit Rat und Tat Hilfe zu leisten.

* Siehe Geschichte der SED, Abriß. Berlin, 1978, S. 283

Bereits Ende Mai 1952 hatte das IV. Parlament der FDJ stattgefunden. Die 2539 Delegierten demonstrierten die gewachsene Verteidigungsbereitschaft der Jugend. Sie beschlossen, die Verbindung des Jugendverbandes zu den Einheiten der Deutschen Volkspolizei zu festigen, und übernahmen die Patenschaft über die bewaffneten Organe der DDR.

Der bis Ende 1952 aufgebaute Kräftebestand der Volkspolizei-See, seine Bewaffnung und Ausrüstung entsprachen den Bedingungen jener Jahre und ermöglichte es, die damals gestellten Aufgaben zu erfüllen. Die Besatzungen der Boote, zumeist junge Arbeiter und FDJ-Funktionäre mit klarem Klassenstandpunkt und gutem staatspolitischem Bewußtsein, mußten schnell in einem harten Lernprozeß ihr neues Aufgabengebiet, das Waffenhandwerk, meistern lernen. An den Schulen der VP-See in kurzen Lehrgängen für ihren Einsatz als Seemann, Maschinist, Funker oder Signalgast ausgebildet, lernten sie nach der Versetzung an Bord die Organisation des Borddienstes kennen, ihr Schiff oder Boot sicher fahren, die technischen Anlagen und die Ausrüstung einzusetzen. Das erforderte eine harte, anspruchsvolle Ausbildung in See auch bei schwierigen Wetterbedingungen, ein ständiges Weiterlernen, ein oftmaliges Üben und Trainieren der Handlungen auf den Gefechtsstationen, bis die Besatzungen zu einer festen Gemeinschaft zusammengeschweißt und den Matrosen »Seebeine gewachsen« waren. Diese Ausbildung stellte gleich hohe Anforderungen an jeden Mann an Bord, angefangen vom Kommandanten bis zum jüngsten Matrosen. Unschätzbare Hilfe im Ausbildungsprozeß leisteten die sowjetischen Berater, die ihren reichen Erfahrungsschatz zur Verfügung stellten und wertvolle Kenntnisse vermittelten. Sie wurden zu Recht als Lehrmeister der jungen Sicherungskräfte der DDR zur See hoch geachtet, die das Werden und Wachsen der Volkspolizei-See als maritimes bewaffnetes Organ unseres Staates mitgestalteten.

Beim Patrouillendienst in See und beim Freiräumen der minenverseuchten Seegebiete vor der Küste der DDR wiesen die Besatzungen nach, daß sie ihre Schiffe und Boote zur Erfüllung der ihnen gestellten verantwortungsvollen Aufgaben gut beherrschen gelernt hatten.

Aus dem zweiten Weltkrieg stammende Seeminen gefährdeten in den Nachkriegsjahren ausgedehnte Gebiete der Ostsee. Den Ernst dieser Gefahr macht deutlich, daß nach Angaben der

Ausbau des VEB Peenewerft Wolgast Anfang der 50er Jahre. Rechts ein »Habicht-kurz« in der neuen Absenkanlage

französischen Fachzeitschrift »Marine Merchande«* in den Jahren 1945 bis 1955 in europäischen Gewässern 163 Schiffe auf Minen liefen. So betrugen die Schiffsverluste durch Seeminen in den Nachkriegsjahren 1945 – 25 Schiffe, 1946 – 23, 1947 – 34, 1948 – 20 und 1949 – 22 Schiffe.

Sicherung der friedlichen Schiffahrt und des Fischfangs setzte voraus, die Minen zu beseitigen. Im harten, gefahrvollen Räumeinsatz führten die jungen Einheiten der Volkspolizei-See den Kampf gegen die Minengefahr. Sie vollbrachten in See hervorragende Leistungen für unseren Staat und seine Volkswirtschaft. Allein die Besatzungen der Schiffe und Boote eines einzigen Verbandes räumten Anfang der 50er Jahre Seegebiete und Fahrwasser mit einer Gesamtfläche von 440 km^2. Ohne diesen aufopferungsvollen Einsatz der Minensucheinheiten, die respektvoll »Pflüger des Meeres« genannt wurden, wären sichere Schiffahrt und Fischfang vor den Küsten der DDR ernsthaft gefährdet gewesen.

Mit der Unterzeichnung der Pariser Verträge im Oktober 1954 gaben die Westmächte der BRD die Möglichkeit, unter Schirmherrschaft der NATO eine vorrangig für die Angriffskriegführung strukturierte und ausgebildete Armee mit Land-, Luft- und Seestreitkräften in Stärke von 500 000 Mann aufzustellen. Am 9. Mai 1955 trat die BRD offiziell der NATO bei. Reaktionäre, Kriegsgewinnler und Revanchisten aller Schattierungen in der BRD bejubelten diesen Tag. Das Territorium der BRD wurde zunehmend in eine Aufmarschbasis der NATO verwandelt. Damit schob sich der aggresive Nordatlantikpakt vom Rhein bis an die Elbe vor.

Getreu der *Lenin*schen Lehre von der kollektiven Verteidigung des Sozialismus schlossen sich die europäischen sozialistischen Länder zu einem Verteidigungsbündnis für die Sicherung des Friedens und des gesellschaftlichen Fortschritts zusammen. Am 15. Mai 1955 war im »Neuen Deutschland« zu lesen: »Verteidigungsvertrag in Warschau unterzeichnet.« Für die DDR hatte am Vortage im Warschauer Palais Radziwil der damalige Ministerpräsident, *Otto Grotewohl,* seine Unterschrift unter den »Vertrag über Freundschaft, Zusammenarbeit und gegenseitigen Beistand« gesetzt. Damit zerronnen vorerst die Illusionen westlicher Politiker und Militärs, einzelne sozialistische Staaten mit der Macht der NATO durch »blitzschnelle militärische Aktionen« dem imperialistischen Einflußbereich einzugliedern.

Der Ministerpräsident der DDR, *Otto Grotewohl*, unterzeichnet am 14. Mai 1955 den Vertrag über Freundschaft und gegenseitigen Beistand in Warschau

* Zitiert nach »Przglad morski«, Gdynia, Heft 2/85

Räumboote und »Hochhäuser«

Räumboot 514 mit 20-mm-Fla-Zwilling

Räumboote der Seepolizei vor Saßnitz – 1954

Um ihre Aufgaben erfüllen zu können, erhielten die ersten Seepolizeieinheiten Fahrzeuge aus ehemaligen Wracks, die ab 1950 von DDR-Werften wieder instand gesetzt worden waren. Eine wesentliche Hilfe war die Übergabe von sechs ehemaligen Minenräumbooten (R-Booten) der faschistischen deutschen Kriegsmarine durch die Sowjetunion. Diese Fahrzeuge vom Typ »R 218« sollten nach ihrer Indienststellung im März 1945 die im Schwarzen Meer von der sowjetischen Flotte aufgeriebene 3. R-Flottille auffüllen. Nach dem Sieg über den Hitlerfaschismus waren diese und andere R-Boote gemäß einem Beschluß des Potsdamer Abkommens über die Aufteilung der deutschen Flotte am 15. Oktober 1945 der UdSSR überlassen worden.

Die UdSSR übergab die R-Boote am 29. Mai 1950 einer Regierungskommission unter Vorsitz des Stellvertretenden Ministerpräsidenten der DDR, *Heinrich Rau,* in Parow. Dieselbe Kommission übernahm dann am 12. Juni 1950 vier weitere, zum Teil schwer beschädigte Fahrzeuge, die bis 1943 zur Königlich Dänischen Kriegsmarine gehört hatten (LOSSEN, SIXTUS, QUINTUS und HVIDBJÖRNEN). Die Generaldirektion Wasserwirtschaft stellte außerdem ein ehemaliges Flugsicherungsboot mit dem Namen AVISO bereit, das mit beschädigten Antriebsmotoren ebenfalls in den Küstengewässern der damaligen sowjetischen Besatzungszone gefunden worden war. Dazu gesellten sich zwei Torpedofangboote der ehemaligen faschistischen Kriegsmarine, die die Faschisten in der Tromper Wiek bzw. am Darßer Ort 1945 versenkt hatten. Diese Fahrzeuge waren bereits 1949 unter schwierigen Bedingungen von Genossen der Wasserschutzpolizei und mit Hilfe der Generaldirektion Wasserwirtschaft gehoben worden. Die Bergungsaktion organisierte der damalige Leiter der Wasserschutzpolizei, Oberrat *Walter Steffens*. Zur vollständigen Schiffsliste dieser ersten Fahrzeuggeneration der Seepolizei gehörten noch das spätere Taucherboot LUMME sowie verschiedene kleine ehemalige Fischkutter. Außer bei den R-Booten handelte es sich bei den meisten Fahrzeugen um recht betagte Schiffe und Boote, die dazu noch schwer beschädigt oder in einem unbrauchbaren Zustand waren. Es ist das Verdienst vieler Schiffbauer, Motorenschlosser, Rohrleger und Elektrotechniker der kleinen, sich im Aufbau befindenden DDR-Werften, daß aus diesen »Veteranen« wieder seetüchtige Fahrzeuge wurden. Sowjetische Berater und Spezialisten unterstützten uneigennützig den komplizierten Wiederaufbau der Schiffe, so daß den ersten Besatzungen der Seepolizei zum Teil bewaffnete Schiffe und Boote übergeben wurden, mit denen die Schutz- und Sicherheitsinteressen der DDR an ihrer Seegrenze wahrgenommen werden konnten.

Die von der Sowjetunion übergebenen R-Boote waren ein Kompositbau, d. h., die Spanten bestanden aus Stahl und die Außenhaut aus Holz. Der Bootskörper war ein Glattdecker und durch sieben Querschotte in acht wasserdichte Abteilungen unterteilt. Zwei 6-Zylinder-MWM-Motoren gewährleisteten über zwei 900-mm-Propeller eine Geschwindigkeit in Freifahrt von 19 sm/h (ursprünglich 22 sm/h). Als Hilfsdiesel hatten sie 4-Zylinder-Hanomag-Motoren, die aber schon bald gegen DDR-Dieselmotoren vom Typ DM-40 ausgetauscht wurden. Auf dem Achterdeck war die Räumwinde montiert, über die verschiedene Geräte zum Räumen von Ankertau- und Grundminen gefahren wurden. Zur Übergabe waren die meisten Boote mit 20-mm-Fla-Geschützen bestückt, und zwar eine Doppellafette auf dem Vorschiff und zwei Einzellafetten hinter dem Deckshaus. Einige Boote hatten auf dem Vorschiff eine 20-mm-Flak »Oerlikon«. Die Boote erhielten die Bord-Nr. 511 bis 516, ab 1955 dann 811 bis 816.

In der Seepolizei wurden die Boote sowohl zum Räumen eingesetzt, aber auch als Schulboote genutzt. Ab September 1952 bis Januar 1953 räumten sie z. B. einen Zwangsweg von 15 Seemeilen (sm) Länge und 0,54 sm

Technische Angaben	**Räumboot »R 218«**
Verdrängung, normal:	131,24 t
Verdrängung, voll:	148,62 t
Länge ü. a.:	39,50 m
Breite ü. ä.:	5,72 m
Tiefgang, Mitte:	1,80 m
Antrieb:	2 DM MWM »RS 163 SU«
Leistung:	1830 kW
Geschwindigkeit:	19 sm/h
Fahrstrecke:	1500 sm
Bewaffnung:	4 × 20 mm

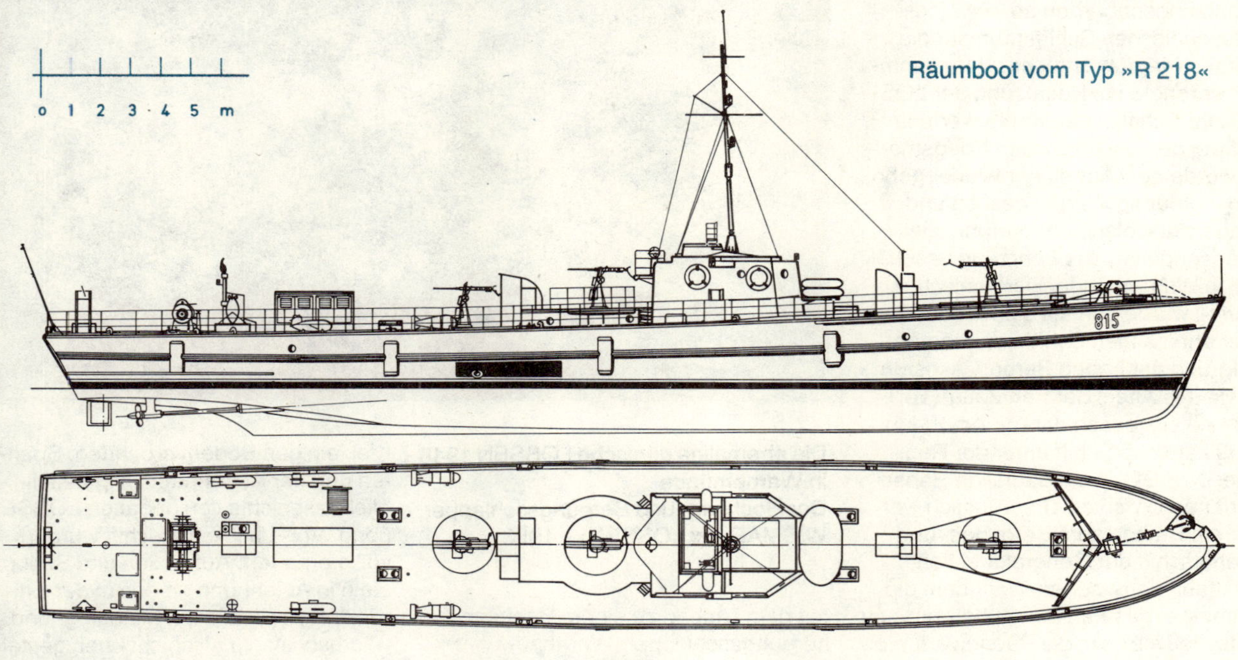

Räumboot vom Typ »R 218«

Breite durch 15maliges Überlaufen mit verschiedenen Räumgeräten von Fernzündungs- und Kontaktminen frei. Ab Februar 1953 fuhren sie scharfe Räumeinsätze im Adlergrund. Das Boot 513 mußte ab 1953/54 zeitweilig außer Dienst gestellt werden, da eine Hauptmaschine ausgebaut und vermessen wurde, um Ersatzteile bzw. neue Motoren fertigen zu können. Mit der Gründung der Nationalen Volksarmee im März 1956 stellte man die R-Boote nacheinander außer Dienst. Die GST-Marineschule Greifswald nutzte ein Boot unter dem Namen FREUNDSCHAFT noch bis 1959.

Die LOSSEN, ein ehemaliger dänischer Minenleger, war bereits 1910 auf der staatlichen Marinewerft in Kopenhagen unter der Bau-Nr. »101« gebaut worden (Stapellauf 5. Oktober 1910, Ablieferung 13. Juli 1911). Nach dem Überfall der faschistischen deutschen Wehrmacht auf Dänemark am 9. April 1940 verblieben zunächst einige dänische Dienstfahrzeuge noch unter ihrer Landesflagge. Als die faschistischen Besatzungsbehörden ab 1943 jeglichen dänischen Schiffsraum für die »totale Kriegführung« beschlagnahmten, sprengte die Besatzung der LOSSEN ihr Schiff in der Marinewerft. Im Auftrag der faschistischen Kriegsmarine wurde der Minenleger wieder gehoben, notdürftig instand gesetzt und nach Deutschland übergeführt. Bei Kriegsende lag das Fahrzeug beschädigt in Warnemünde. Der dänischen Marine wurde damals die Rückführung ihrer ehemaligen Schiffe angeboten. Aufgrund der hohen Bergungskosten sowie des Alters der Fahrzeuge verzichtete sie jedoch darauf. Am 2. Juni 1949 kam das Schiff unter der Registrier-Nr. »21« in die damalige Hansewerft nach Wismar. Ursprünglich war hier ein Umbau zum Bergungs- und Seenotschiff der Generaldirektion Schiffahrt vorgesehen. Nachdem die Seepolizei das Fahrzeug übernommen hatte, ließ sie es in die Peenewerft Wolgast schleppen, wo ab Februar 1951 mit dem Umbau zu einem Hochseebergungsschlepper (Werftbau-Nr. »12«) begonnen wurde. Außer dem Kiel, einigen Bodenverbänden, Spanten und der Außenhaut im Mittelteil blieb fast nichts von der alten LOSSEN übrig. Vor- und Achterschiff wurden völlig erneuert, Aufbauten und Schornstein in Anlehnung an den in der Entwicklung befindlichen Minenleg- und -räumschiffstyp »Habicht« neu gestaltet. Die ursprüngliche Maschinenanla-

Die ehemalige dänische LOSSEN 1948 in Warnemünde
Der Hochsee- und Bergungsschlepper WISMAR (ex LOSSEN) – 1953

ge mit Dampfkessel und zwei Kolbendampfmaschinen tauschte man gegen eine Dieselmotorenanlage mit zwei Viertakt-Dieselmotoren R 8 DV 148 aus. Vier Diesel-Generatorsätze mit den Motoren 4 NVD 224, alle von Bukkau-Wolf, sowie ein Notdiesel DM 40 übernahmen die Versorgung mit Elektroenergie. Für seine zukünftige Aufgabe als Bergungsschlepper erhielt er je zwei leistungsstarke Leck- und Feuerlöschpumpen mit einer Förderleistung von 500 bzw. 200 m^3/h. Schlepphaken und -bügel sowie ein Ladegeschirr mit einer Traglast von 12 kN vervollständigten die Ausrüstung.

Nach technischer Erprobung und Abnahme wurde das Schiff im Mai 1953 unter seinem neuen Namen WISMAR in Dienst gestellt. Die Besatzung erfüllte die vielfältigsten Schlepp- und Bugsieraufgaben, darunter auch solche mit Fahrten bis in den Finnischen Meerbusen. Bei mehreren Seenoteinsätzen bewiesen Schiff und Besatzung wiederholt Entschlossenheit und hohe Einsatzbereitschaft. So am 23. November 1955, als es bei stürmischem Wetter galt, dem in Seenot geratenen Fischkutter SAS 225 des VEB Fischkombinat Saßnitz zu helfen. Erst nach mehreren Anläufen konnte eine sichere Schleppverbindung hergestellt und der manövrierunfähige Kutter und seine Besatzung sicher in den Hafen gebracht werden. In einem Dankschreiben des Kutterkapitäns hieß es:

»Wir haben an diesem Tag mit Bewunderung festgestellt, mit welcher Ausdauer und Überlegung der Kapitän des Schleppers mit seiner Besatzung arbeitete, um die Schwierigkeiten bei der Herstellung der Schleppverbindung zu meistern … Ihre tapfere Tat war für uns ein erneuter Beweis der ständigen Hilfsbereitschaft unserer Volkspolizei-See und hat das Gefühl der Verbundenheit mit unseren Streitkräften weiter gefestigt.«

Ein weiterer Höhepunkt war die 12tägige Unterstützung des damaligen VEB Schiffsbergung und Taucherei

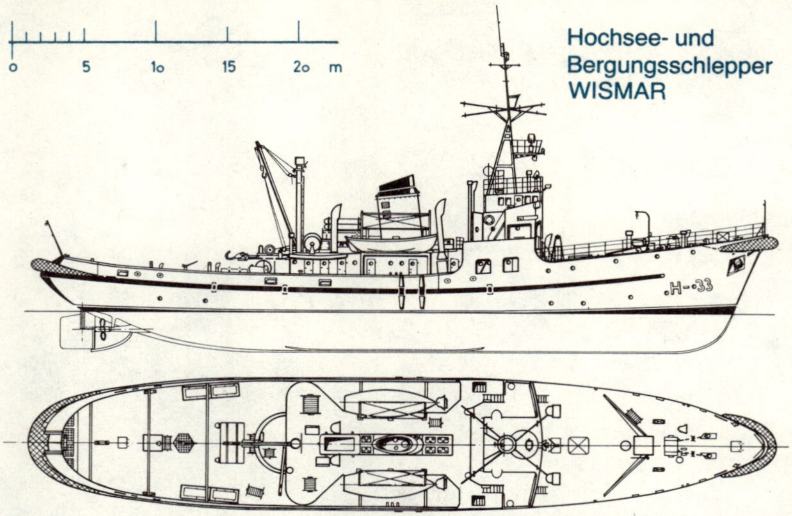

Hochsee- und Bergungsschlepper WISMAR

Technische Angaben	Hochsee- und Bergungsschlepper WISMAR
Verdrängung, voll:	727 t
Länge ü. a.:	49,90 m
Breite auf Spant:	8,50 m
Tiefgang, max.:	3,05 m
Antrieb:	2 DM »R 8 DV 148«
Leistung:	617 kW
Geschwindigkeit:	12 sm/h

beim Abbergen des am 8. Januar 1958 vor der Greifswalder Oie gestrandeten griechischen Frachters ARCHON GABRIEL (10800 tdw). Erst nachdem der Frachter geleichtert und ein Leck im Schiffsboden abgedichtet worden war, konnte das Schiff, unter Mitwirkung des Schleppers EISVOGEL, freigeschleppt werden. Da die Bergungskosten den Wert des Schiffes einschließlich seiner Ladung überschritten, übernahm die DDR dieses ehemalige »Liberty-Schiff« (Typ EC2-S-C1), das dann noch viele Jahre als ERNST MORITZ ARNDT wertvolle Dienste leistete.

Unter seiner langjährigen Bord-Nr. H 33 war der Bergungsschlepper WISMAR auch an vielen Erprobungs- und Sicherstellungsaufgaben beteiligt. Nach fast zehnjährigem Dienst beim Bergungs- und Rettungsdienst der Seestreitkräfte wurde die WISMAR im November 1962 außer Dienst gestellt und anschließend abgebrochen.

Die beiden ehemaligen dänischen Marinefahrzeuge SIXTUS und QUINTUS – diese Namen führten sie erst ab 1933 – waren ebenfalls auf der staatlichen Marinewerft in Kopenhagen als »Minenkran« V und VI (Bau-Nr. »123« und »130«) gebaut worden. Die QUINTUS lief bereits am 16. Februar 1917 und die SIXTUS am 21. Dezember 1918 vom Stapel. Nach der faschistischen Besetzung Dänemarks versenkten am 29. August 1943 die dänischen Besatzungen auch diese Fahrzeuge. Im Auftrag der faschistischen deutschen Kriegsmarine wurden die Fahrzeuge wieder gehoben und instand gesetzt. 1945 lagen beide Schiffe beschädigt im Stadthafen von Rostock. Nach einigen Vorarbeiten in der Hansewerft Wismar wurden die Fahrzeuge ab Dezember 1950 in die Peenewerft

Das Schulboot FREUNDSCHAFT (ex FÜRSTENBERG) nach der Übergabe an die GST

Wolgast übergeführt und hier zu Schulbooten für die Seepolizei umgebaut. Sie erhielten u. a. eine neue Antriebsanlage mit zwei Viertakt-Dieselmotoren von Buckau-Wolf. Als Diesel-Generatorensätze wurden zwei DM-40- und ein DM-20-Aggregat eingebaut. Als leichte Artilleriebewaffnung war auf dem Vorschiff eine 37-mm-SK C 30 in U-Boot-Lafette montiert. Diese Einzelladergeschütze mit Fallkeilverschluß und Horizontierungseinrichtung stellte die Sowjetunion aus den Beutebeständen bereit. Später wurden diese Waffen jedoch wieder abgerüstet.

Nach Abschluß einer technischen Erprobung übergab die Werft beide Boote im März bzw. im April 1952 der Seepolizei. Sie erhielten die Namen FÜRSTENBERG und PRENZLAU. Wegen ihrer relativ hohen Aufbauten wurden diese Boote schon bald als »Hochhäuser« bezeichnet, was ihre Rolle als zuverlässige Ausbildungsboote in keiner Weise schmälerte. Zeitweilig wurden sie auch als Führerboote bei ersten taktischen Übungen eingesetzt. 1959 übernahm die GST die FÜRSTENBERG und nutzte sie nach einem erneuten Umbau noch bis 1973 als Schulboot unter dem Namen FREUNDSCHAFT. Danach erhielt die Pionierorganisation »Ernst Thälmann« das Fahrzeug als Ausbildungsschiff in Stralsund. Die PRENZLAU wurde außer Dienst gestellt und abgebrochen.

Das Taucherboot LUMME, ebenfalls ein aus einem Wrack wiederaufgebautes Fahrzeug, bargen Arbeiter des VEB Schiffswerft Rechlin unter großen Mühen aus dem Tollensesee bei Neubrandenburg. Das Fahrzeug hatte bis 1945 als Torpedofangboot der faschi-

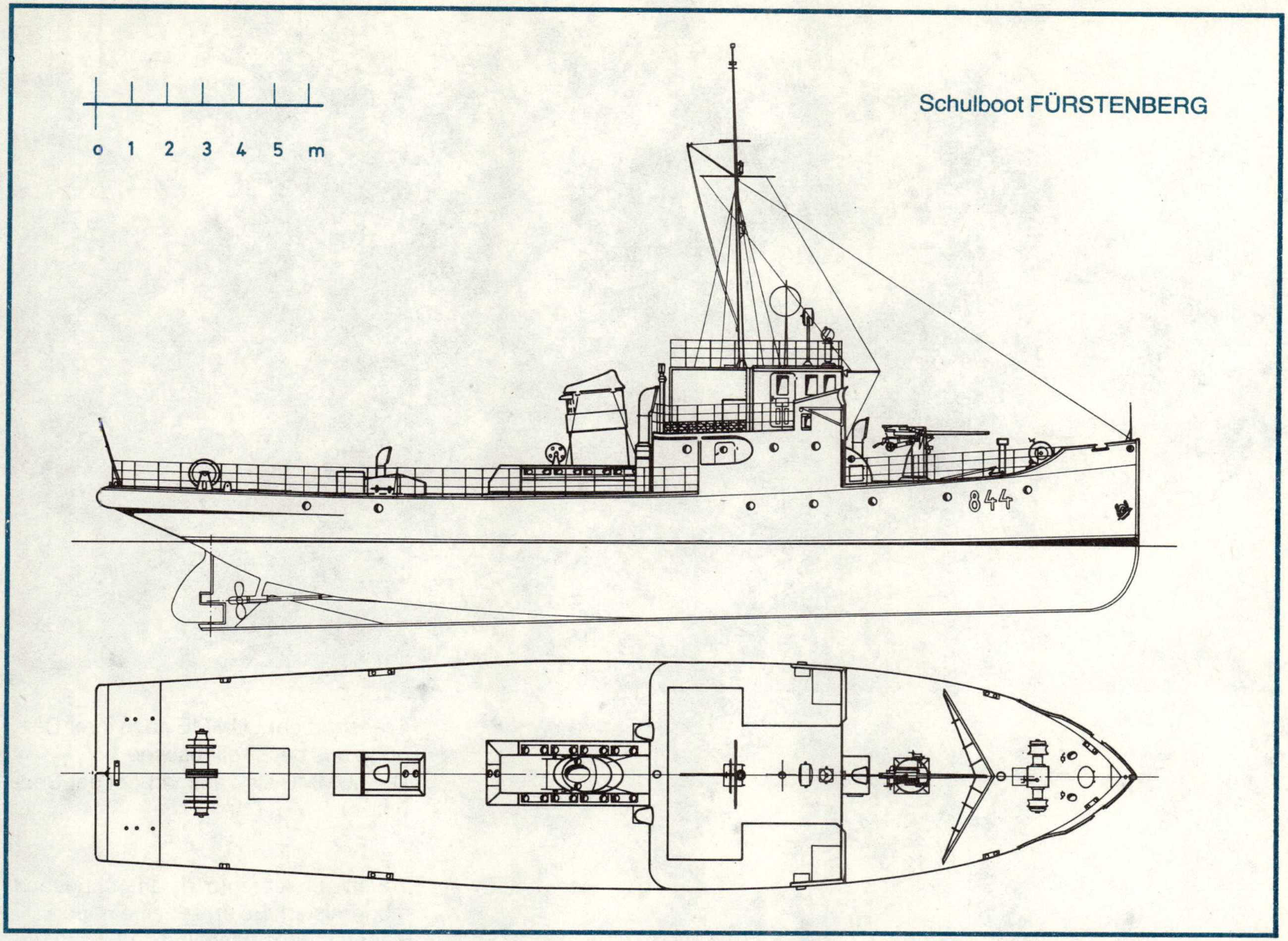

Technische Angaben	Schulboot FÜRSTENBERG
Verdrängung, voll:	199t
Länge ü. a.:	28,86m
Breite auf Spant:	6,31m
Tiefgang:	2,75m
Antrieb:	2DM »R 8 DV 136«
Leistung:	441kW
Geschwindigkeit:	12sm/h
Bewaffnung:	1 × 37mm (zeitweilig)

stischen Kriegsmarine beim dortigen Torpedoschießstand gedient und war bei Kriegsende durch Sprengung versenkt worden. Die Bergungsarbeiten begannen im Oktober 1949. Nach dem Abdichten der Lecks mußte das völlig versandete Boot mühselig mit Feuerwehrschläuchen freigespült werden, um es anschließend an eine hergerichtete Verladestelle am Ufer des Sees bugsieren zu können. Winden hievten den 107t schweren Bootskörper auf zwei Tiefladewagen, und anschließend transportierte ihn eine Zugmaschine von Neubrandenburg nach Anklam. Hier zu Wasser gelassen, ging es auf Binnenwasserstraßen nach Stralsund. Die damalige Staatswerft (später VEB Volkswerft Stralsund) erhielt den Auftrag, dieses Fahrzeug zu einem Taucherboot umzubauen. Dank der Einsatzbereitschaft der Stralsunder Schiffbauer konnte das Taucherboot am 1. Mai 1950 als erstes Fahrzeug für die Seepolizei in Dienst gestellt werden. Bis zum 22. August 1950 unterstützte es unter Kapitän *Krüger* die Schrottbergung am Wrack des ehemaligen faschistischen Schul-Linienschiffes SCHLESIEN. Erst dann setzte es die Seepolizei als Taucherboot ein. Im Verlaufe seiner Nutzung wurde das

Transport der LUMME nach ihrer Bergung aus dem Tollensesee
Die LUMME als Taucherboot der Seepolizei

Taucherboot mehrmals umgebaut und modernisiert. Es erhielt eine neue Hauptantriebsmaschine und einen Ladebaum mit einer Traglast von 10 kN. Das Boot hatte Tauchereinsätze sowie die Ausbildung von leichten und schweren Schiffstauchern sicherzustellen. Darüber hinaus fungierte es als Kurier- und Schleppboot. Das robuste Fahrzeug wurde erst am 8. Februar 1971 außer Dienst gestellt und abgebrochen.

Die eingangs erwähnten ehemaligen Torpedofangboote sind ab 1951 unter der Projektbezeichnung »T 2« im damaligen VEB Schiffs- und Bootswerft Gehlsdorf zu Feuerlöschbooten umgebaut worden. Der Bootskörper, bis auf einige Verstärkungen, wie auch die stählernen Aufbauten, nach achtern aber um ein zusätzliches Deckshaus verlängert, blieben erhalten. Der Hauptantriebsmotor, ein 6-Zylinder-MWM-Viertaktdiesel, wurde instand gesetzt und wieder eingebaut. Als neue Ausrüstung kamen eine Bergepumpe (5000 l/min) und eine Feuerlöschpumpe (2500 l/min) hinzu. Die Feuerlöschpumpe speiste u. a. auch eine an Deck aufgestellte »Wasserkanone« ein, wogegen sich für die Bergepumpe Sauganschlüsse an beiden Seiten des Maschinenraumaufbaus befanden. Die Seepolizei stellte Anfang 1952 eines der umgebauten Fahrzeuge unter dem Namen BERGER II in Dienst. Es fuhr bis zu seiner Außerdienststellung am 15. Oktober 1971 als Hafenfeuerlöschboot.

Das der Seepolizei übergebene ehemalige Flugsicherungsboot AVISO wurde ab Januar 1952 in der Peenewerft Wolgast unter der Projektbezeichnung »WB 26« umgebaut und modernisiert. Auch hier blieben der in Kompositbauweise hergestellte Bootskörper und das Deckshaus erhalten. Den Antrieb stellten zwei ehemalige Junkers-Flugzeugmotoren sicher. Ursprünglich standen auch zwei leichte 20-mm-Maschinenwaffen »Flak 38« an Deck, die später jedoch wieder abgerüstet worden sind. Das Fahrzeug wurde im September 1952 übergeben und als Schulboot mit der Bord-Nr. 841 in Dienst gestellt. Bis zur Gründung der NVA leistete das Boot wertvolle Dienste bei der seemännischen und technischen Ausbildung von Matrosen- und Maatenschülern an der Flottenschule.

Am 10. Oktober 1956 erhielt die GST auch dieses Fahrzeug, wo es noch bis 1960 als Ausbildungsboot für den Seesport fuhr. Nach seiner Außerdienststellung bei der GST wurde das Boot nach Stralsund übergeführt und hier nach einem Umbau als stationäres »Pionierschiff« genutzt. Mit der Übernahme des neuen »Pionierschiffes« FREUNDSCHAFT wurde das Boot 1976 abgebrochen.

Zu den ersten Schulfahrzeugen gehörte noch ein älterer ehemaliger däni-

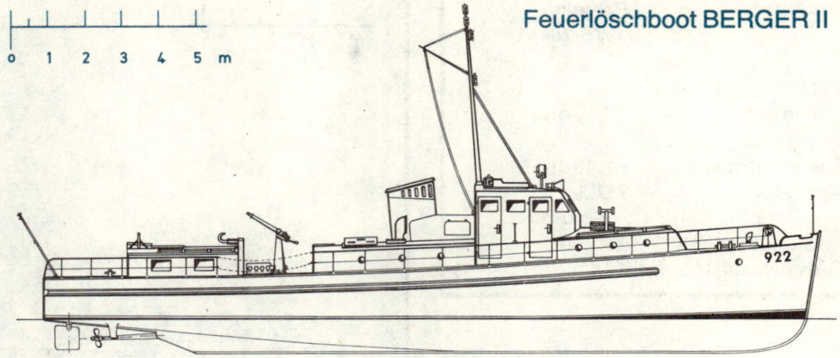

Feuerlöschboot BERGER II

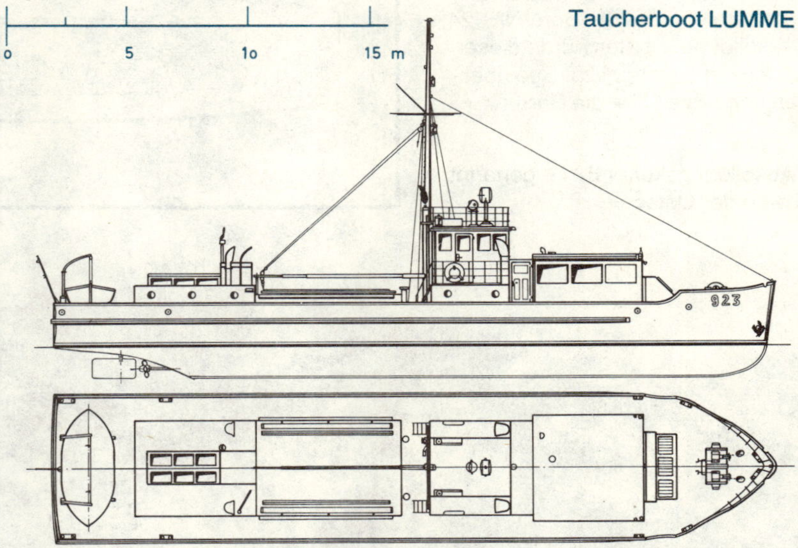

Taucherboot LUMME

Technische Angaben	**Feuerlöschboot BERGER II**	**Taucherboot LUMME**
Verdrängung, voll:	60 t	180 t
Länge ü. a.:	22,3 m	28,1 m
Breite:	3,8 m	6,2 m
Tiefgang:	1,1 m	1,6 m
Antrieb:	1 DM MWM	1 DM
Leistung:	183 kW	220 kW
Geschwindigkeit:	12 sm/h	10 sm/h

Technische Angaben	Schulboot Projekt »WB 26«
Verdrängung, voll:	80t
Länge ü. a.:	27,50m
Breite ü. a.:	5,14m
Tiefgang, max.:	1,40m
Antrieb:	2DM »Jumo 205 C«
Leistung:	440kW
Geschwindigkeit:	12sm/h

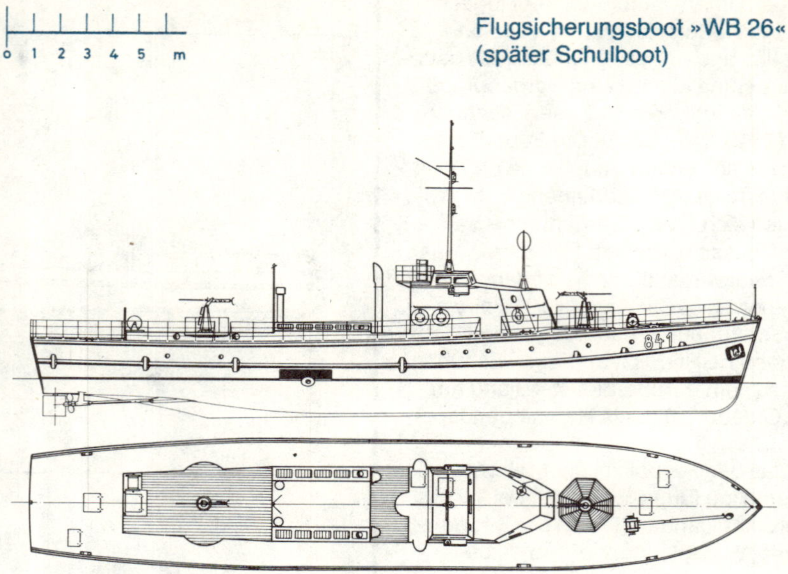

Flugsicherungsboot »WB 26« (später Schulboot)

scher Fischkutter, der als »Schwan der Ostsee« in die Geschichte der Seepolizei einging. Den Kutter baute die Schiffswerft Barth um. Ohne Bewaffnung diente er unter der Bord-Nr. 824 zur Ausbildung. Später wurde dieser Kutter an die Grenzpolizei-See übergeben und erhielt hier die Bord-Nr. G 41.

Der Ausbildungskutter 824 – genannt »Schwan der Ostsee«

Das erste Schiff unter Dampf

Die ehemalige HVIDBJÖRNEN nach ihrer Bergung in Warnemünde

Mit dem weiteren Aufbau maritimer Schutzorgane unserer Deutschen Demokratischen Republik stand die Hauptverwaltung Seepolizei vor der Frage, ein geeignetes Schulschiff für die Ausbildung einer neuen Generation sozialistischer See- und Ingenieuroffiziere zu beschaffen. Die Wahl fiel auf ein noch aus der Zeit des zweiten Weltkrieges stammendes Schiffswrack, das zuvor in Warnemünde geborgen und am 12. Juni 1950 von der Sowjetunion zur weiteren Nutzung übergeben worden war. Nach der provisorischen Abdichtung einiger Lecks wurde das Schiff nach Stralsund übergeführt und hier in der Volkswerft so weit vorbereitet, daß ab 1951 im VEB Peenewerft Wolgast eine grundlegende Modernisierung begonnen werden konnte.

Das damals unter dem Projektnamen »Dorsch« von den Schiffbauern der Peenewerft mit viel Erfindergeist und Stolz sowie mit direkter sowjetischer Unterstützung wieder aufgebaute Schiff hatte bereits seine Geschichte. Mit dem Namen HVIDBJÖRNEN war es als dänisches Fischereischutzschiff auf der staatlichen Marinewerft (Orlogsvaerfet) Kopenhagen am 27. Dezember 1928 unter der Bau-Nr. »147« vom Stapel gelaufen. Das Schiff, ein Backdecker mit geradem Steven, genieteter Außenhaut und relativ großem Freibord, war mit zwei 87-mm-Kanonen L/40 und zwei MGs bewaffnet. Den Fischereischutzdienst versah es hauptsächlich um Island. Analog den anderen ehemaligen dänischen Marinefahrzeugen versenkte auch die Besatzung der HVIDBJÖRNEN ihr Schiff bei Beginn der Beschlagnahmeaktionen der deutschen Besatzungstruppen am 29. August 1943 bei Vengeance-Grund. Es war wieder gehoben worden und lag nach Kriegsende beschädigt in Warnemünde.

Während der Instandsetzung und Modernisierung in der Peenewerft Wolgast erhielt das Schiff einen schrägen Vorsteven und eine neue Brücke. Die Decksaufbauten wurden nach achtern verlängert. Die Hauptantriebsmaschine, eine *Lentz*sche 4-Zylinder-2fach-Expansionskolbendampfmaschine mit *Klug-Marshall*scher Steuerung, sowie zwei Doppelflammrohrkessel mit Ölfeuerung wurden instand gesetzt. Die Kessel hatten einen Betriebsdruck von 1,3 MPa und mit zwei Koertingbrennern je Kessel eine Dampfleistung von 5,6 t/h. Zur Elektro-Energieerzeugung erhielt das Schiff ein Diesel-Generatoraggregat mit Motor 4 NVD 26 und zwei Aggregate mit Motor 4 NVD 40 neu installiert. Das Bordnetz wurde mit 220 V Gleichspannung eingespeist. Eine Reihe von Hilfsmaschinen wie Ankerspill, Ballastpumpe, Heizöl- und Kesselspeisewasserpumpe hatten noch Dampfantrieb. Auch die Rudermaschine war eine schnellaufende Kolbendampfmaschine mit hydraulischer Telemotorstellanlage und wurde von der Brücke aus gesteuert. Als leichte Artilleriebewaffnung waren vier sowjetische 37-mm-Einzelwaffen Modell 70 K und zwei 25-mm-Einzellafetten in den Brückennocken vorgesehen. Während der technischen Erprobung installierte man kurzzeitig zwei ehemalige deutsche 20-mm-Vierlingswaffen an Bord, die jedoch während der ersten Probeschüsse zu Bruch gingen. Bootsaussetzvorrichtungen wurden an jeder Bordseite für einen Kutter K-10 und ein Motordingi vorgesehen. Kammern und Decks waren für die Unterbringung der Stammbesatzung (56 Mann) eingerichtet. In zwei Wohndecks konnten zusätzlich 56 Offiziersschüler als Praktikanten eingeschifft werden.

Die feierliche Indienststellung des Schiffes unter dem verpflichtenden Namen ERNST THÄLMANN fand im Jahre 1952 statt. Nach der Ausbildung der Stammbesatzung begannen erste

Ausbildungstörns für zukünftige Offiziere der Grenzsicherungs- und Küstenwachboote der damaligen Volkspolizei-See. Nach dem 1. März 1956 wurde die ERNST THÄLMANN Flaggschiff der jungen Seestreitkräfte. In dieser Eigenschaft nahm sie, mit Ehrengästen an Bord, die Flottenparade am 1. Mai 1958 in Warnemünde ab. Nach einer Navigationsbelehrungsfahrt vom 14. bis 18. Juni 1958 war der erste Besuch eines Schiffes der Seestreitkräfte in der Sowjetunion das Anlaufen der Heldenstadt Leningrad im Juli 1959. Weitere Ausbildungsfahrten in Freundesland und der zeitweilige Einsatz als Führungsschiff bei Übungen stellten hohe Anforderungen an Schiff und Besatzung.

Das als Einschraubenschiff mit steuerlastigem Kiel schwer zu manövrierende Fahrzeug erforderte großes Können der jeweiligen Kommandanten. Auch die überalterte Antriebsanlage bereitete zunehmende Schwierigkeiten (nach jedem Einlaufen Nachwalzen einiger Siedrohre und Kaltwasserdruckprobe), so daß 1957 bereits der VEB Dampferzeugerbau Hohenturm eine neue Kesselanlage mit zwei Wasserrohrkesseln (Betriebsdruck 1,8 MPa) einbaute. Mit erhöhtem Dampfdruck konnten nunmehr in AK-Fahrt (Äußerste Kraft) mit 108 U/min 13,2 sm/h gelaufen werden. Ab 1956

Technische Angaben (nach Umbau)	**Schulschiff ERNST THÄLMANN**
Deplacement:	1100 t
Länge ü. a.:	65,63 m
Breite ü. a.:	9,82 m
Tiefgang, mittel:	4,70 m
Tiefgang, hinten:	5,40 m
Antrieb:	Kolbendampfmaschine 2 Kessel
Leistung:	882 kW
Geschwindigkeit:	12 sm/h
Reichweite:	2500 sm
Bewaffnung:	1 × 85 mm 90 K 3 × 37 mm 70 K 2 × 25 mm

Das Schulschiff ERNST THÄLMANN

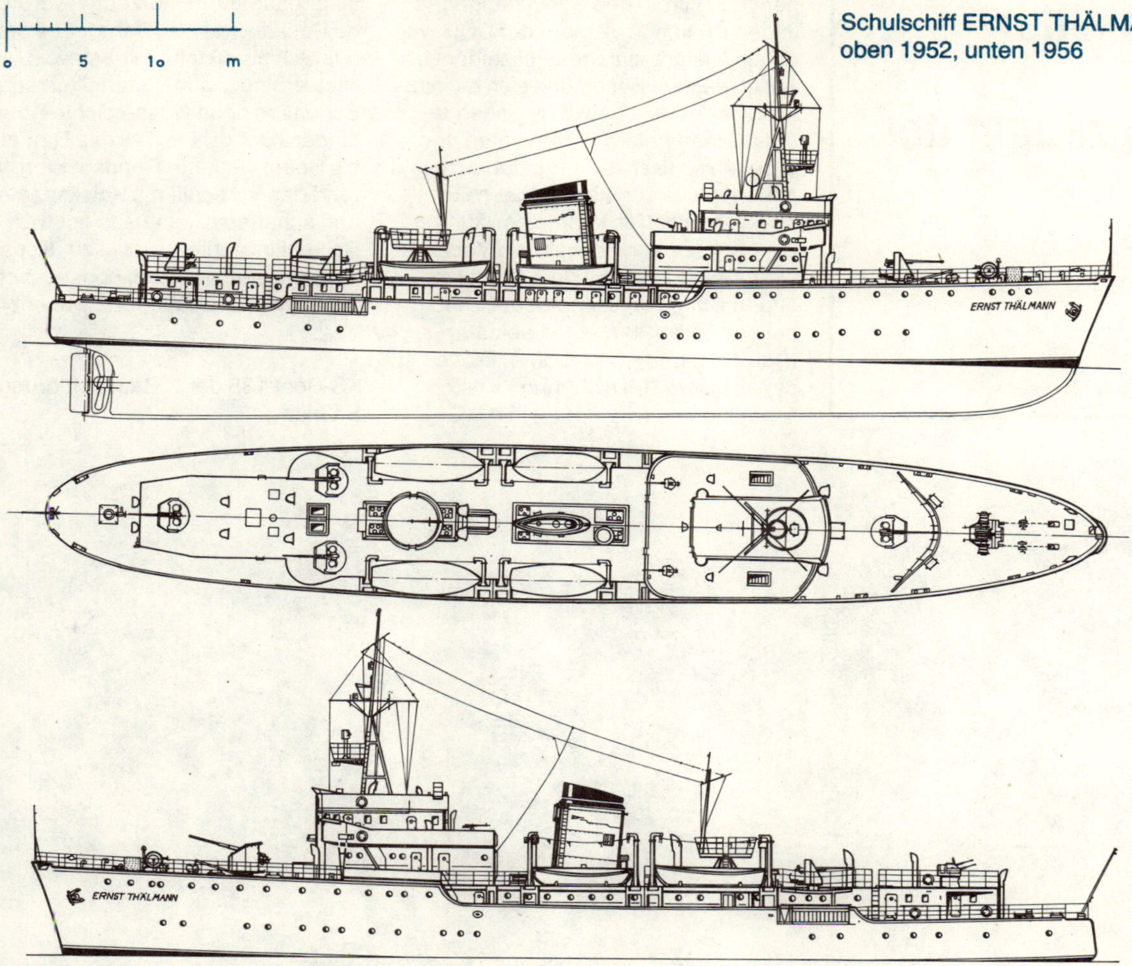

Schulschiff ERNST THÄLMANN – oben 1952, unten 1956

kam auf dem Vorschiff das damals neu eingeführte sowjetische 85-mm-Universalgeschütz L/52 Modell 90 K zum Einsatz. Die zwei auf dem Bootsdeck aufgestellten 37-mm-Waffen verblieben, während das achtere 37-mm-Geschütz später durch eine 25-mm-Doppellafette 2-M-3 ersetzt wurde.

Der Ehrenname ERNST THÄLMANN wurde mit Wirkung vom 16. Januar 1961 einem der vier von der Sowjetunion übergebenen Küstenschutzschiffe des Projektes 50 verliehen. Das Dampf-Schulschiff erhielt nunmehr den ebenfalls verpflichtenden Namen ALBIN KÖBIS, den es bis zu seiner Außerdienststellung im Jahre 1963 trug. Außerdienststellung hieß für diesen Veteranen jedoch noch nicht, unter den Schneidbrenner zu kommen. Noch einige Zeit in Saßnitz liegend, wurde das Schiff mit seinen sanitären Anlagen als Wohnschiff genutzt. Erst danach ging es mit Schlepperhilfe nach Warnemünde und wurde hier zur Metallrückgewinnung abgebrochen.

Der Einsatzbereitschaft seiner Besatzung bei der nicht immer einfachen technischen Indiensthaltung des Schiffes, verbunden mit großen seemännischen Leistungen zur Heranbildung junger sozialistischer Seeoffiziere, wird in der Volksmarine für immer ein ehrendes Andenken bewahrt.

Seekutter mit Flugzeugmotor

Zur Erfüllung der bereits 1950 übertragenen Kontroll- und Schutzaufgaben in den Küstengewässern der DDR wurde ein leistungsfähiges Polizeiboot benötigt, dessen Besatzung sich mit einer leichten Artilleriebewaffnung gegenüber Schmugglern, Diversanten und anderen lichtscheuen Elementen gegebenenfalls den notwendigen Respekt verschaffen konnte. Im Auftrage der HVA begann deshalb die Yachtwerft Berlin 1950 mit dem Bau einer ersten Serie von sechs Booten nach dem Projekt »26-Meter-Seekutter« (Bau-Nr. »1/50« bis »6/50«). Diese mit der späteren Bezeichnung »Küstenschutzboote« (KS-Boote) in die Geschichte der Seestreitkräfte der NVA eingegangenen Fahrzeuge waren kleine Backdeckboote. Den Bootskörper aus Schiffbaustahl, mit Schweiß- und Nietverbindungen, unterteilten acht Schotte in neun wasserdichte Abteilungen. Der größte Teil des Rumpfes, bis Spant 45, hatte Rundspanten, während das Vorschiff mit Knickspanten und scharfem Bug ausgelegt war. Der Balkenkiel verlief parallel zur Konstruktionswasserlinie (engl. construction waterline, Abk. CWL) und war nach

KS-Boot 135 der 2. Bauausführung vor Saßnitz

Ausbildung an der 20-mm-Fla-Waffe »Oerlikon«

achtern bis Spant 2 als Außenkiel weitergeführt. Die Boote hatten drei Halbbalanceruder mit mechanischer Seilzugübertragung. Vor dem Ruder lagerten die drei Propellerwellen mit aufgezogenem Bronzepropeller, Durchmesser 800 mm, in Wellenblöcken.

Der Brückenaufbau bestand aus einem erhöhten, oben offenen Fahrstand mit einem vorgebauten Deckshaus, das den Karten- und den Funkraum aufnahm und den Niedergang zu den Offizierskammern schützte. Vom Fahrstand nach achtern verlief ein flacher Aufbau, der bei den ersten Booten bis kurz vor das Spiegelheck reichte.

Die drei 6-Zylinder-Flugzeugdieselmotoren des Typs »Jumo 205/D« mit direkter Einspritzung und Schlitzsteuerung drehten bei Vollast mit 2200 U/min. Zur Reduzierung auf eine optimale Propellerdrehzahl und zur Umsteuerung war ein Wendegetriebe notwendig. Angelassen wurden die Motoren mit einem 24-V-Fliehkraftanlasser, wobei als Starthilfe in der kalten Jahreszeit mit einer Handpumpe »Zündöl« in die Zylinder gedrückt werden konnte. Da die Abgasaustritte auf diesen Booten noch seitlich an den Bordwänden angesetzt waren, verrußten diese bald und brachten den Booten den Beinamen »Schwarze KS« ein.

Zur Elektro-Energieversorgung des 24-V-Bordnetzes dienten zwei Hilfsdiesel des Typs 2 HK 65 mit angeflanschten 7-kW-Gleichstrom-Nebenschlußgeneratoren. Der Steuerbord-Hilfsdiesel trieb über eine ausrückbare Kupplung gleichzeitig die Lenzpumpe an. Später ausgerüstete Maschinenanlagen erhielten als Hilfsdiesel den 2-Zylinder-Viertaktmotor NVD/14 (DM-20) vom VEB Motorenwerk Schönebeck/Elbe.

Als Artilleriebewaffnung trugen die Boote der 1. Bauausführung 20-mm-Geschütze »Flak 38«, ein Einzelgeschütz achtern auf dem Aufbau und ein Zwillingsgeschütz auf dem Vorschiff. Diese Rückstoßlader hatten Steckmagazine mit 20 Schuß Granatpatronen.

Die funktechnische Ausrüstung bestand aus einem 100-W-Sender KS III, einem Allwellenempfänger (AWE) und einer kombinierten Sende- und Empfangsstation SEQ sowie aus UKW-Station und Richtfunkpeiler. Drei Metallrettungsflöße, Rettungsringe und Schwimmwesten gehörten zu den Rettungsmitteln. Nach Fertigstellung der ersten sechs Boote (Indienststellung bis Ende 1950) wurde im Ergebnis der Erprobung das Projekt überarbeitet. Der Bootskörper wurde um rund zwei Meter länger, und die Aufbauten wurden verändert. Der flache Aufbau reich-

KS-Boot als U-Boot-Jäger im Seekanal von Warnemünde

te nur bis zum Ende des Maschinenraumes, so daß die achtere Waffe direkt auf dem Oberdeck stand. Als Antriebsmotoren kamen ebenfalls drei »Jumo 205/D« zum Einsatz, jedoch wurde die Maschinenraumeinrichtung verändert. Die Boote hatten ein zentrales Fahrpult, ein Novum für die damalige Zeit, und die Abgasleitungen verliefen durch das Boot und traten im Spiegel aus.

Von den nunmehr als »27,8-Meter-Seekutter« bezeichneten Booten wur-

Technische Angaben	**Küstenschutzboot Projekt »27,8-Meter-Kutter«**
Verdrängung:	78 t
Länge ü. a.:	28,8 m
Breite ü. a.:	4,8 m
Tiefgang:	1,5 m
Antrieb:	3 »Jumo 205 D« (2 × »6 NVD 26 A«)
Leistung:	1200 kW (397 kW)
Geschwindigkeit:	24 sm/h (12 sm/h)
Bewaffnung:	3 × 20-mm-Flak 38 bzw. 2 × 20 mm »Oerlikon« 12 Wasserbomben nach Modernisierung: 4 × 14,5 mm 2-M-7 oder 4 × 12,7 mm DscHK

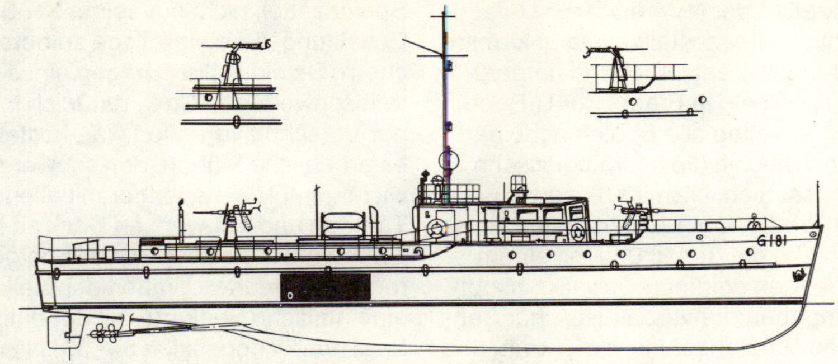

▲ KS-Boot I. Variante (26 mtr. Seekutter) mit Oerlikon-Fla-Waffen 2X20 mm
Ausschnitt oben: Boote mit Flak-38-Doppellaffette. Unten: II. Form (27,8 mtr. Seekutter). ▼

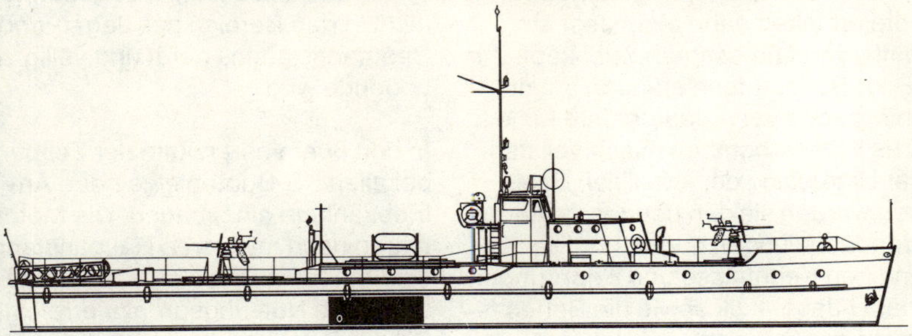

KS-Boot-Varianten

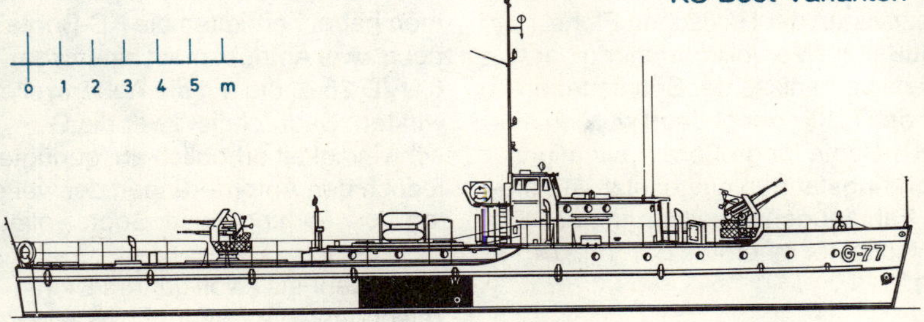

▲ KS-Boot G77 mit Ausrüstung 2x2 Fla MG 14,5 mm 2-M7 und modernisierter Zustand (1963)

Torpedofangboot SPERBER 4 nach Totalumbau

den insgesamt 20 gebaut. Davon entstanden sechs vom Juli 1951 bis April 1952 auf der Peenewerft (Werft-Bau-Nr. »13« bis »18«), während die anderen zwölf Boote wiederum der VEB Yachtwerft Berlin lieferte. Alle Boote dieses Projektes stellte die Volkspolizei-See bis 1953 in Dienst.

Die ersten Boote der 2. Bauausführung waren noch mit 20-mm-Waffen »Flak 38« bestückt (einige mit einer Zwillingslafette auf dem Vorschiff). Der größte Teil der Serie jedoch trug zwei 20-mm-Einzelwaffen des Typs »Oerlikon«. Auch diese Waffen, ebenfalls Rückstoßlader, aber mit 60-Schuß-Trommelmagazin, stellte die Sowjetunion zur Verfügung. Mit diesem Geschütztyp wurden später die meisten KS-Boote ausgerüstet.

Ab Mitte 1952 ging die Aufgabe der seeseitigen Grenzsicherung an die bereits 1950 gebildete Grenzpolizei über. Einige der neu formierten Einheiten der Grenzpolizei-See erhielten ab 1954 acht KS-Boote der 1. und 2. Bauausführung. Im Verlaufe ihres Einsatzes in den Grenzbootsabteilungen wurden diese und später nachfolgende Boote nacheinander umgebaut und modernisiert. An Stelle der »Flak 38« erhielten einige Boote zwei sowjetische 14,5-mm-Fla-MGs vom Typ DscHK-2UK (Zwillinge). Die jetzt geschlossene Brücke trug einen leichten Gittermast, der das Antennensystem der nachgerüsteten sowjetischen Funkmeßstation »Sarnitza« aufnahm.

Zur Familie der KS-Boote gehörte auch ein Einzelboot, das 1951 nach einem etwas modifizierten Projekt des »26-Meter-Seekutters« im VEB Peenewerft Wolgast entstanden war. Der Bootskörper bestand ebenfalls aus Stahl, jedoch waren als Antriebsanlage drei umsteuerbare Viertakt-Dieselmotoren vom Typ 6NVD24 mit je 73 kW Leistung eingebaut worden. Die wesentlich geringere Geschwindigkeit brachte diesem Boot bald den Beinamen »KS-langsam« ein. Das Fahrzeug wurde

1956 umgebaut und anschließend der GST als Schulboot übergeben. Dort diente es bis zu seiner Außerdienststellung unter dem Namen PATRIOT an der Marineschule in Greifswald. Den meisten KS-Booten der 2. Bauausführung mußte ab 1956 eine weitere Aufgabe zugewiesen werden, die mit einer waffentechnischen Modernisierung verbunden war. Unmittelbar nach dem Beitritt der BRD zur NATO im Mai 1955 wurden dort im Zusammenhang mit der beschleunigten Aufstellung einer neuen Aggressionsarmee des deutschen Imperialismus auch Maßnahmen für den Aufbau einer »dritten deutschen U-Boot-Waffe« eingeleitet. Ein Schritt, der in Absprache mit den NATO-Staaten, insbesondere den USA, schon seit 1953/54 vorbereitet worden war.

Speziell für den Ostsee-Einsatz konnte 1958 der Typentwurf »201« (ursprünglich U-Boot »55«) abgeschlossen werden, worauf 1959 mit dem Bau von vorerst zwölf U-Booten begonnen wurde (nach drei Booten des Typs »201« lief die Fertigung des Typs »205« sowie von Kleinst-U-Booten Typ »202« an). Um einen Ausbildungsvorlauf und Erprobungsmöglichkeiten für die neuentwickelte U-Boot-Technik und Taktik zu erhalten, waren bereits ab Sommer 1956 drei U-Boote der ehemaligen faschistischen Kriegsmarine, die im Mai 1945 versenkt worden waren, gehoben und anschließend in den Kieler Howaldt-Werken instand gesetzt worden. Zwei Boote des 260-Tonnen-Typs XXIII stellte die westdeutsche Marineführung am 15. August 1957 als HAI (ex U 2365) und am 1. Oktober 1957 als HECHT (ex U 2367) wieder in Dienst. Das in Unterwasserlage 1820 ts verdrängende U-Boot U 2540 vom Typ XXI wurde im Sommer 1957 gehoben und nach seiner Instandsetzung als Versuchs- und Erprobungsboot WILHELM BAUER ebenfalls wieder in Dienst gestellt.

Angesichts dieser Entwicklung in der BRD ergriff die DDR 1956 Maßnahmen, um den soeben geschaffenen Seestreitkräften der NVA auch ein U-Jagd-Potential bereitzustellen. Dafür kamen in erster Linie entsprechend umgerüstete KS-Boote in Frage. Zur U-Boot-Suche erhielten alle Boote nacheinander im Vorschiff die hydroakustische Ortungsstation »Tamir 10« sowjetischer Produktion. Bei den ersten Anlagen mußte die Besatzung mit einem Stander den sogenannten »Suchkopf« mit eingebauter hydroakustischer Sende- und Empfangsantenne in kraft- und zeitaufwendiger Arbeit in See an- und abbauen. Die später umgerüsteten Boote erhielten dann einen fest am Schiffsrumpf befestigten Suchkopf. Zur U-Boot-Bekämpfung standen auf dem Achterdeck zwei Ablaufgerüste für je sechs Wasserbomben. Nach vollständiger Umrüstung der jeweiligen Bootstypen wurden sie den neugeschaffenen U-Jagdabteilungen zugeführt. Die notwendigen Kenntnisse und Erfahrungen in der U-Jagdtaktik sowie die Beherrschung der Ortungs- und Bekämpfungsmittel vermittelten erfahrene Spezialisten der Baltischen Flotte.

Außer zur Vervollkommnung der Spezialkenntnisse der Besatzungen und der Taktik der U-Jagd wurden einige KS-Boote für größere Navigationsbelehrungsfahrten eingesetzt. Auf diesen Fahrzeugen absolvierten auch Offiziersschüler ihr erstes Bordpraktikum.

Ein nicht alltägliches Ereignis überraschte die Besatzung des KS-Bootes 912 am 11. Oktober 1953 in See. Etwa 5 sm querab Tipper Ort (Ostküste der Insel Rügen) wurde gegen 15.00 Uhr ein schwimmendes Lebewesen ausgemacht. Nachdem das Boot beigedreht hatte, um Hilfe zu leisten, staunte die Besatzung nicht schlecht, als sich der kühne Schwimmer als ein ausgewachsener Keiler mit »Kurs Ost« entpuppte. Da das geschwächte Tier kaum eine Chance hatte, das Ufer lebend zu erreichen, faßte der Kommandant den Entschluß, den Schwarzkittel an Bord zu hieven und mit seiner Hilfe den Speisezettel, nicht nur seiner KS-Boot-Besatzung, für einige Tage zu bereichern. Da die Rolle »Bergen eines Wildschweines in See« natürlich in keiner Vorschrift verankert war, kostete es erhebliche Mühen, den schwergewichtigen Fleischspender mit allerlei Tampen und Tauwerk an Deck zu bekommen. Heute sorgen die kunstgerecht präparierten Waffen des Keilers, eine amtliche Seekarte mit der eingetragenen Fangposition 54° 33′ N und 13° 46′ E sowie zwölf ehrbare Zeugen dafür, daß diese wahre Begebenheit nicht in den Bereich des Jäger- und Seemannslateins gerät und völlig zur Legende wird.

In den 60er Jahren kam der Zeitpunkt, bei allen KS-Booten eine neue Antriebsanlage einzubauen. Die Motoren hatten nach mehreren Hauptinstandsetzungen im Dieselmotorenwerk Rostock ihre Nutzungsgrenze erreicht. Da die Aufgaben der U-Boot-Jäger inzwischen andere Fahrzeuge übernommen hatten, erhielten die KS-Boote nur noch zwei Antriebsmaschinen vom Typ 6 NVD 26 A, die auf die Außenwellen wirkten. Dadurch fiel zwar die Geschwindigkeit erheblich ab, genügte jedoch den Anforderungen der weiteren Verwendung dieser Boote vollauf.

Nach mehr als zwölf Jahren Dienstzeit begann die Außerdienststellung der ersten KS-Boote, die nicht in den Grenzbooteinheiten fuhren. Einige der Boote wurden nochmals instand gesetzt, geringfügig modifiziert und ohne Bewaffnung der GST als Schulboote übergeben. Unter ihren neuen Namen PARTISAN, ERNST SCHNELLER (KS-26) und PIONIER leisteten diese Boote an der Marineschule der GST in Greifswald oder in den Bezirksausbildungszentren noch lange Jahre wertvolle Dienste bei der seemännischen, technischen und vormilitärischen Ausbildung zukünftiger Angehöriger der Volksmarine.

Ein gefährliches Erbe

In der Ostsee mußten Anfang der 50er Jahre Schiffsführer und Kapitäne die auf ihren Seekarten immer noch auffallend markierten Zwangswege und Seegebiete, die als »Minenverseuchtes Gebiet« gekennzeichnet waren, genauestens beachten. Von den während des zweiten Weltkrieges insgesamt 708000 verlegten Seeminen entfiel ein Großteil auf die Ostsee. In den Küstengewässern der DDR waren sowohl einige Minensperren der ehemaligen Kriegsmarine vorhanden als auch sogenannte Streuminenfelder, die zum Teil von U-Booten, überwiegend aber von britischen Bombenflugzeugen gelegt worden waren. Unmittelbar nach der Niederlage des deutschen Faschismus begannen Minenräumkräfte der Baltischen Flotte mit dem Freiräumen der wichtigsten Ansteuerungen zu den Seehäfen der damaligen sowjetischen Besatzungszone. Noch immer verblieben jedoch großflächige Seegebiete, in denen mit treibenden Minen gerechnet werden mußte. Erschwert wurden die Minenräumeinsätze durch den Umstand, daß gegen Ende des Krieges überwiegend elektromagnetische Fernzündungsminen verlegt worden waren, die Zündsysteme mit Schrittschaltwerken unterschiedlicher Versionen hatten. So war ein aufwendiges mehrmaliges Überlaufen der Räumstreifen mit Fernräumgeräten erforderlich. Wie langlebig solche Minen sein können, bewiesen der Räumerfolg einer vermutlich britischen Fernzündungsmine 1956 in der Prorer Wiek und der Minenfund 1978 im flachen Wasser vor Warnemünde. Im letzten Falle funktionierte das Zündsystem zwar nicht mehr, aber die etwa 300kg schwere Sprengladung detonierte nach Zünden einer Sprengpatrone mit voller Stärke.

Sowohl die Forcierung der Minenräumarbeiten in den Küstengewässern als auch die Abwehr möglicher subversiver Minenaktionen imperialistischer Kräfte gegen die sich entwickelnde Schiffahrt der DDR erforderten eine Verstärkung des Minenräumpotentials der Volkspolizei-See. Mit dieser Zielstellung begannen Ende 1952 DDR-Binnenwerften mit dem Bau einer größeren Serie kleiner Minenräumboote. Der entwickelte Bootstyp wurde als »Räumpinasse« (RPi) klassifiziert und erhielt den Typnamen »Schwalbe«. Die ersten sechs Boote mit den Bau-Nr. »508/1« bis »508/6«, später als 1. Bauausführung bezeichnet, baute der VEB Volkswerft »Ernst Thälmann« in Brandenburg/Havel. Die Werft lieferte das erste Boot am 13. Juni 1953 aus. Nach Überführung der Boote an die Küste und Vervollständigung ihrer Ausrüstung begann eine umfangreiche Erprobung, in deren Ergebnis eine nochmalige Überarbeitung des Projektes notwendig wurde. Der Bau der zweiten Bauserie, ebenfalls sechs Boote mit den Bau-Nr. »7/1« bis »12/6«, begann ab 1954 im VEB Yachtwerft Berlin.* Nach diesem Projekt wurden 24 Boote bis zum Jahre 1956 als 2. Bauausführung gefertigt (Bau-Nr. »7/1« bis »30/24«). Die 3. Bauausführung umfaßte die Boote »31/25« bis »48/42«, so daß bis zum Ende des Jahres 1957 insgesamt 48 »Schwalben« fertiggestellt waren.

* Die erste Zahl der Bau-Nr. bezeichnet die Gesamtbaufolge der RPis, die zweite Zahl die Baufolge der jeweiligen Werft

Grundsätzlich waren alle Fahrzeuge dieses Typs als kleine Backdeckboote mit langem Vorschiff ausgeführt. Der fast mittschiffs angeordnete Aufbau umfaßte den Karten- und den Funkraum sowie den hochgesetzten Fahrstand. In den einzelnen Bauausführungen gab es geringfügige Unterschiede, die vor allem die fortlaufende Verbesserung der Stabilität der Boote und die Antriebsanlage betrafen. So war ab der Bau-Nr. »19/13« an beiden Seiten des Schiffskörpers ein Stabilitätswulst vorgesehen. Die Boote »37/31« bis »42/36« erhielten eine zusätzliche Ballastwasserzelle, während die Boote »31/25« bis »36/30« und »47/37« bis »48/42« dagegen einen 8-t-Festballast hatten. Die Stabilitätsverbesserung stand im Zusammenhang mit der unterschiedlichen Ausrüstung der Boote an Artilleriewaffen und Räumgeräten.

Alle Boote der 1. und 2. Bauausführung hatten als Hauptantriebsmaschinen zwei Dieselmotoren 6 DV 224 mit je 110kW Leistung. Die Boote der 3. Bauausführung erhielten einen aufgeladenen Motortyp (ČSSR-Lader). Während einige der ersten zwölf Boote nur zur Erprobung bewaffnet waren, erhielten die Boote »13/7« bis »18/12« das sowjetische 12,7-mm-Zwillings-Fla-MG DschK als ständige Artilleriebewaffnung. Ab Boot »19/13« hatten alle Fahrzeuge auf dem Vorschiff eine 25-mm-Doppellafette.

Die Minensuch- und -räumausrüstung bestand aus dem großen Scheerdrachengerät (SDGG), dem Motorpinaß-Gerät (MPG) sowie dem Hohlstabfernräumgerät (HFG). Mit zwei am Heck aufgestellten Davits und einer Räumwinde konnten die Räumgeräte ausgebracht und eingeholt werden.

Nach Erreichen eines entsprechenden Ausbildungsstandes und Herstellen der Geschlossenheit der Besatzungen begannen die Einheiten mit den befohlenen Räumaufgaben. Diese Einsätze erstreckten sich über mehrere Jahre,

R-Boot Typ »Schwalbe« mit 12,7-mm-Fla-MG – 1963

wobei große Teile der minengefährdeten Seegebiete mit dem HFG 18- bis 20mal je Räumstreifen überlaufen werden mußten. Schon bald bürgerte sich für die RPis der Beiname »Arbeitsbienen der Ostsee« ein. Außer bei schwerem Wetter gab es fast keinen Tag, an dem die RPis nicht in See waren. Während der Minensuche »fischten« sie auch allerlei anderes, für die Schiffahrt gefährliches Gut aus der Ostsee. Ein nicht geringer Schreck fuhr der Besatzung einer RPi in die Glieder, als sie im Sommer 1957 beim Einholen des Räumgerätes vor Warnemünde außer den dazugehörenden Tragebojen noch einen etwa 7 m langen »Zylinder« in der Räumleine hatten. Beim vorsichtigen Einholen konnten sie den Fremdkörper als einen Torpedo mit Gefechtskopf identifizieren. Das mit 300 kg Sprengstoff gefüllte Geschoß hatte sich mit den Treibschrauben in die Räumleine verhakt, als diese bei einem Stoppmanöver auf Grund gegangen war. Unter Einleitung aller Vorsichtsmaßnahmen schleppte die RPi den Torpedo in den Stützpunkt. Die mit Unterstützung eines sowjetischen Spezialisten durchgeführte Untersuchung ergab, daß es sich um einen deutschen Torpedo Typ G 7a handelte, dessen Vorhandensein in diesem Seegebiet möglicherweise im Zusammenhang mit den am 18. Februar 1945 vor Heiligendamm bzw. am 2. März 1945 vor Warnemünde gesunkenen U-Booten U 2344 und U 3519 der ehemaligen faschistischen deutschen Kriegsmarine stand.

Eine ungewöhnliche, aber durchaus selbstverständliche Aufgabe erfüllten einige Räumboote, die im Sommer 1960 zusammen mit einem »Delphin« der Grenzpolizei-See in der südlichen Ostsee auf den in Brand geratenen dänischen Schoner JURGENS trafen. Meldung absetzen, längsseits gehen, Feuerlöschtrupp zur Brandbekämpfung übersetzen – das alles war Sache weniger Minuten. So konnte der Brand relativ schnell unter Kontrolle gebracht und der Schoner vor dem Totalverlust bewahrt werden.

Vor einer harten Bewährungsprobe stand die Besatzung des Räumbootes 422. In einer komplizierten nautischen Situation kollidierte das Boot am 30. September 1962 mit dem britischen Frachter ABBOTSFJORD. Der scharfe Steven des Frachters bohrte sich tief in die Bordseite des R-Bootes, so daß die Besatzung nach dem Zurückziehen des Frachters trotz aller Bemühungen das Boot nicht lenz halten konnte. Unglücklicherweise wurde während der Kollision ein sich als Praktikant an Bord befindender Offiziersschüler in einer Wohnkammer eingeschlossen. Da die schiffbaulichen Verbände im Bereich der Kollision stark deformiert worden waren, ließ sich die Tür dieser Wohnkammer, in der sich auch der Leckeinschnitt des Frachterbugs befand, trotz größter Anstrengungen des Bootsmanns nicht mehr öffnen. Geistesgegenwärtig und unter Anspannung seiner ganzen Willenskraft tauchte der Offiziersschüler in dem Moment aus dem Leck aus, als das Räumboot zu sinken begann. Durch seemännische Umsicht konnte die gesamte Besatzung geborgen werden. Das Boot wurde nach wenigen Tagen gehoben.

Nach Einführung sowjetischer Torpedoschnellboote des Typs »183« wur-

R-Boot Typ »Schwalbe«, umgebaut zum Torpedofangboot – 1964

den vier »Schwalben« (»508/20«, »3«, »5« und »6«) zu Torpedofangbooten umgebaut. Um geschossene Übungstorpedos aufnehmen zu können, erhielten die Boote eine Heckaufschleppe, über die der Torpedo mit einer Winde an Bord gehievt werden konnte. Da die Boote nicht über Hebezeuge verfügten, war zum Abgeben der Torpedos noch landseitige Krantechnik erforderlich.

Nach Umbau weiterer sieben Räumboote übernahm diese der Seehydrographische Dienst der DDR als Vermessungs- und Seezeichenkontrollfahrzeuge. Die Schwalbe »13/6« diente nach dem Ausscheiden aus der aktiven Räumbootseinheit noch lange Jahre als Erprobungsfahrzeug und wurde erst am 28. Oktober 1971 außer Dienst gestellt. Ebenso die Bau-Nr. »28/22«, eine der »dienstältesten Schwalben«, die im tadellosen Zustand bis in die 80er Jahre als Wohnschiff genutzt wurde. Rechnet man die Indiensthaltung einiger konservierter »Schwalben«, die periodisch zur Ausbildung von Reservisten genutzt werden, hinzu, so ist dieser Bootstyp mehr als 30 Jahre charakterisierend für die Entwicklung der Minenräumkräfte der Volksmarine.

Technische Angaben	**Minenräumboot »Schwalbe« (3. Bauausführung)**
Verdrängung, voll:	83,92 t
Länge ü. a.:	28,78 m
Breite auf Spant:	4,40 m
Tiefgang:	1,31 m
Antrieb:	2 DM »6 NVD 26 A«
Leistung:	397 kW
Geschwindigkeit:	11,3 sm/h
Bewaffnung:	1 × 25 mm 2-M-3 (Zwilling)

R-Boot Typ »Schwalbe«

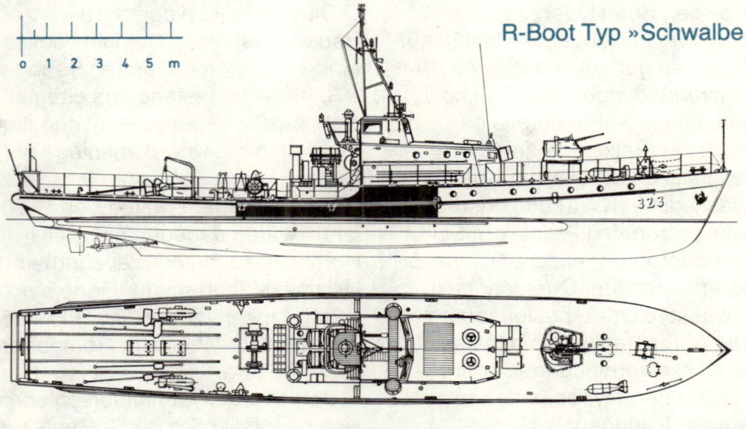

»Tümmler« und »Delphine« aus Berlin

Reedeschutzboot Typ »Delphin« nach der Modernisierung als Grenzsicherungsfahrzeug – 1963

Um den erforderlichen seeseitigen Schutz der Reeden sowie der Ansteuerungen und Häfen der DDR zu gewährleisten, wurde Anfang der 50er Jahre beschlossen, eine Serie von Hafen- und Reedeschutzbooten für die VP-See durch die Schiffbauindustrie der DDR fertigen zu lassen. Den Bau der Boote mit den Typnamen »Tümmler« und »Delphin« übernahm das bereits erfahrene Konstruktions- und Schiffbaukollektiv des VEB Yachtwerft Berlin. Neben einer ausreichenden Seetüchtigkeit, einem geringen Tiefgang und guten Manövriereigenschaften sollte bei der Projektierung des Typs »Delphin« die Nutzung als Schulboot berücksichtigt werden.

Auf beiden Bootstypen, als Backdecker mit relativ langem Vorschiff auf Rundspanten gebaut, wurden die Außenhautverbindungen zum Teil noch genietet, einige Nähte bereits geschweißt. Der Balkenkiel lief über ⅔ der Schiffslänge parallel zur Konstruktionswasserlinie (KWL) und bot den höher angeordneten Propellern Schutz vor Grundberührungen. Die Schiffskörper waren durch fünf Querschotte in sechs wasserdichte Abteilungen unterteilt. Die Aufbauten waren aus Leichtmetall mit Nietverbindungen hergestellt. Beide Bootstypen hatten folgende Raumaufteilungen:

Abteilung I – Achterpiek mit Rudergeschirr, Abgasschalldämpfer und Trinkwasserbehälter;
Abteilung II – Kombüse, Messe und Waschraum;
Abteilung III – Maschinenraum mit Antriebsmotoren, Hilfsdiesel, E-Schalttafel und Fahrpulten;
Abteilung IV – Kommandanten- und Uffz.-Kammern;
Abteilung V – Mannschaftsdeck;
Abteilung VI – Vorpiek mit Ankerkette (60 m).

Die beiden Kraftstoffbunker mit je 1000 l waren zwischen den Spanten 31 und 34 angeordnet.

Die Antriebsanlage bei allen zwölf Booten des Typs »Delphin« sowie bei einigen Booten der ersten Serie »Tümmler I« bestand aus ehemaligen nicht umsteuerbaren Flugzeugdieselmotoren als Zweiwellenanlage mit Getriebe.

Die Boote der zweiten Serie »Tümmler II« waren dagegen mit zwei IFA-Horch-Dieselmotoren ausgerüstet. Als Hilfsdieselaggregat fungierte ein 1-Zylinder-Junkers-Diesel Typ 1 HK-65, der mit einem 7-kW-Gleichstromgenerator gekuppelt war.

Beide Bootstypen unterschieden sich hauptsächlich durch Gestaltung der Aufbauten und durch Bewaffnungsarten. Während die »Delphine« einen oben offenen, flachen Brückenaufbau hatten, war er bei den »Tümmlern« höher gesetzt und oben geschlossen. Über den Maschinenräumen befand sich bei beiden Typen ein halbhoher Aufbau, auf dem die Lüfter, Schlauchboote und Bootshaken angeordnet waren. Die Boote des Typs »Delphin« hatten auf diesem Aufbau zusätzlich vier Ausbildungskompasse. Bei der Auslieferung vervollständigte ein Pfahlmast mit Rah und kurzer Gaffel das äußere Bild beider Bootstypen.

Die Bewaffnung aller Boote vom Typ »Delphin« bestand aus dem auf dem Vorschiff aufgebauten sowjetischen überschweren 12,7-mm-Fla-MG DSch K in Einzellafette. Die »Tümmler« waren dagegen mit vier 12,7-mm-Fla-MGs in je zwei Doppellafetten auf dem Vor- und Achterschiff ausgerüstet.

Die Nachrichtenverbindung stellte eine 15-W-Sende- und Empfangsstation SEG 15 vom VEB Funkwerk Dabendorf sicher.

Alle »Delphine« kamen auf dem Binnenwasserweg an die Küste und wurden nacheinander bis zum Ende des Jahres 1954 in Dienst gestellt. Dies betraf auch die ersten Boote des Typs »Tümmler I«. Die Serie »Tümmler II« mit den Bau-Nr. »7« bis »12« stellte die Werft bis Ende 1956 fertig und übergab das letzte Boot am 15. November 1956 den Seestreitkräften.

Die gelungene Konstruktion sowie die solide Ausführung dieser Bootsserien waren Voraussetzung dafür, daß die Besatzungen alle übertragenen Aufgaben stets zuverlässig erfüllen konnten. Darüber hinaus erfreuten sich diese wendigen und schnittigen Fahrzeuge sowohl bei den Stammbesatzungen als auch bei Bordpraktikanten allgemeiner Beliebtheit. Mitte des Jahres 1956 wurde aus einigen Booten des Typs »Delphin« eine Schulbootsabteilung der Seestreitkräfte formiert. Ihre erste Navigationsbelehrungsfahrt mit Offiziersschülern an Bord führte von Stralsund nach Wiek/Rügen und weiter über den Großen Jasmunder Bodden nach Hiddensee. Nicht wenige Kommandanten und Wachoffiziere späterer Kampfschiffgenerationen erhielten auf diesen Schulbooten eine solide seemännische und navigatorische Ausbildung. Als Hafen- und Reedeschutzboote gewährleisteten auch sie beim zunehmenden internationalen Schiffsverkehr Ordnung und Sicherheit auf den Reeden und Ansteuerungen der Seehäfen der DDR. Die Grenzbrigade-Küste übernahm später nach und nach alle Boote des Typs »Delphin« für den Grenzdienst. Anfang der 60er Jahre wurden sie nacheinander modernisiert. Sie erhielten eine neue Antriebsanlage mit zwei Viertakt-Dieselmotoren vom VEB Dieselmotorenwerk Rostock. An Stelle des alten Pfahlmastes kam ein leichter Dreibeinmast an Bord. Nach weiteren Jahren des Grenzdienstes wurden die meisten »Delphin«-Boote außer Dienst gestellt und abgebrochen. Einige Boote übernahm die GST als Ausbildungsfahrzeuge.

Die Boote des Typs »Tümmler« unterstanden später den Hafenkommandos der Marinestützpunkte und versahen hier Dienst als Reedeschutz- und Verkehrsboote. Nachdem die Nutzungsgrenze erreicht worden war, gingen die letzten »Tümmler« mit den Bau-Nr. »4«, »10« und »11« am 30. Oktober 1965 außer Dienst.

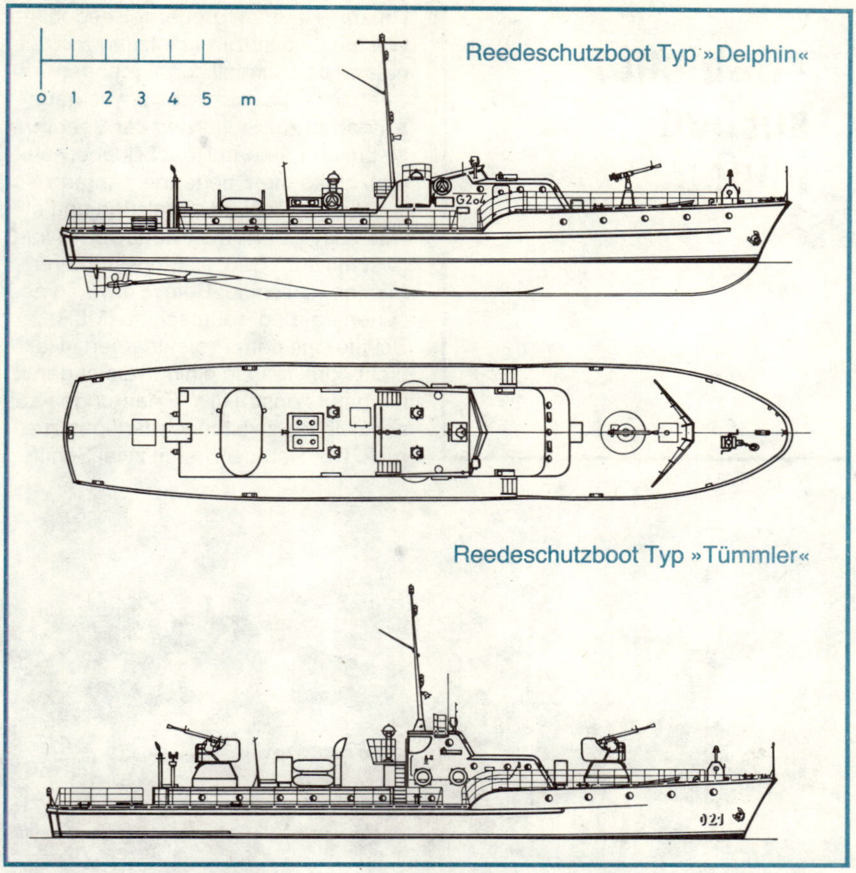

Technische Angaben	Reedeschutzboot »Delphin«	Reedeschutzboot »Tümmler«
Deplacement, voll:	37,6 t	38,4 t
Länge ü. a.:	22,4 m	22,63 m
Breite auf Spant:	4,1 m	4,10 m
Tiefgang:	1,3 m	1,28 m
Antrieb:	2 »Jumo 205 C« mod. »4 NVD 26 A«	2 »Jumo 205 C« oder 2 »IFA-Horch EM-6-20«
Leistung:	441 kW	176 kW
Geschwindigkeit:	21 sm/h	11 sm/h
Reichweite:	500 sm	550 sm
Bewaffnung:	1 × 12,7 mm	4 × 12,7 mm 2 UK

»Habichte« suchen Minen

Um das Räumen größerer Seegebiete von Minen als Voraussetzung zur Aufnahme des schnell zunehmenden Seehandels zu forcieren sowie neue Aufgaben zur Sicherung der Seegrenze unserer jungen Republik übernehmen zu können, begannen Anfang 1952 die Volkswerft Stralsund und etwas später der VEB Peenewerft Wolgast mit dem Bau leistungsstärkerer Minensuchschiffe. Beim Entwurf dieser Minenleg- und -räumschiffe (MLR-Schiffe) mit dem Projektnamen »Habicht« griff man in einigen Belangen noch auf konstruktive Erfahrungen aus der Zeit des zweiten Weltkrieges zurück. Der Bau der ersten zwei Schiffe mit den Bau-Nr. »2001« und »2002« begann am 10. April bzw. 29. April 1952 auf der Volkswerft Stralsund. Als 1. Bauausführung bezeichnet, unterschieden sich diese zwei Schiffe von allen folgenden Fahrzeugen in der Einrichtung der Maschinenanlage. Beide Antriebsmaschinen waren hier noch nebeneinander in einer Abteilung aufgestellt, während sie auf allen anderen Schiffen getrennt in je einer wasserdichten Abteilung eingebaut waren.

Das MLR-Schiff Typ »Habicht«, Bau-Nr. »2006«, auf der Helling in der Volkswerft Stralsund

MLR-Schiff Typ »Habicht« der 1. Bauausführung

Von der Bau-Nr. »2003« bis »2006« bezeichnete man diese Schiffe als 2. Bauausführung. Während der Erprobungen und der ersten Minenräumeinsätze wurde die Idee geboren, längere Schiffe (3. Bauausführung) herzustellen, um besonders die Einsatzkriterien zu verbessern und darüber hinaus die Arbeitsmöglichkeiten für die Sperrgasten auf dem Achterdeck zu erleichtern. So entstanden dann ab der Bau-Nr. »2007« die 65,15 m langen Schiffe. Die Peenewerft Wolgast fertigte dafür eine neue Konstruktion mit einer zusätzlichen Sektion an. Im Schiffsinneren konnte das dieselelektrische Räumaggregat günstig untergebracht werden. Zur Unterscheidung der 1. und 2. sowie der 3. Bauausführung bürgerten sich in der Flotte schnell inoffiziell die Bezeichnungen »Habicht – kurz« und »Habicht – lang« ein.

Insgesamt sind zwölf MLR-Schiffe gebaut worden. Das letzte Schiff, die Bau-Nr. »2012«, stellte die VP-See am 23. Dezember 1955 in Dienst.

Die MLR-Schiffe erhielten folgende Namen: »2001«-SUHL, »2002«-SCHWERIN, »2003«-R 21 (Rettungsschiff), »2004«-NEUBRANDENBURG, »2005«-R 11 (Rettungsschiff), »2006«-COTTBUS, »2007«-BERGEN, »2008«-FRANKFURT-ODER, »2009«-STRALSUND, »2010«-SASSNITZ, »2011«-WOLGAST, »2012«-GREIFSWALD.

Die Schiffskörper der »Habichte« waren als Backdecker mit durchgehendem Deckshaus bis zum achteren Arbeitsdeck ausgeführt. Auf dem relativ langen Backdeck, ab Spant 72, standen die Brückenaufbauten. Elf Querschotte unterteilten den Schiffskörper in zwölf wasserdichte Abteilungen. Sowohl die Form des Schiffskörpers mit zwei seitlichen Schlingerleisten als auch die Anordnung der Ballastzellen im Doppelboden von Spant 39 bis Spant 77 und einer achteren Trimmzelle verliehen den Schiffen ihre außergewöhnlich guten Einsatzkriterien. Mit maximalem Ballast und einem Deplacement von 891 t ergab sich z. B. ein statischer Kenterwinkel von 56°, der Stabilitätsumfang betrug mehr als 90°. Am Bug war dicht über der KWL eine Klappspiere zum Fahren eines Mineneigenschutzgerätes angebracht. Das flache, abgerundete Heck erleichterte das Ausbringen und Einholen der Räumausrüstung.

Die Hauptantriebsanlage bestand aus zwei aufgeladenen 6-Zylinder-Viertakt-Dieselmotoren des VEB Dieselmotorenwerk Rostock. Beide Motoren waren über Getriebe, Drucklager und Zwischenwellen mit den Propellerwellen verbunden. Drei Hilfsdiesel Typ 4 DV 224 mit 73,5 kW Leistung erzeugten die Elektroenergie. Außerdem waren ein Notdiesel Typ DM 40 und ein Diesel-Generatorsatz zur Versorgung des Kabelfernräumgerätes vorhanden. Die beiden Spatenruder wurden durch elektrische Rudermaschinen in *Leonard*schaltung betätigt.

Entsprechend ihrer Verwendung in den Minenräumkräften der VP-See bestand die Artillerieausrüstung der 1. und 2. Bauausführung in der Urversion aus einem 37-mm-Geschütz Modell 70 K, zwei 25-mm-Fla-Waffen 84 KM achtern auf »Schwalbennestern« und zwei 25-mm-Waffen je Bordseite auf dem Brückendeck. Die ersten Schiffe der 3. Bauausführung fuhren längere Zeit ohne Artilleriebewaffnung. Später erhielten sie auf dem Vorschiff ein 85-mm-Universalgeschütz 90 K (Schußweite 15 500 m) und vier 25-mm-Doppellafetten 2-M-3. Auf diese Bewaffnungsvariante wurden später auch die Schiffe der 1. und 2. Bauausführung umgerüstet. Alle Artilleriewaffen waren sowjetischer Produktion.

Zum Minenräumen konnten Kontakträumgeräte mit Schneidgreifern, ein elektromagnetisches Kabelfernräumgerät (KFRG), später Hohlstäbe und andere Spezialräumgeräte eingesetzt werden. Schienen an Oberdeck gestatteten das Mitführen und Werfen von Minen der Typen KB, JAM und anderer. Zur U-Boot-Ortung und -Bekämpfung waren eine hydroakustische Station sowie achtern je Bordseite vier Lager zum Werfen von Wasserbomben durch das Schanzkleid und auf dem Aufbau ebenfalls je Bordseite ein sowjetischer Mörser zum Werfen der Wasserbombe WB-1 vorhanden.

Im langjährigen Flottendienst erwiesen sich die »Habichte» als äußerst zuverlässige und robuste Fahrzeuge. Wiederholt konnte den Schiffbauern unserer noch jungen Schiffbauindustrie be-

Modernisiertes MLR-Schiff vom Typ »Habicht« mit 57-mm-Zwillingsgeschütz

scheinigt werden, daß die von ihnen gefertigten MLR-Schiffe härtesten Belastungen standhielten. Sturmfahrten, Vorpostendienst bei Eis und Schneesturm, Seenoteinsätze und lange Törns zu Belehrungs- und Besuchsfahrten in Freundesland waren darunter. Als im strengen Winter 1955/56 die Peene zufror und die Kohlezufuhr durch Binnenschiffe für ein Kraftwerk in Gefahr geriet, waren es »Habichte«, die als »Hilfseisbrecher« die kritische Situation überwinden halfen.

Unvergessen bleibt der Seenoteinsatz des MLR-Schiffes 6-15 unter dem Kommandanten Leutnant zur See *Strecker* am 21. Januar 1956. In winterlicher Sturmnacht galt es dem havarierten 650-t-Frachter ELISABETH der BRD-Reederei Bolten (Hamburg) auf der Position 54° 32,5′ N und 14° 6,7′ E Hilfe zu leisten. In stundenlangem schweren Kampf mit den Naturelementen fand der Obermatrose *Horst Liebig* in Ausübung seiner Pflicht den Seemannstod. Die Besatzung der ELISABETH richtete ein Schreiben an die Matrosen der Volkspolizei-See: »Wir von der ELISABETH danken Euch für Eure aufopferungsvolle Hilfe. Ihr wart für uns eine starke Beruhigung, eben, weil wir wußten, wenn es zum Letzen kommen sollte, es ist jemand da. Schon allein, daß Ihr bei uns aushieltet im Sturm, gab uns Zuversicht. Wir sprechen vor allem unser Beileid aus für den Kameraden, der sein Leben lassen mußte. Ihm auch über das Grab hinaus unseren Dank!«*
Eine Segelyacht der Armeesportvereinigung »Vorwärts« trägt heute den Namen HORST LIEBIG.

Wie ernst die allgemeine Minengefahr in noch verseuchten Seegebieten der südlichen Ostsee zu nehmen war, dokumentierte das Ereignis im Sommer des Jahres 1956 vor Saßnitz. Obwohl die befohlenen Räumstreifen in wochenlanger harter Arbeit schon mehrmals mit aktiven Geräten überlaufen worden waren, detonierte mit einem gewaltigen Wasserpilz eine der gefährlichen Fernzündungsminen und zerstörte das Räumgerät eines MLR-Schiffes.

Eine ungewöhnliche Aufgabe übernahmen die Besatzungen der MLR-Schiffe 6-33 und 6-91, als kurz vor Weihnachten in Greifswald ein Teil der Stromversorgung (Gleichstrom) ausfiel. Kurzerhand verlegten die Schiffe

* Flottenecho. Zeitung der VP-See, Nr. 4/56

am 17. Dezember 1956 unter dem Kommando von Kapitänleutnant *Keßler* als »schwimmende Kraftwerke« nach Greifswald. Passanten an der Ryck-Brücke, der kleinen altertümlichen Zugbrücke bei Wiek, staunten nicht schlecht, als die zwei MLR buchstäblich mit einer Handbreit Zwischenraum zwischen Brückenpfeiler und Außenhaut mit eigener Kraft nach Greifswald marschierten. In Höhe des Pulverturms machten sie dann fest. Die Stromversorgung war gewährleistet, und Berge von Weihnachtskuchen waren der Dank der Greifswalder.

Wie gefährlich die Tücken der See und des Sturmes werden können, durchlebte die Besatzung des MLR-Schiffes 6-33 Anfang 1957. Auf dem Heimmarsch stundenlang in schwerer See laufend, hatte das Schiff Wassereinbruch im Rudermaschinenraum. Beide Rudermaschinen fielen aus und konnten trotz mutigsten Einsatzes des GAV-Personals nicht wieder einsatzklar gemacht werden. Der zur Hilfe eilende Hochseeschlepper WISMAR und das MLR-Schiff 6-34 konnten in schwerer See die Havarie nicht mehr abwenden. Steuerlos geriet das Schiff vor Saßnitz auf steinigen Grund. Lecks waren die Folge. Unter Leitung des erfahrenen damaligen Chefs des Bergungsdienstes, Kapitän zur See *Walter Steffens*, konnten Besatzung und später das Schiff geborgen werden. Der Leitende Ingenieur des Schiffes, Leutnant *Tauchmann*, verstarb an den Folgen der über seine Kräfte gehenden Anstrengungen und Härten während des Schiffssicherungsdienstes. Sein heldenhafter Einsatz bleibt unvergessen.

Am 27. Juli 1957 traf der damalige Präsident der Demokratischen Republik Vietnam, *Ho Chi Minh*, in Stralsund ein. Zwei MLR-Schiffe erhielten den Auftrag, ihn und seine Begleitung zur Insel Riems zu bringen. Während der Fahrt durch den Greifswalder Bodden interessierte er sich lebhaft für die technischen Einrichtungen der Schiffe und für die Ausbildung der Matrosen. Es war eine Begegnung, die noch lange in Erinnerung der beteiligten Besatzungen blieb.

Einige Schiffe der 2. und 3. Bauausführung erhielten im Verlaufe der Dienstzeit schiffbauliche Veränderungen und Modernisierungen. So verfügte die Bau-Nr. »2012« als erstes Schiff bereits über einen Gittermast, der das Antennensystem einer Funkmeßstation aufnahm. In einer letzten Modernisierungsversion bekamen zwei Schiffe (Bau-Nr. »2008« und »2009«) an Stelle des 85-mm-Geschützes auf dem Vorschiff ein halbautomatisches 57-mm-

Die Bau-Nr. »2003« als Rettungsschiff R-21 – 1963

Zwillingsgeschütz Modell SIF-31 B. Zusätzlich wurden die Brücke verändert und eine zweite Funkmeßstation Typ »Sarnitza« mit Freund-Feind-Kennanlage nachgerüstet. Zwei Schiffe baute man Anfang der 60er Jahre zu Rettungsschiffen um (Bord-Nr. R 11 und R 21). Es wurden die Aufbauten zur Aufnahme medizinischer Räume nach achtern verlängert, ein Bordwippkran aufgebaut und zwei zusätzliche Motordingis und Schlauchboote an Bord aufgestellt. An Stelle der Bewaffnung erhielten sie »Wasserkanonen« zur

Technische Angaben	**Minenleg- und -räumschiff »Habicht«**	
	1. und 2. Bauausführung	3. Bauausführung
Deplacement:	510 t	670 t
Länge ü. a.:	59,1 m	65,1 m
Breite ü. a.:	8,0 m	8,1 m
Tiefgang:	2,3 m	2,4 m
Antrieb:	2 DM »6 KVD 43 A«	2 DM »6 KVD 43 A«
Leistung:	2 × 919 kW	2 × 919 kW
Geschwindigkeit:	18 sm/h	17 sm/h
Bewaffnung:	1 × 37 mm	1 × 85 mm
	4 × 25 mm	8 × 25 mm
	Wasserbomben	Wasserbomben

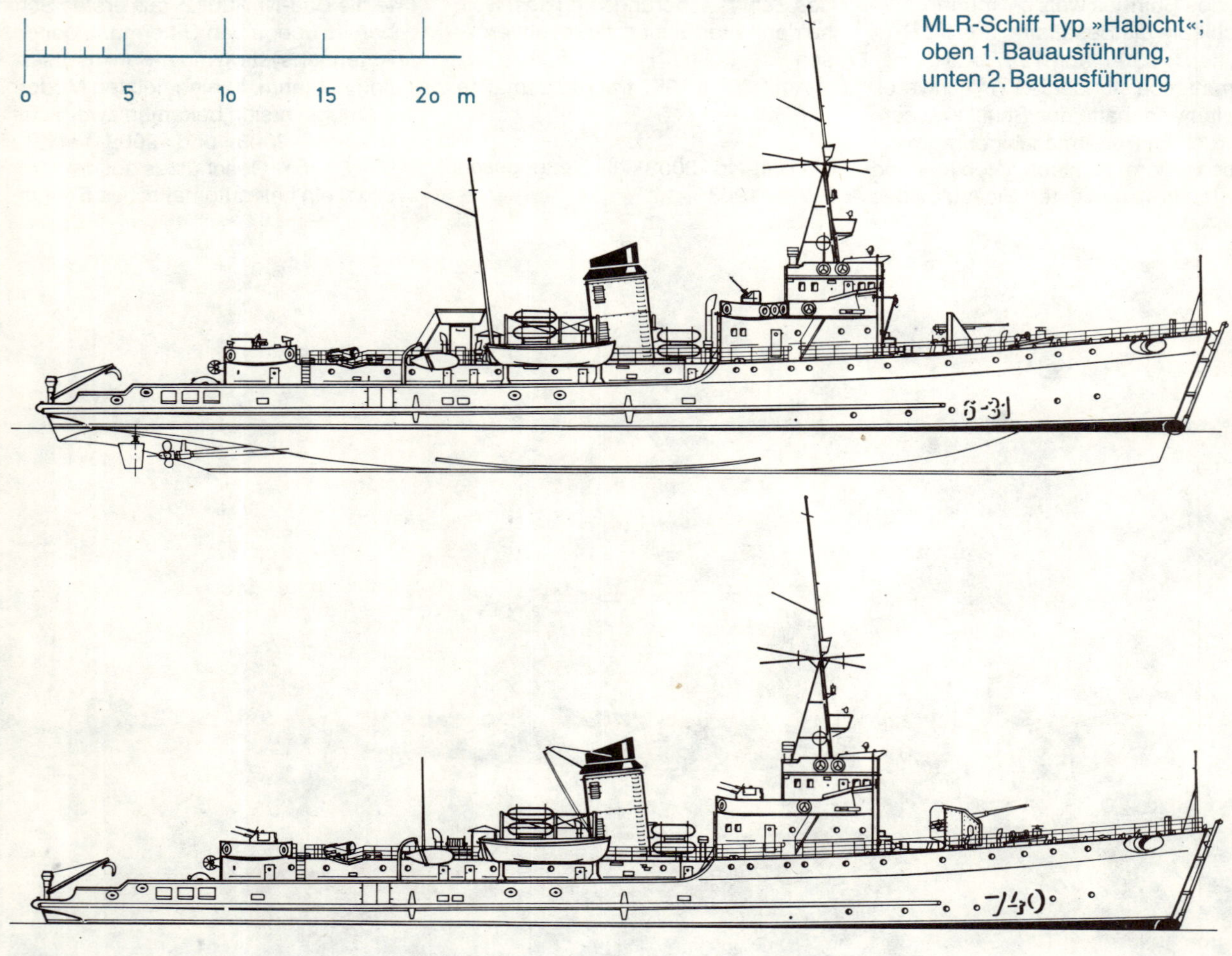

MLR-Schiff Typ »Habicht«; oben 1. Bauausführung, unten 2. Bauausführung

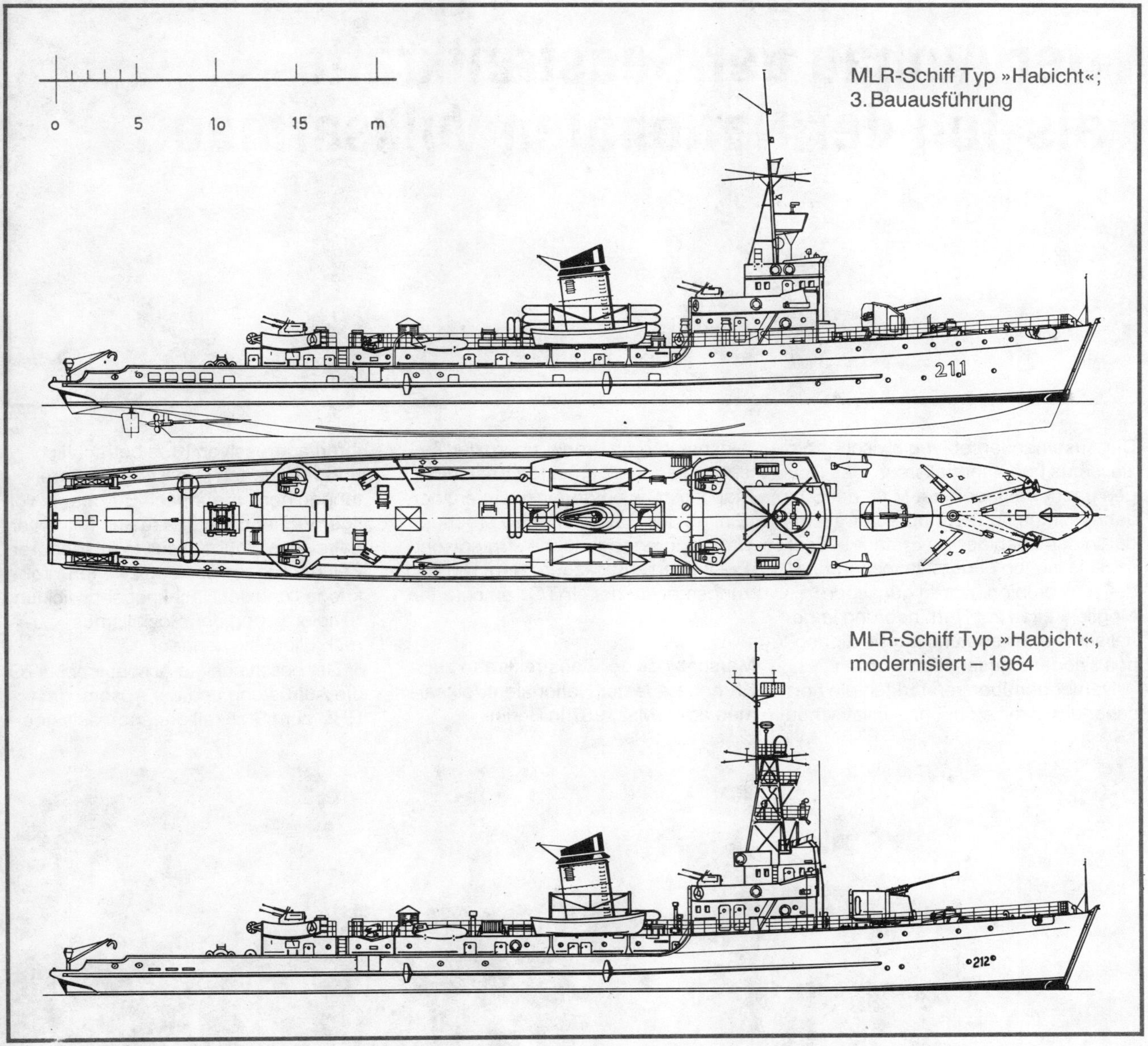

MLR-Schiff Typ »Habicht«; 3. Bauausführung

MLR-Schiff Typ »Habicht«, modernisiert – 1964

Brandbekämpfung. Das Schiff R 11 (Bau-Nr. »2005«) übergab man später der GST. Als Motorschulschiff ERNST THÄLMANN an der Marineschule »August Lütgens« bekam es bis zu seiner Außerdienststellung eine neue Aufgabe.

Die letzten zwei aktiven »Habichte« mit den Bau-Nr. »2007« und »2012« stellte die Volksmarine am 15. Oktober 1968 außer Dienst.

Die Traditionen der ersten Minenleg- und -räumschiffe unserer jungen Seestreitkräfte übernahmen die Besatzungen der ablösenden MLR-Schiffe des Typs »Krake«. Als ein Stück Entwicklungsgeschichte unserer Volksmarine werden sie heute von den Besatzungen der modernen MAW-Schiffe unserer Minenabwehrkräfte geachtet und bewahrt.

Der Aufbau der Seestreitkräfte als Teil der Nationalen Volksarmee

Die Auseinandersetzung zwischen Sozialismus und Imperialismus, das Ringen um den Frieden trat Mitte der 50er Jahre in eine neue Etappe. Vor allem durch das unablässige Erstarken des sozialistischen Lagers, insbesondere der Sowjetunion, waren günstigere Möglichkeiten zur Verhinderung imperialistischer Kriege und zur Festigung des Friedens geschaffen worden.

Demgegenüber verstärkten die herrschenden Kreise der imperialistischen Mächte ihre Anstrengungen, der Zuspitzung der allgemeinen Krise des Kapitalismus entgegenzuwirken, den Einfluß des Sozialismus zu brechen und verlorengegangene strategische Positionen zurückzuerobern. Die Führungsmächte der NATO verschärften ihren aggressiven Kurs beträchtlich und verlagerten ihre Kriegsvorbereitungen noch mehr nach Europa. In völliger Verkennung des realen Kräfteverhältnisses glaubten sie, in absehbarer Zeit die Ergebnisse des zweiten Weltkrieges und der Nachkriegsentwicklung revidieren und den Sozialismus »zurückrollen« zu können.

Der beschleunigte Ausbau der NATO, die Aufrüstung und der Ausbau der BRD zum Stoßkeil der aggressivsten

Marschblock der Seestreitkräfte zur Ehrenparade der Nationalen Volksarmee am 1. Mai 1957 in Berlin

Kräfte des Imperialismus gegen die sozialistischen Länder Europas beschworen ernste Gefahren für den Frieden herauf. Hieraus leitete sich für die sozialistischen Staaten immer stärker die Forderung ab, für den sicheren Schutz ihrer erkämpften Errungenschaften zu sorgen.

Die Sozialistische Einheitspartei Deutschlands hatte dafür rechtzeitig die notwendigen militärpolitischen, ideologischen und materiellen Voraussetzungen geschaffen. In Aussprachen mit der Bevölkerung der DDR kam zum Ausdruck, daß Frieden und Sozialismus des zuverlässigen bewaffneten Schutzes bedürfen. Anläßlich des 37. Jahrestages der Ermordung von *Karl Liebknecht* und *Rosa Luxemburg* und auch auf anderen Kundgebungen und Demonstrationen forderten die Werktätigen in den Januartagen 1956 in Sprechchören und auf Transparenten: »Gewehre in Arbeiterhand«. In einem Schreiben der Belegschaftsmitglieder des VEB STEMAG »Arthur Winzer« an die Volkskammer hieß es: »Wir haben nicht die Absicht, unsere Errungenschaften, für die wir gekämpft und gearbeitet haben, durch Gleichgültigkeit und Stillhalten aufs Spiel zu setzen. Wir sind der Meinung, daß die Waffe in der Hand des Arbeiters den Frieden sichert. Darum fordern wir von der Volkskammer: Beschließt die Schaffung einer Volksarmee!«*

Den Erfordernissen der Zeit trug die Volkskammer der DDR Rechnung, als sie im September 1955 die Verfassung dahingehend ergänzte und am 18. Januar 1956 einstimmig das »Gesetz über die Schaffung der Nationalen Volksarmee und des Ministeriums für Nationale Verteidigung« beschloß. Die zu gründende NVA sollte sich aus Land-, Luft- und Seestreitkräften zusammensetzen. Mit der NVA entstand erstmals auf deutschem Boden eine Armee neuen, sozialistischen Charakters als militärisches Machtinstrument der Arbeiterklasse und der anderen Werktätigen. Von Anfang den Grundsätzen des Warschauer Vertrages verpflichtet, diente und dient sie als Koalitionspartner des sozialistischen Verteidigungsbündnisses der kollektiven Sicherheit in Europa.

Den Beschluß der Volkskammer nahmen die Angehörigen der KVP mit großer Begeisterung auf. Die meisten erklärten sich bereit, als Freiwillige ihren Dienst in der Nationalen Volksarmee anzutreten. Ausdruck für die Zustimmung ist auch die Tatsache, daß in den ersten Stunden nach Bekanntgabe des Volkskammerbeschlusses allein 119 Angehörige der VP-See den Antrag, Kandidat der SED zu werden, stellten.

Am 1. März 1956 nahm der Stab der Seestreitkräfte der NVA seine Tätigkeit auf, und am Vorabend des 1. Mai leisteten die ersten Einheiten den feierlichen Eid für den Dienst in den Seestreitkräften der Nationalen Volksarmee.

Vor den jungen Seestreitkräften stand die Aufgabe, sich zu einer Teilstreitkraft der NVA zu entwickeln, die im engen Zusammenwirken mit den Land- und Luftstreitkräften den sicheren Schutz des eigenen Küstenvorfeldes, der Seegrenze der DDR und die Überwachung der küstennahen Seegebiete gewährleistet. Hinzu kam die Sicherung der Schiffahrtswege und die Aufrechterhaltung günstiger Bedingungen für die Entfaltung der verbündeten sozialistischen Ostseeflotten. Das verlangte ein ständiges operatives Regime in der eigenen Operationszone und die engere Zusammenarbeit mit der Baltischen Flotte der UdSSR und der Polnischen Seekriegsflotte.

Bereits vom 16. bis 18. Juli 1956 fand die erste gemeinsame Übung der Seestreitkräfte der NVA mit Verbänden der Baltischen Flotte statt. Die DDR-Seestreitkräfte nahmen daran mit zehn MLR-Schiffen, 18 KS-Booten und 47 R-Booten teil. Diese Übung hatte die gemeinsame Verteidigung einer Flottenbasis gegen Angriffe von See, von Land und aus der Luft zum Inhalt. Sie vertiefte die Erkenntnis, daß das Bündnis und das Zusammenwirken mit der Seekriegsflotte der UdSSR eine feste Basis für die Erhöhung der Kampfkraft der Flottenkräfte der NVA in der sozialistischen Verteidigungskoalition sind.

Knapp ein Jahr später, vom 25. bis 27. Juni 1957, erprobten erstmalig Verbände aller drei sozialistischen Ostseeflotten ihr Können in einer gemeinsamen Übung. Diese und weitere Übungen legten den Grundstein für die engen Waffenbrüderschaftsbeziehungen der verbündeten Ostseeflotten.

Die Einführung neuer Kampftechnik steigerte die Kampfkraft der Seestreitkräfte der NVA. Geführt von den Kommandeuren, Politorganen und Parteiorganisationen sowie dank der allseitigen Hilfe durch die Baltische Flotte lernten die Besatzungen diese neue Technik in relativ kurzer Zeit kennen und erlangten die Fähigkeit, sie zum Schutz der Seegrenzen der DDR einzusetzen. Mit dem Aufbau von Stoßkräften im Bestand von Küstenschutzschiffen und Torpedoschnellbooten waren die Seestreitkräfte fähig, im Bündnis mit den anderen sozialistischen Ostseeflotten der imperialistischen Gefahr einer Aggression und speziell der zunehmenden Bedrohung durch die forcierte maritime Aufrüstung in der BRD wirksam zu begegnen.

Unter Berücksichtigung der NATO-Konzeption für die Kriegführung im Ostseeraum kam der Minen- und Landungsabwehr besondere Bedeutung zu. Das eigene Küstenvorfeld zu schützen, die Entfaltung der eigenen Stoßkräfte sowie die der Baltischen Flotte zu gewährleisten, günstige Bedingungen in der eigenen Operationszone aufrechtzuerhalten und die eigenen Seeverbindungswege zu sichern, entsprach den Aufgaben der Seestreitkräfte der NVA. Sie beruhten auf den einheitlichen Auffassungen der verbündeten Ostseeflotten über moderne Seekriegführung.

* Dokumentenmappe zum 35. Jahrestag der DDR. Dresden, 1984, Lfd. Nr. 7

Unter der neuen Dienstflagge werden die revolutionären Traditionen der roten Matrosen des Jahres 1918 fortgesetzt

Auf Vorschlag des Zentralkomitees der SED und auf Beschluß des Nationalen Verteidigungsrates und des Ministerrates der DDR vom 19. Oktober 1960 verlieh der Minister für Nationale Verteidigung durch Befehl Nr. 59/60 den Seestreitkräften der NVA in Anerkennung ihrer erreichten Kampfkraft und Gefechtsbereitschaft am 3. November 1960 den Namen »Volksmarine«, den sie von diesem Tage an führen. Anläßlich der Namensverleihung fand am 4. November 1960 vor dem Minister eine Flottenparade auf dem Greifswalder Bodden statt. Über Funk hielt der damalige Minister für Nationale Verteidigung, Generaloberst *Heinz Hoffmann*, eine Ansprache, in der er sagte:

»Genossen Matrosen, Maate, Offiziere und Admirale!
Erweisen Sie sich der großen Ehre würdig, die Ihnen durch die Auszeichnung mit dem Ehrennamen Volksmarine und die Verleihung der roten Dienstflagge zuteil wurde. Schützen und hüten Sie Ihren Ehrennamen und die Ehre Ihrer Flagge. Lassen Sie nie zu, daß sie befleckt werden, und seien Sie sich stets der hohen Ehre bewußt, Angehöriger unserer stolzen Volksmarine zu sein.«*

Der Name »Volksmarine« demonstriert den wahren Klassencharakter der ersten sozialistischen Flotte in der deutschen Geschichte, ihre Mission als Machtinstrument der in der DDR herrschenden Arbeiterklasse.

Am Beginn der 60er Jahre nahm die Auseinandersetzung zwischen Sozialismus und Imperialismus um die entscheidende Frage »Krieg oder Frieden« vor allem auf dem europäischen Kontinent noch schärfere Formen an. Die Lage wurde durch die aggressivsten Führungskräfte der NATO, insbesondere jener in Washington und Bonn, zugespitzt. Besonders im ersten Halbjahr 1961 häuften sich die Meldungen über direkte Aggressionsvorbereitungen der NATO gegen die Staaten des Warschauer Vertrages. In der BRD, dem Hauptaufmarschraum der NATO-Stoßgruppierungen, erklärte der damalige Bundeskanzler *Adenauer* zynisch, man dürfe nicht mehr soviel von »Wiedervereinigung« reden, die »Befreiung der Ostzone« stehe auf der Tagesordnung. Dafür stand die über 300000 Mann starke und modern ausgerüstete Bundeswehr marsch- und aggressionsbereit. Die Bundesmarine zählte mehr als 25000 Mann und hatte die Masse ihrer der NATO unterstellten Kräfte in der Ostsee konzentriert: ein Zerstörergeschwader, drei Schnellbootsgeschwader, vier Minensuchgeschwader, ein Landungsgeschwader sowie ein Marinefliegergeschwader mit Jagdbombenflugzeugen.

Die aggressivsten Kräfte in der BRD und in anderen NATO-Ländern hielten die Zeit für gekommen, ihre seit Gründung der DDR verfolgten Annexionsziele durchzusetzen: Der sozialistische deutsche Staat sollte von der Landkarte getilgt, sein Hoheitsgebiet dem Machtbereich der BRD einverleibt und damit

* Flottenecho. Zeitung der Volksmarine vom 18.11.1960

die Einflußsphäre der NATO bis an die Oder ausgedehnt werden.

In den Jahren 1959 bis 1961 probten die Bundeswehr und andere NATO-Kräfte in zahlreichen Manövern verschiedene Varianten der »Blitzkriegsstrategie« und des »begrenzten Krieges« mit und ohne Einsatz von Kernwaffen. Ein Wirtschaftskrieg ohnegleichen gegen die DDR, Sabotage und ideologische Diversion, Abwerbung von Facharbeitern und Spezialisten, der Schwindelkurs sowie die Kriegshysterie, die auf westlicher Seite entfesselt wurde, sollten der Vorbereitung des »Tages X« dienen.

In den ersten Augusttagen des Jahres 1961 stieg die Anzahl der Anschläge gegen die DDR. Zum Beispiel wurde im VEB Großberliner Vieh- und Schlachthöfe ein Brand gelegt, und in der Humboldt-Universität detonierten Sprengsätze. Es wurde zur Gewißheit: Der Gegner bereitete mit allen Mitteln den »Tag X« vor.

Mit einem entschlossenen und schnellen Schlag wurden am 13. August 1961 Maßnahmen getroffen, um »an der Westberliner Grenze eine solche Ordnung einzuführen, durch die der Wühltätigkeit gegen die Länder des sozialistischen Lagers zuverlässig der Weg verlegt und rings um das ganze Gebiet Westberlins ... eine verläßliche Bewachung und eine wirksame Kontrolle gewährleistet wird«.*

Dieser Schritt entsprach und entspricht der hohen Verpflichtung, stets dafür zu sorgen, daß von deutschem Boden nie wieder ein Krieg ausgeht.

Die folgenden Tage und Wochen stellten die Besatzungen, Einheiten und Verbände der Volksmarine vor eine echte Bewährungsprobe. Wachsam und gefechtsbereit traten sie allen Provokationen und Anschlägen entgegen. »Gefechtsklar an der Seeflanke« und »Blaublusen voran - dem Feind keine Lücke« lauteten die Kampflosungen.

Im »Flottenecho«, der Volksmarine-Zeitung, war in der Nr. 34a vom 22. August 1961 folgender Aufruf zu lesen: »›Das Vaterland ruft! Schützt die sozialistische Republik!‹ Dem Ruf des Zentralrates der FDJ, die bewaffneten Kräfte der Arbeiterklasse der DDR zu verstärken, sind bereits viele FDJler gefolgt ... Die FDJler kommen – wir bleiben länger! ... Matrosen, Maate

* Erklärung der Regierungen der Teilnehmerstaaten des Warschauer Vertrages, 12.8.1961

Abnahme der Seeparade durch den damaligen Minister für Nationale Verteidigung, Generaloberst *Heinz Hoffmann*, anläßlich der Namensgebung »Volksmarine« an die Seestreitkräfte der Nationalen Volksarmee

Die neu in Dienst gestellten TS-Boote des Projektes »183« auf dem Marsch zur Sicherung des Küstenvorfeldes der DDR

und Meister erklärten: ›Wir sind bereit, länger zu dienen.‹«

Viele Besatzungskollektive folgten dem Aufruf. So zum Beispiel auf den TS-Booten WOLFGANG THIESS, FRITZ HECKERT und WILLI SACHSE.

In zahlreichen Diskussionen betonten viele Genossen der Volksmarine, daß es notwendig sei, die allgemeine Wehrpflicht in der DDR einzuführen. Die Besatzung des Schiffes STRALSUND schrieb an den Präsidenten der Volkskammer einen Brief, in dem sie die Einführung der Wehrpflicht forderte. Sie versicherte, daß sie treu hinter Partei und Regierung stehe.

Briefe ähnlichen Inhalts schrieben auch die Besatzungen der Küstenschutzschiffe KARL MARX und FRIEDRICH ENGELS sowie des MLR-Schiffes SCHWERIN. Die Besatzung der SCHWERIN rief zum sozialistischen Wettbewerb für das Ausbildungsjahr 1961/1962 auf. Sie verpflichtete sich, um den Titel Bestes Schiff der Volksmarine zu ringen, und löste ihre Verpflichtung auch ein. Diesem Wettbewerbsaufruf schlossen sich nach und nach alle Verbände und Einheiten der Volksmarine an. Die ersten in dieser Reihe waren die Küstenschutzschiffe FRIEDRICH ENGELS und ERNST THÄLMANN, das TS-Boot HEINZ KAPELLE, der U-Jäger BUSSARD, das RS-Boot MAX ROSCHER sowie alle Lehrgänge der Seeoffiziersschule in Stralsund. So reihten sich die Angehörigen der Volksmarine mit ihren Aktivitäten würdig ein in die große Bewegung zur Verhinderung der aggressiven Pläne des Imperialismus und zur Erhaltung des Friedens in Europa.

MLR-Schiff BERLIN und andere »Kraken«

Im Ergebnis der gesammelten Erfahrungen bei den Einsätzen der MLR-Schiffe des Typs »Habicht« wurde beschlossen, diesen Schiffstyp für die geplante Kampfkraft der Seestreitkräfte weiter zu modifizieren und seine Einsatzmöglichkeiten im Rahmen des festgelegten Deplacements noch universeller zu gestalten. Neben einer Verstärkung der leichten Artilleriebewaffnung wurde der gesamte Aufbautenkomplex nach funktionellen Gesichtspunkten neu entworfen und eine moderne architektonische Gestaltung angestrebt. Bewährte Anlagen und Systeme sowie Ausrüstungen des Typs »Habicht« wurden beibehalten. Das so modifizierte Projekt erhielt den Typnamen »Krake« und die zehn geplanten Schiffe die Bau-Nr. »3001« bis »3010«.

1956 begann der VEB Peenewerft Wolgast mit dem Bau des Typschiffes. Den Schiffskörper, in Sektionsbauweise gefertigt, unterteilten elf Schotte in zwölf wasserdichte Abteilungen. Das Vorschiff war gegenüber dem »Habicht« verlängert und der gesamte Brückenaufbau vergrößert worden. Alle Schiffe erhielten einen Vierbeingittermast mit einer dreiteiligen Mars und Salinge. In der Erstausrüstung standen auf der Mars-Plattform seitlich zwei Suchscheinwerfer und davor das Artillerie-Entfernungsmeßgerät. Auf der oberen Saling war die Antenne der Funkmeßstation KS I B angeordnet. Die Funkmeßaußrüstung wurde später erweitert. Alle Schiffe erhielten zusätzlich die sowjetische Station »Sarnitza« mit FFK-Anlage und die in der DDR neu entwickelte Kollisionsschutzanlage KSA 5.

Die Artilleriebewaffnung bestand aus einem 85-mm-Universalgeschütz Modell 90K und zehn 25-mm-Rohren in fünf Doppellafetten. Zur Minenräumausrüstung gehörten Kabelfernräumgerät (KFRG), Hohlstäbe sowie Räumstells für akustische und Ankertauminen. Zum Ausbringen und Einholen der schweren Räumausrüstung hatten die Schiffe am Heck zwei Hebezeuge, damals als »Otter-Krane« bezeichnet. Wie beim Typ »Habicht« hatten auch die »Kraken« am Bug eine Klappspiere zum Ausbringen und Fahren eines Mineneigenschutzgerätes. Zur U-Boot-Suche und -Bekämpfung waren die hydroakustische Station »Tamir 11«,

MLR-Schiff Typ »Krake«, Bau-Nr. »3001«, auf Werftprobefahrt

Werfer und Lager für Wasserbomben WB-1 an Bord. Alle Schiffe konnten auch Minen legen.

Die Antriebsanlage war im wesentlichen die gleiche wie beim Typ »Habicht«. Neu war dagegen das 380-V-Drehstromnetz. Das Räumaggregat war ein Diesel-Generatorsatz mit dem Motor 8 KVD 21 vom VEB Motorenwerk Ludwigsfelde. Zur Rettungsausrüstung gehörten anfangs Metallflöße und zwei Kutter K-10.

Zwischen August 1957 und September 1958 stellten die Seestreitkräfte alle Schiffe der Serie nacheinander in Dienst. In die Verbände und Einheiten eingegliedert, begann für die Besatzungen die Gefechtsausbildung in allen Einsatzvarianten. Eine erste Demonstration ihres Könnens lieferten die noch neuen Besatzungen während der Teilnahme an der Flottenparade zum 1. Mai 1958 in Warnemünde.

Nach der Verleihung des Ehrennamens »Volksmarine« an die Seestreitkräfte der NVA erhielten alle MLR-Schiffe des Typs »Krake« Namen von Bezirksstädten der DDR:
»3001« - BERLIN, »3002« - HALLE, »3003« - DRESDEN, »3004« - ROSTOCK, »3005« - GERA, »3006« - MAGDEBURG, »3007« - ERFURT, »3008« - KARL-MARX-STADT, »3009« - POTSDAM, »3010« - LEIPZIG.

Im August des Jahres 1962 hieß es für drei MLR-Schiffe »Leinen los« zur Teilnahme am ersten offiziellen Flottenbesuch der Volksmarine in Leningrad. Im Kielwasser des KS-Schiffes KARL LIEBKNECHT marschierten die ERFURT, MAGDEBURG und ROSTOCK. Auf der Leningrader Außenreede wurde der Lotse an Bord genommen, und bei sommerlichem Wetter ging es die Newa aufwärts, um am traditionsreichen Leutnant-Schmidt-Ufer festzumachen. Dieser erste Besuch eines Kampfschiffverbandes der Nationalen Volksarmee trug außerordentlich zur Vertiefung der deutsch-sowjetischen Freundschaft und zur Festigung der Waffenbrüderschaft bei.

Ausbringen des Kontakträumgerätes auf einem MLR-Schiff des Typs »Krake«

Während sich die anderen MLR-Schiffe im Vorpostendienst ablösten oder Aufgaben der Gefechtsausbildung erfüllten, schrillten auf den MLR-Schiffen SASSNITZ (Typ »Habicht«) und GERA die Alarmglocken. Auf der Ostsee war der schwedische Frachter AGNE in Brand geraten, seine Besatzung sendete »SOS«. Mit Höchstfahrt liefen beide Schiffe zur Position des Schweden und unterstützten mit übergesetzten Trupps die Brandbekämpfung. Der mutige Einsatz der Besatzungen bewahrte die AGNE vor der Zerstörung.

Bewährte Traditionen waren die jährlichen Navigationsbelehrungsfahrten mit Offiziersschülern der seemännischen und technischen Laufbahnen. Die Schiffe liefen dabei sowjetische Häfen, u. a. Tallinn und Leningrad, an, wo es zu freundschaftlichen Begegnungen mit Angehörigen der Baltischen Flotte und der Bevölkerung der Hafenstädte kam.

Im Jahre 1964 erhielt das MLR-Schiff ROSTOCK, Patenschiff dieser Hafenstadt, anläßlich des Nationalfeiertages der DDR für hervorragende Leistungen in der politischen und Gefechtsausbildung als eines der ersten Schiffe der Volksmarine die Verdienstmedaille der NVA in Bronze.

Im September 1966 unternahmen drei MLR-Schiffe eine Navigationsbelehrungsfahrt in die Nordsee. Den Rückmarsch führten sie bei schwerem Wetter durch, wobei in der Nacht vom 13. zum 14. September auf einem der Schiffe eine komplizierte Motorenstörung beseitigt werden mußte. Durch aufgefangene Funksprüche erhielt man davon Kenntnis, daß in derselben Nacht das U-Boot HAI der BRD-Marine verlorengegangen war, von dessen 20köpfiger Besatzung nur ein Mann gerettet werden konnte.

Daß Kampfschiffe auch in Friedenszeiten nicht gegen gefährliche Situationen gefeit sind, mußte auch die Besatzung der KARL-MARX-STADT erfahren. Am 28. Januar 1973 kam es auf

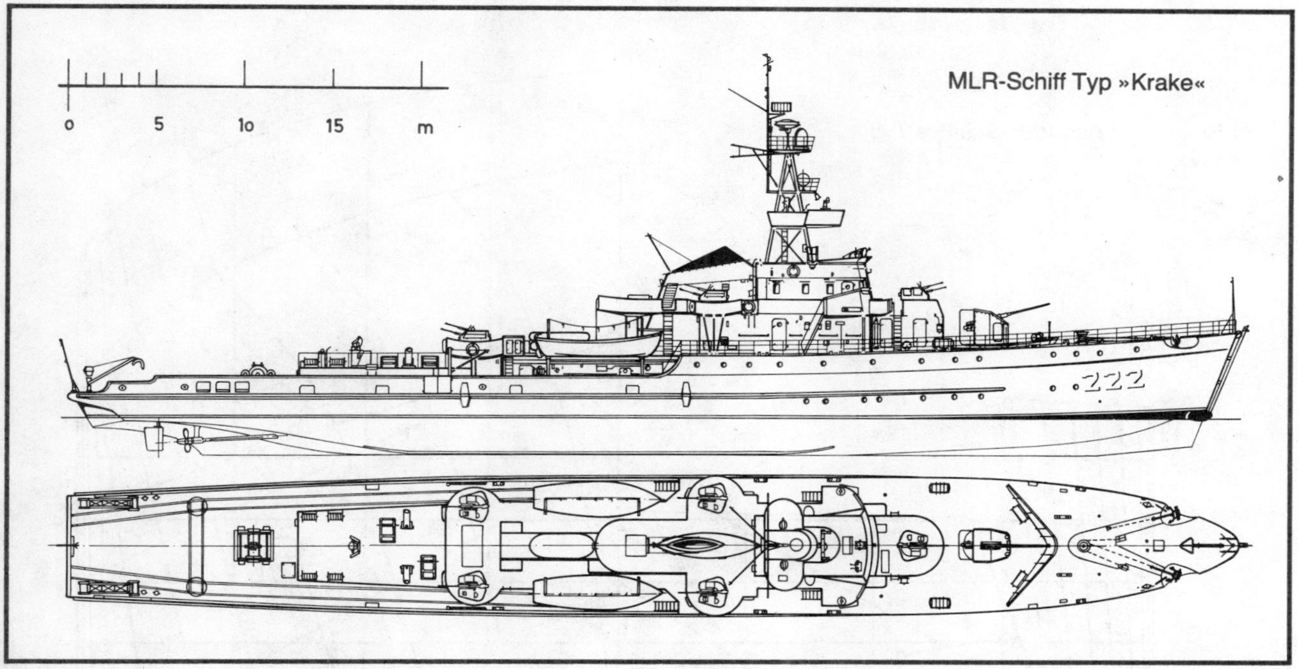

diesem Schiff während des Gefechtsdienstes in See als Folge eines Defektes an einer Kraftstoffleitung zu einem sich schnell ausbreitenden Brand im Stb-Maschinenraum. Da eine örtliche Brandbekämpfung nicht mehr aufgenommen werden konnte, erteilte der Wachleiter, Obermaat *Bremert*, den Befehl zum sofortigen Verlassen des Maschinenraumes. Er selbst jedoch tätigte noch die wichtigsten Handgriffe, um eine weitere Luft- und Kraftstoffzufuhr zu unterbinden, wobei sein völlig mit Kraftstoff durchtränktes Bordpäckchen (Arbeitsanzug an Bord) Feuer fing. Erst nachdem die Steuerbordmaschine gestoppt und das entscheidende Kraftstoffventil geschlossen war, stürzte er, in Flammen gehüllt, an Oberdeck. Er rief nach dem Leitenden Ingenieur, Kapitänleutnant *Hahlweg*, und meldete, daß alle Motorengasten den Maschinenraum verlassen hätten. Von der Brücke aus war inzwischen nach dem Auslösen des Signals »Feuer im Schiff« die Brandbekämpfung aufgenommen worden. Dieses Ereignis unterstrich wieder einmal die Bedeutung ständigen Trainings der Besatzung, um alle Rollenfunktionen in jeder Lage beherrschen zu können. Mutig und entschlossen erfüllte jeder Genosse seine Rollenfunktion und zusätzlich erteilte Befehle, so daß der Brand durch den Einsatz der Gasfeuerlöschanlage und durch die Kühlung des bereits stark erhitzten Oberdecks und der angrenzenden Räume schnell erstickt werden konnte. Die ganze Aktion dauerte nur vier Minuten. Obermaat *Bremert* jedoch hatte schwere Verbrennungen erlitten und wurde so schnell, wie es die Situation erlaubte, unter ständiger sach- und fachgerechter Betreuung durch den Sanitätsmaat des Schiffes an Land gebracht. Ärzte des Rostocker Bezirkskrankenhauses rangen um das Leben des schwerverletzten Genossen, und erst nach komplizierten Hauttransplantationen besserte sich sein gesundheitlicher Zustand. Für seinen heldenhaften Einsatz wurde Obermaat *Bremert* mit der Verdienstmedaille der NVA ausgezeichnet. Vor seiner Versetzung in die Reserve verabschiedete sich der junge Kommunist auf der SED-Delegiertenkonferenz der Volksmarine im Herbst 1973 mit den Worten: »... wenn ihr mich braucht, dann mache

Technische Angaben	**Minenleg- und -räumschiff »Krake«**
Typenverdrängung:	553 t
Verdrängung, voll:	741 t
Länge ü. a.:	66,10 m
Breite:	8,40 m
Tiefgang:	2,52 m
Antrieb:	2 DM »6 KVD 43 A«
Leistung:	1765 kW
Geschwindigkeit:	16,5 sm/h
Reichweite:	2465 sm
Bewaffnung:	1 × 85 mm 10 × 25 mm Wasserbomben, Minen

Spantenriß des MLR-Schiffes Typ »Krake«

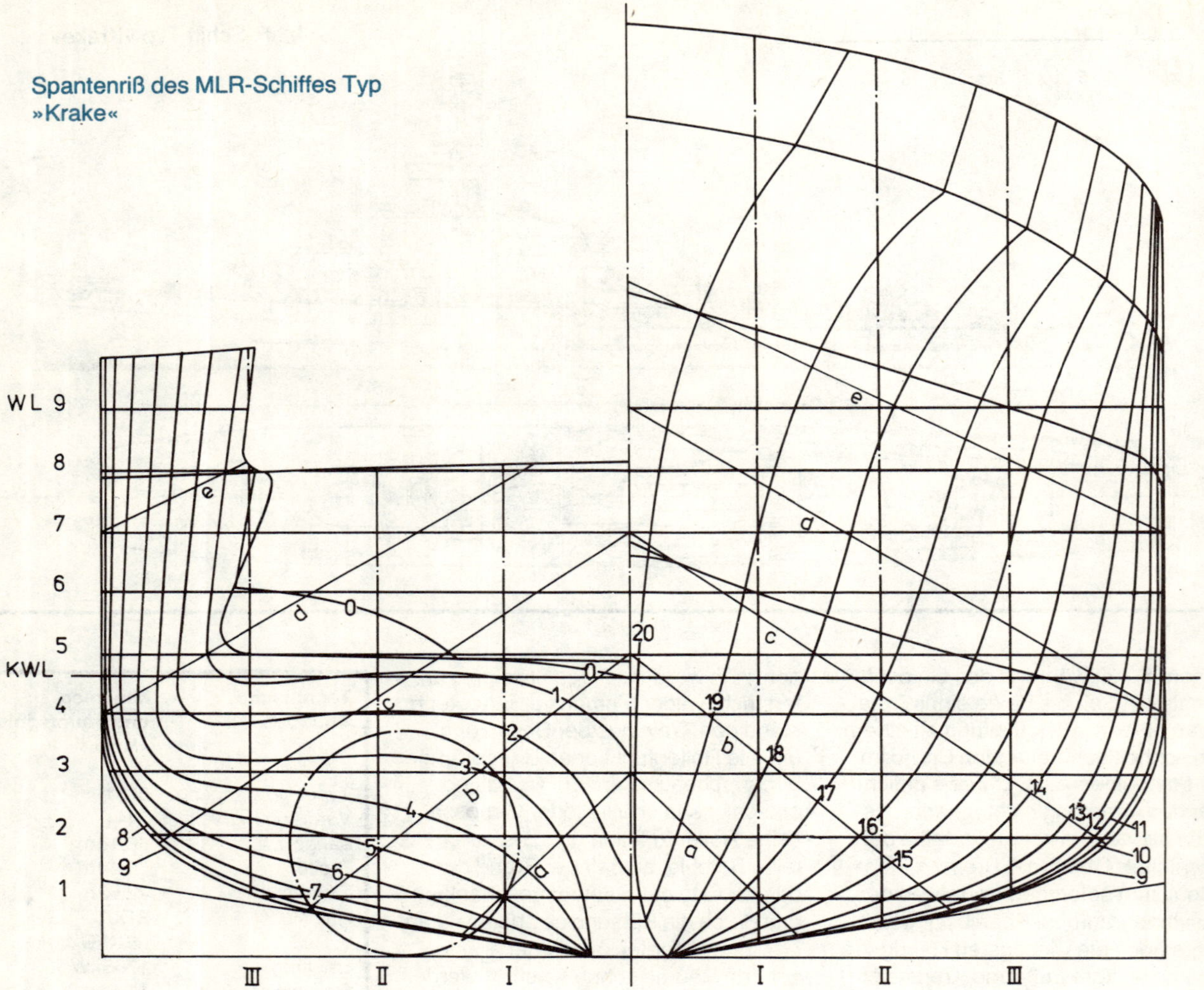

ich sofort wieder seeklar!«* Spontaner Beifall war der Dank für einen Helden unserer Flotte.

Die MLR-Schiffe BERLIN, KARL-MARX-STADT und LEIPZIG dienten noch längere Zeit in der Schulbootsabteilung der Flottenschule »Walter Steffens«. Mehrere Matrosen- und Unteroffizierslehrgänge verschiedener Laufbahnen erhielten auf diesen Schiffen eine solide seemännische, waffen- oder maschinentechnische Bordpraxis.

Nach fast 20jähriger Dienstzeit wurden die »Kraken« nacheinander außer Dienst gestellt und abgebrochen. Noch heute erinnern sich viele ehemalige Besatzungsangehörige voller Stolz an die nach ihrer Meinung »elegantesten« und stets zuverlässigen Schiffe. Das 85-mm-Buggeschütz des ehemaligen MLR-Schiffes ROSTOCK erinnert heute in einem Verband der Volksmarine an die Leistungen und ständige Einsatzbereitschaft dieser Schiffe und ihrer Besatzungen.

* Bewährung auf See. Rostock, 1977, S. 104

Kesselmaate und Turbinen

Einen qualitativen Höhepunkt für die weitere Entwicklung der Seestreitkräfte der NVA stellte ab 1956 eine neue Generation sowjetischer Küstenschutzschiffe (KSS) dar. Die erste Bewährungsprobe hatten die neu zusammengestellten Besatzungskollektive schon während der Übernahme zu bestehen.

Zur spezialfachlichen Ausbildung der DDR-Besatzungen und zur Vorbereitung der Übernahme verlegte Ende August 1956 das sowjetische KSS BARZUK (Dachs) für drei Monate nach Saßnitz. Am Tag des Einlaufens war es für alle Beteiligten schon ein erhebender Anblick, das für die damalige Zeit äußerst elegant wirkende Turbinenschiff fast geräuschlos in das Hafenbecken von Saßnitz gleiten zu sehen. Lediglich eine respektverschaffende Dampfsirene gebot mit ihrem charakteristischen Aufheulen Achtung und Vorsicht. Problemlos machte das Schiff fest. Schiffsglocke, Handläufe, an die Aufbauten gelaschte Exerzier-Granatpatronen und was sonst noch aus Messing bestand, waren auf Hochglanz poliert. Wuchtig und ungewohnt der relativ hohe Brückenaufbau mit dem für sowjetische Kampfschiffe jener Zeit typischen »Wackeltopp«, einer stabilisierten Kuppel als Teil der Artilleriefeuerleitanlage. Fast unsichtbarer Rauch und Hitzegeflimmer über dem

Das sowjetische KSS BARZUK als Baubelehrungsschiff in Saßnitz – 1956

breiten Schornstein verrieten dem Fachmann die Dampfkesselanlage.

Nach der offiziellen Begrüßung der sowjetischen Besatzung kam es zu ersten freundschaftlichen Gesprächen auf der Pier. Doch dann begann das Lernen – intensive praktische Ausbildung an den Anlagen, Waffen und Systemen. Mit großem Elan und Ausdauer übernahm die sowjetische Besatzung mit ihrem KSS die Rolle als Baubelehrungsschiff. Trotz vorhandener allgemeiner Kenntnisse der russischen Sprache waren die Dolmetscher bei den vielen technischen Details schon bald Schlüsselfiguren. Wer von den DDR-Besatzungen nur etwas mehr als das Schulrussisch beherrschte, wurde sofort zum »Hilfsdolmetscher« gekürt. Aber bekanntlich beherrschen Techniker aller Fachgebiete eine gemeinsame Sprache, nämlich die der technischen Zeichnung. Den Rest besorgten schnell angefertigte Funktionsskizzen, die Zeichensprache und nicht zuletzt die praktische Demonstration.

Was von allen Genossen der übernehmenden Besatzung mit unterschiedlichem Inhalt und Umfang sofort und schnell beherrscht werden mußte, war grob skizziert etwa folgendes: Die sowjetischen Küstenschutzschiffe des Projektes »50« waren universell einsetzbare Schiffe, die von der Kampfkraft und Größe her etwa mit den Geleitzerstörern oder Fregatten anderer Flotten der 50er Jahre vergleichbar waren. In der sowjetischen Seekriegsflotte wurden diese Schiffe als »Storoschewoi Korabl« (SKR), als Wachschiff, klassifiziert. Ihre ausgewogene Bewaffnung sowie die taktisch-technischen Parameter und ihre Ausrüstung gestatteten es, sie vielfältig zu verwenden, so z. B. in der Geleitsicherung zur Bekämpfung gegnerischer See- und Luftziele, zum Aufklärungs- und Vorpostendienst, zur Feuerunterstützung bei Seelandungen, zur U-Boot-Jagd sowie zum Legen von Minensperren.

Ihr Schiffskörper war als Glattdecker in der Längsspantbauweise gefertigt und durch Querschotte in zwölf wasserdichte Abteilungen unterteilt. Das stark hochgezogene Vorschiff und der ausfallende, gerade Steven sowie andere konstruktive Maßnahmen gaben diesem Typ eine außergewöhnliche Seetüchtigkeit. Im vorderen Aufbau befanden sich Unterkunftsräume, Offiziersmesse, Funk- und Waffenleitraum sowie der Hauptbefehlsstand (HBS), im achteren Aufbau Wachraum, Kombüse sowie technische Räume.

Die Antriebsanlage, bestehend aus zwei Hauptkesseln und zwei Hauptturbinen, befand sich in den Abteilungen V und VI. Beide Dampferzeuger waren ölbefeuerte Dreitrommel-Wasserrohrkessel mit Überhitzerteil. Jeder Kessel hatte an der vorderen und hinteren Feuerraumseite je acht halbautomatisch gesteuerte Brenner. Der Betriebsdruck der Kessel betrug 2,8 MPa. Mit einer Heizfläche von 309,5 m^2 wurde eine Dampfleistung von 52 t/h, maximal 57 t/h, mit Überhitzung auf 370 °C erreicht. Die beiden Antriebsturbinen hatten je eine Voraus- und Rückwärtsturbine im gleichen Gehäuse. Als Vorausturbine arbeitete ein zweikränziges *Curtiss*rad mit anschließendem 14stufigem Trommelläufer mit Überdruckbeschaufelung. Die Rückwärtsturbine mit einer Leistung von 1838 kW war ebenfalls ein zweikränziges *Curtiss*rad. Ein Untersetzungsgetriebe reduzierte die Turbinendrehzahl im Verhältnis von 15 : 1 auf eine optimale Propellerdrehzahl. Zum Maschinengefechtsabschnitt gehörten weiterhin ein 1-t-Hilfskessel, Diesel-Generatorsätze, Verdichter sowie diverse Turbo-Hilfsaggregate.

Die Artilleriebewaffnung der Schiffe bestand aus drei 100-mm-Universalgeschützen Modell B-34 mit Zünderstellmaschine SSM-A 8 2 und zwei 37-mm-Doppellafetten W-11-M. Letztere hatten wassergekühlte Rohre und verfügten über eine Handstabilisierung. Auf dem Oberdeck zwischen den Aufbauten befand sich ein schwenkbarer Zwillingsrohrsatz für 533-mm-Torpedos. Die U-Boot-Abwehrwaffen bestanden bei den ersten beiden Schiffen aus einem reaktiven Wasserbomben-Salvenwerfer des Systems »Hedgehog« vor der Brücke. Weiterhin verfügten die KSS achtern über vier Wasserbomben-Einzelwerfer sowie unter Deck über Ablaufgerüste für Wasserbomben WB-1 mit Wurfluken im Heckspiegel. Schienen an Oberdeck gestatteten das Mitführen und Verlegen von Seeminen verschiedener Typen.

Zur funkelektronischen Ausrüstung gehörten auf den ersten Schiffen die Seeraum-Funkmeßstation »Lin«, die

KSS »50/2« der 1. Bauausführung

Küstenschutzschiffe zum Flottenbesuch 1965 in Gdynia (links: MLR-Schiff Typ »Krake« und Rettungsschiff)

Luftraumbeobachtungsstation »Gys«, beide mit Freund-Feind-Kennanlage sowie die Artilleriefeuerleitanlage »Jakor-2 M« und die hydroakustische Station »Pegas 2« mit Feuerleitanlage »Uragan« für die Wasserbomben-Salvenwerfer.

Nach Tagen und Wochen angespannter Arbeit war die erste Zielstellung erfüllt. Die DDR-Besatzungen verfügten über ausreichende Kenntnisse und Fähigkeiten, um die ersten beiden KS-Schiffe übernehmen zu können. Die BARZUK, zu deren Besatzung während der Ausbildung mehr als freundschaftliche Bande geknüpft worden waren, verließ am 22. November 1956 den Hafen von Saßnitz. Die unmittelbare materiell-technische Übernahme der zwei gelieferten KSS mit den zugewiesenen Bau-Nr. »50/1« und »50/2« erfolgte kurz darauf in Warnemünde. Die weitere Vertiefung spezialfachlicher Kenntnisse, besonders die der Kommandanten, Wachoffiziere und GA-Kommandeure, übernahmen wiederum sowjetische Spezialisten, die für längere Zeit Gäste der NVA waren. Nachdem die Besatzungen in der Lage waren, die Schiffe unter einfachen Bedingungen in See zu führen, nahm man Ende 1956 die feierliche Indienststellung unter der Flagge der Seestreitkräfte der NVA vor. Damit verfügte die Flotte über zwei mittlere Mehrzweckkampfschiffe, die im Zusammenwirken mit anderen Einheiten vor allem den Schutz der Seegrenzen der DDR verstärkten und weitere Aufgaben beim Zusammenwirken der sozialistischen Ostseeflotten übernehmen konnten.

Erster Höhepunkt war die Teilnahme am Flottenappell im Alten Hafen von Rostock anläßlich des Tages der NVA am 1. März 1957. Nach weiteren Ausbildungsfahrten hieß es für beide KSS »Dampf aufmachen« zum ersten Auslandsbesuch der Seestreitkräfte in der Volksrepublik Polen. Die auf Hochglanz gebrachten Schiffe verließen am 26. Juni 1957 den Hafen mit Kurs Gdynia. Auf KSS »50/1« hatte der damalige Chef der Seestreitkräfte, Vizeadmiral *Waldemar Verner*, seine Flagge gesetzt. Zusammen mit einem sowjetischen Verband, Flaggschiff der Kreuzer SHDANOW, weilten die Einheiten vom 29. Juni bis 2. Juli 1957 anläßlich der »Woche des Meeres« im befreundeten Nachbarland.

1959 übernahmen die Seestreitkräfte der NVA von der Sowjetunion zwei weitere KS-Schiffe dieses Typs (»50/3« und »50/4«), allerdings mit einer veränderten, zum Teil modernisierten Ausrüstung. An Stelle des leichten Dreibeinmastes hatten diese Schiffe einen kompakten Gittermast für die Antennen der neuen Funkmeßstationen »Fut-N« und »Neptun«. Die technisch älteren »Hedgehog«-Werfer waren durch vier reaktive Wasserbomben-Werfer des Typs RBU-1200 ersetzt worden. Die zwei neuen KS-Schiffe wurden im Oktober 1959 in Dienst gestellt.

Damit war die geplante KS-Schiffs-Abteilung komplett. Für alle Schiffe galt es nun, den höchsten Stand der Gefechtsbereitschaft zu erreichen und ständig aufrechtzuerhalten. Dazu waren kontinuierlich alle erforderlichen Ausbildungsabschnitte zu absolvieren. Eine Würdigung der erreichten Ergebnisse in der politischen und Gefechtsausbildung war die Namensverleihung an die KS-Schiffe der Volksmarine am 16. Januar 1961. Feierlich nahmen die Kommandanten vor den angetretenen Besatzungen die neuen Flaggenzeugnisse aus der Hand von Vizeadmiral *W. Verner*, dem damaligen Chef der Politischen Verwaltung der NVA, entgegen. Genossin *Rosa Thälmann* übergab die Urkunde der Namensverleihung an den Kommandanten des KSS »50/1«. Von nun an führten die KS-Schiffe Namen hervorragender Führer der deutschen Arbeiterklasse: »50/1« – ERNST THÄLMANN, »50/2« – KARL MARX, »50/3« – KARL LIEBKNECHT, »50/4« – FRIEDRICH ENGELS.

Im Jahre 1962 überführten die Schiffe der 2. Bauausführung als erste zu einer Hauptinstandsetzung in eine Werft bei Leningrad. 1963 folgten die Schiffe der 1. Bauausführung, bei denen jedoch über einen längeren Zeitraum Umbauten und Modernisierungen notwendig waren. Auch diese Schiffe erhielten den Gittermast hinter der Brücke und wurden auf den Werfer RBU-1200 umgerüstet. Gleichzeitig unterzog man die Kessel und Turbinen sowie andere technische Anlagen und Systeme einer Hauptinstandsetzung. Den Besatzungen, die aktiv mitwirkten, blieb der Aufenthalt in der sowjetischen Marinewerft lange in bester Erinnerung. Die gemeinsame Arbeit mit den sowjetischen Werftarbeitern und Spezialisten war eine Fundgrube an Erfahrungen bei der Nutzung und Instandhaltung der Technik. Während Exkursionen und Besichtigungen in der Freizeit lernten die Angehörigen der Volksmarine das Land sowie viele Sehenswürdigkeiten der Heldenstadt an der Newa kennen. Einen tiefen Eindruck hinterließ bei ihnen eine feierliche Kranzniederlegung auf dem Ehrenfriedhof »Piskarjow«. Dieses Memorial mit dem Standbild der trauernden Mutter Heimat ist dem Gedenken an die zahllosen Opfer der faschistischen Blockade von 1941 bis 1943 gewidmet. Erschüttert standen die Genossen vor den langen Reihen der Massengräber und schworen als Seeleute der ersten sozialistischen deutschen Flotte den Völkern der UdSSR ewige Freundschaft und feste Waffenbrüderschaft.

In die Heimat zurückgekehrt, erwarteten die Besatzungen neue Aufgaben und Höhepunkte in der Gefechtsausbildung. 1963 verlegten Einheiten der Volksmarine, darunter auch zwei KS-Schiffe, für mehrere Tage in die Volksrepublik Polen. Hier fand die gemeinsame Flottenübung »Flut 63« der verbündeten sozialistischen Ostseeflotten statt, die das Zusammenwirken der Stäbe, Einheiten und Verbände weiter festigte. Der Oberkommandierende der sowjetischen Seekriegsflotte, Flottenadmiral *Gorschkow*, schätzte damals ein, daß die Volksmarine die ihr übertragenen Aufgaben im Rahmen der gemeinsamen Operationen mit guten Ergebnissen erfüllt hatte.

Technische Angaben	**Küstenschutzschiff Projekt »50«**
Standardverdrängung:	1168 t
Verdrängung, voll:	1393 t
Länge, ü. a.:	91,58 m
Breite, ü. a.:	10,20 m
Tiefgang, mittel:	3,15 m
Höhe:	23,70 m
Antrieb:	2 WR-Kessel 57/28 2 Getriebeturbinen »TB 9«
Leistung:	14710 kW
Geschwindigkeit:	28 sm/h
Reichweite:	2000 sm bei 15 sm/h
Bewaffnung:	3 × 100 mm B-34 4 × 37 mm W-11-M 2 × 533 mm-TR 4 reakt. Wasserbomben-Salvenwerfer 4 Wasserbomben-Einzelwerfer und -Ablaufgerüste Minen

Im Verlaufe ihres Dienstes meisterten einige KSS mit ihren Besatzungen härteste Bewährungssituationen. Auf der ERNST THÄLMANN brannte es durch einen Schaden an einer Heizölleitung im Turbinenraum. Der gute Ausbildungsstand, verbunden mit hoher Einsatzbereitschaft der Besatzung sowie die Hilfe weiterer Kräfte waren maßgebend dafür, daß der Brand relativ schnell unter Kontrolle gebracht werden konnte. Eine größere Instandsetzung war allerdings unumgänglich.

Eine weitere komplizierte Situation entstand aufgrund eines Kesselschadens auf dem KS-Schiff »50/2«. Fast schien es so, als ob der Kessel vollständig gewechselt werden müßte, was mit umfangreichen schiffbaulichen Arbeiten verbunden war. Da eilten dem

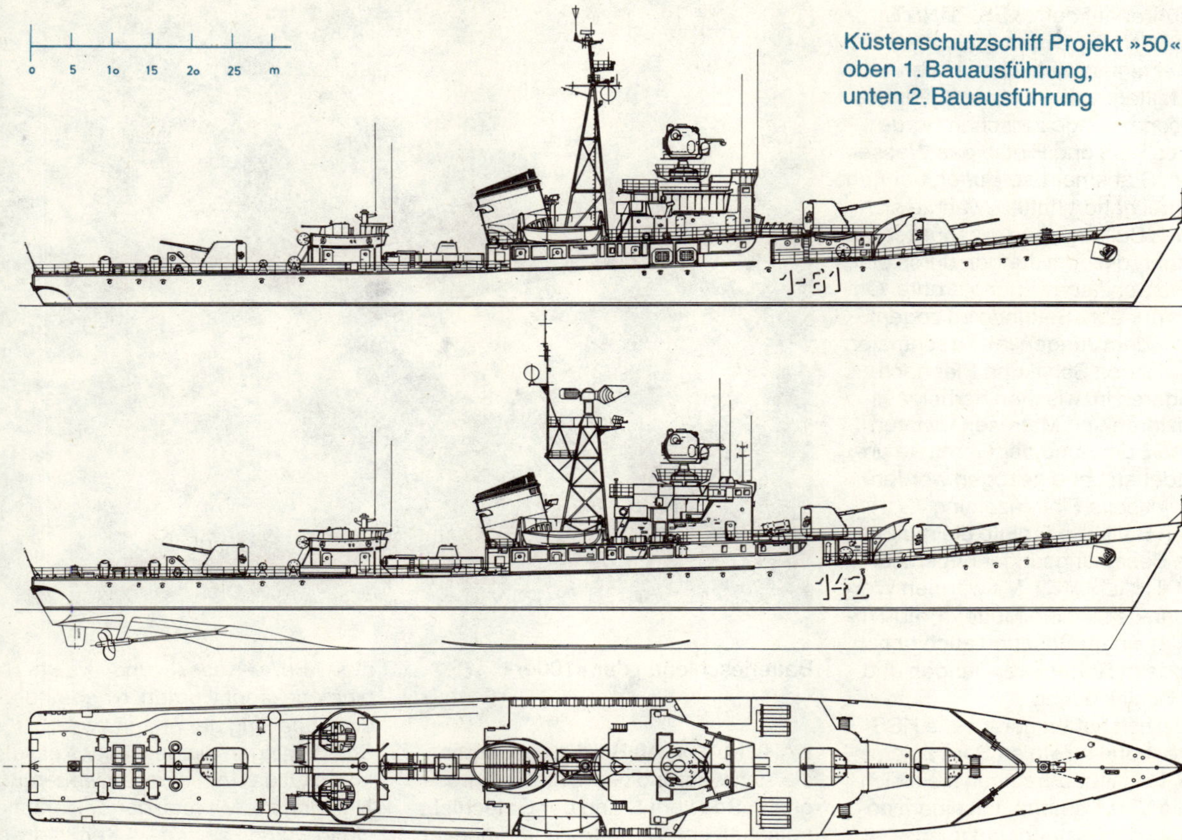

Küstenschutzschiff Projekt »50«, oben 1. Bauausführung, unten 2. Bauausführung

Schiff Spezialisten des Zentralen Meß- und Prüflabors Halle und des VEB Leuna Werke »W. Ulbricht« zu Hilfe. Mit neuesten technischen Verfahren konnte eine vollwertige Instandsetzung im Schiff durchgeführt werden, wodurch Wochen angespannter Arbeit und Werftliegezeit erspart blieben.

Unvergessen bleibt die Orkanfahrt des KSS KARL MARX in der Nacht vom 17. zum 18. Oktober 1967. Von einer Ausbildungsfahrt gemeinsam mit dem KSS FRIEDRICH ENGELS zurückkommend, mußte die KARL MARX wegen einer Störung am Verdampfer mit der Geschwindigkeit heruntergehen. Während die FRIEDRICH ENGELS noch rechtzeitig die schützende Reede von Saßnitz erreichte, kämpfte die zurückgebliebene KARL MARX, mit nur einer Turbine laufend, stundenlang gegen fünf bis sechs Meter hohe Brecher an. Bei 50 °C Hitze und Krängungen bis 42° arbeiteten die Genossen im Maschinenraum unter der Leitung des Kommandeurs GA V, Kapitänleutnant *Prinz*, um den Verdampfer wieder in Betrieb nehmen zu können. Sie schafften das fast Unmögliche. Gegen schwere See andampfend, passierte die KARL MARX gegen zwei Uhr morgens die Greifswalder Oie und ging gegen drei Uhr in der Prorer Wiek unter Land sicher vor Anker. Dieser Orkan forderte in der BRD fünf, in Schweden acht und in der DDR drei Todesopfer. Der libanesische Frachter NAGUSENA sank vor der dänischen Küste mit 21 Mann. Der Orkan entwurzelte im Darßer Wald 150000 Bäume. Seit 1801 gab es keine vergleichbare Naturkatastrophe im Ostseeraum. Die Besatzung der KARL MARX hatte trotz Maschinenschadens standgehalten.

Nicht unerwähnt bleiben soll die mutige Rettungstat des Stabsmatrosen *Fritz Butter*, stellvertretender Geschützführer auf dem KSS ERNST THÄLMANN. Bei einem Aufenthalt des KSS in einem sowjetischen Hafen war um die Mittagszeit ein etwa 10jähriger sowjetischer Junge zwischen Bordwand des KSS und Pier in das Wasser gestürzt. Stabsmatrose *Butter*, der den Hilfeschrei gehört hatte, zwängte sich durch das Bullauge und erkannte sofort die Gefahr, die dem Jungen durch eine mögliche Schiffsbewegung drohte. Ohne auch nur eine Sekunde zu zögern, sprang er dem Jungen in den schmalen Spalt zwischen Schiff und Pier nach. Von anderen inzwischen herbeigeeilten Offizieren und Matrosen konnten Genosse *Butter* und der Gerettete unbeschadet an Land gezogen werden. Die sowjetische Flottenzeitung »Strasch Baltiki« würdigte die mutige Tat des Besatzungsangehörigen der ERNST THÄLMANN. Mit warmen Worten bedankte sich die Mutter, Frau *Truschina*, in einem Brief und auch persönlich beim Retter ihres Jungen und bei der Schiffsleitung.

Wiederholt hatten gerade die KSS die Ehre, hohe Gäste an Bord zu empfangen. Damit übernahmen sie gleichzeitig die Verpflichtung, mit einem hohen Ausbildungsstand und ausgezeichnet gepflegter Technik die gesamte Volksmarine zu repräsentieren. Bereits im Juli 1965 stattete der damalige Vorsitzende des Staatsrates der DDR und Erste Sekretär des ZK der SED, Genosse *Walter Ulbricht*, dem KS-Schiff FRIEDRICH ENGELS einen Besuch ab. Im Traditionsbuch der KARL MARX findet man unter dem 9. Oktober 1965 eine Eintragung des sowjetischen Kosmonauten Oberst *Pawel Beljajew*, der Schiff und Besatzung viel Erfolg bei der weiteren Erhöhung der Gefechtsbereitschaft wünschte. Am 21. Juli 1971 besuchte der Generalsekretär des ZK der SED, Genosse *Erich Honecker* und der damalige Minister für Nationale Verteidigung, Armeegeneral *Heinz Hoffmann*, das KSS

Batterieschießen der »100er«

KARL MARX. An Bord überzeugten sie sich während Gefechtsvorführungen in See vom Stand der Gefechtsbereitschaft der Verbände und Einheiten sowie der Marinehubschrauber der Volksmarine.

Den ständig hohen Stand der Gefechtsausbildung demonstrierten die KS-Schiffe bei allen größeren Kommandostabs- und Flottenübungen. Höhepunkte solcher Einsätze waren u. a. die Teilnahme an den Flottenübungen der verbündeten sozialistischen Ostseeflotten »Baikal 64«, »Waffenbrüderschaft 70«, »Taifun 73« und »Val 75«.

Bei der langjährigen Instandhaltung dieser Kampfschiffe leisteten die Werktätigen des VEB Neptun-Werft Rostock stets wertvolle Hilfe und Unterstützung. Als Ersatz für die verschlissenen Kessel und Turbinen stellte die DDR-Industrie einige dieser Aggregate in Lizenz her, die unter den Namen »Falke-Kessel« und »Falke-Turbine« bekannt wurden. Nach Außerdienststellung der ersten zwei KS-Schiffe gingen einige dieser Kessel komplett der Industrie zur weiteren Nutzung zu. Mit reduzierter Dampfleistung wurden sie u. a. im Kernkraftwerk Nord »Bruno Leuschner«, in Zuckerfabriken und im Überseehafen Rostock zur Dampferzeugung weiterhin genutzt.

Als letzes KS-Schiff ging die ERNST THÄLMANN am 29. August 1977 außer Dienst. Die Besatzungen der neuen KSS nutzten das KSS KARL MARX nach seiner Außerdienststellung am 31. August 1976 und Desarmierung noch einige Jahre als Wohnschiff. Einige Waffen und Ausrüstungen der ersten KS-Schiffe der Volksmarine kann man im Armeemuseum der DDR in Dresden besichtigen. Die Tradition der KS-Schiffe wird heute von den Besatzungen der KSS ROSTOCK, BERLIN – HAUPTSTADT DER DDR und HALLE bewahrt und fortgesetzt.

Die »183er«

Mit dem verstärkten Aufbau der Bundesmarine ab 1955/56 bemühten sich verantwortliche Kreise der BRD und die Führungsspitze der Bundeswehr mit weitgehender Unterstützung der NATO, bei der Schaffung einer maritimen Aggressionsstreitmacht einen deutlichen Qualitätssprung zu erreichen. Als größte Kampfschiffseinheiten wurden vier von ursprünglich zwölf geplanten Zerstörern des Typs »Hamburg« ab Januar 1959 auf Kiel gelegt. Zusätzlich stellten die USA ab Januar 1958 sechs Zerstörer des Typs »Fletcher« (Z1 bis Z6) als Leihgabe zur Verfügung. Die Bundesmarine kaufte von Großbritannien 1957 sieben Fregatten der Typen »Black Swan« und »Hunt II/III« und stellte sie, nach einer Instandsetzung auf britischen Werften 1958/59, als Schulschiffe in Dienst. Gemäß dem ersten offiziellen Marinerüstungsprogramm der BRD erhielt die Stülken-Werft Hamburg im März 1957 den Bauauftrag für sechs Fregatten des Typs »Köln«, der 1955 als »Geleitboot 55« entwickelt worden war. Aus den Bootsbauhallen der Lürssenwerft in Bremen-Vegesack und der Kröger-Werft in Rendsborg rollten ab Sommer 1957 neue große Torpedoschnellboote des Typs »Jaguar«, von denen bis Anfang 1961 insgesamt 30 in Dienst gestellt wurden. Mit ehemals amerikanischen Panzer-Landungsschiffen LST, Feuerunterstützungsschiffen LSMR und Landungsbooten der Typen LCK und LCM baute man ab 1958 eine beachtliche Seelandungskapazität auf. Die Massenmedien und militärischen Publikationen der BRD taten unverblümt kund, daß die Ostsee bei maritimen Angriffsoperationen als »ideale Rollbahn« gen Osten dienen solle. Angesichts dieser forcierten maritimen Aufrüstung der BRD und anderer NATO-Flotten im Ostseebereich und an den Zugängen wurde beschlossen, in den Seestreitkräften der NVA Stoßkräfte aufzubauen, die im Zusammenwirken mit analogen sowjetischen und polnischen Kräften einer imperialistischen Aggression wirkungsvoll begegnen könnten.

Die ersten Schritte zur Einführung von Torpedoschnellbooten in die Seestreitkräfte der NVA gewährleistete die sowjetische Verteidigungsindustrie durch die Bereitstellung einer größeren Serie zweirohriger TS-Boote des Projektes »183«. Die erste Gruppe von neun Booten übergaben am 5. November 1957 sowjetische Besatzungen im Marinestützpunkt Parow an die Seestreitkräfte der DDR. Weitere fünf Boote folgten dann 1958, und die restlichen 13 Boote einer verbesserten Bauausführung übergaben sie 1960. Die insgesamt 27 Boote bildeten eine TS-Boots-Brigade im Bestand von drei Abteilungen zu je neun Booten.

Das sowjetische TS-Boot Projekt »183« war als reines Gleitboot konzipiert, dessen Bootskörper vollständig aus Holz bestand. Die Spanten, Bodenwrangen, Schotte sowie Stringer und Unterzüge bestanden überwiegend aus mehrfach verleimtem Sperrholz; die Außenhaut aus doppeldiagonal aufgebrachten Kiefernplanken mit einer Zwischenlage aus imprägnierter Leinwand. Sieben Querschotte unterteilten den Bootskörper in acht wasserdichte Abteilungen. Im Stabholzdeck waren außer den Niedergangluken drei große Montageluken für den Wechsel der Hauptmotoren und für die Instandsetzung der Kraftstoffbehälter eingelassen. Am mittschiffs aufgesetzten Brückenfahrstand waren die Seitenwände und die Rückwand mit Durchgangstür aus Panzerstahl. In der offenen Brücke hatte man die Ruderanlage »Samschit« mit Sympatik-Ruder und Autopilot, die Füllungsgeber für die Antriebsmotoren und die elektrische Torpedoabfeuerung untergebracht. Im vorderen, in das Deck eingelassenen Teil des Brückenaufbaus befanden sich der Kartenraum und das Funkmeßsichtgerät. Kurz hinter der Brücke stand auf einem Sockel ein Profilmast, der das Antennensystem der Funkmeßanlage trug. Der leichte Rohrmast mit Rah nahm die UKW-Antenne (Gruppenboot zwei Antennen) und die Antenne der Freund-Feind-Kennanlage auf. Um niedrige Brücken passieren zu können, wurden der Rohrmast eingefahren und der Funkmeßmast umgelegt.

Die beiden Torpedorohre standen unter einem festen Schußwinkel zur Längsachse des Bootes. Die Torpedos konnten mit einer Treibladungskartusche, elektrisch oder von Hand gezündet, ausgestoßen werden. Die Boote verfügten über zwei halbautomatische 25-mm-Doppellafetten 2-M-3 mit elektro-hydraulischem Richtantrieb. Die Waffen konnten Luft- und Seeziele bekämpfen. Für die U-Jagd waren die Boote mit vier Wasserbomben-Einzellagern ausgerüstet. Eine Nebelwand vor oder nach einem Torpedoangriff konnte durch geworfene Nebeltonnen oder mit einer am Heck aufgebauten Nebelanlage gelegt werden (Anlage DA-7, auf Säurebasis). Minenschienen an Oberdeck gestatteten das Mitführen und Verlegen von Seeminen verschiedener Typen.

Die Antriebsanlage dieser Boote bestand aus vier nicht umsteuerbaren 12-Zylinder-V-Motoren. Dieser Motor war ein »großer Bruder« des bewährten sowjetischen Panzermotors W-2 (T-34 und folgende), den schon als Vorläuferversion das viermotorige Bomben-

flugzeug »Petljakow« (Pe-8) zur Erprobung hatte. Zur Reduzierung der hohen Drehzahlen (max. 1850 U/min) sowie zur Umkehr der Drehrichtung war an der Bootsmotorenversion ein Wendegetriebe mit hydraulischer Umsteuerung direkt an den Motor geflanscht. Der Vortrieb mit vier Propellern ergab bei diesen äußerst leicht gebauten Booten eine Höchstfahrt von 45 sm/h verbunden mit guten Manövriereigenschaften und hoher Standkraft der Antriebsanlage.

TS-Boot Projekt »183« mit der Funkmeßstation »Sarnitza«

TS-Boot Projekt »183« mit der modernisierten Funkmeßanlage »Reja« – 1964

Ein reiner Diesel-Generatorsatz (110 V Gleichstrom) und ein kombiniertes Diesel-Verdichter-Generator-Pumpenaggregat stellten die Energieversorgung sicher. Eine 24-V-Bordnetzspannung wurde außerdem von Akkumulatoren, Umformern und an den Hauptmotoren angeflanschten Marsch-Generatoren eingespeist.

UKW- und KW-Stationen sowie eine Funkmeßstation mit Freund-Feind-Kennanlage bildeten die funkelektronische Ausrüstung. Die 1957/58 übernommenen Boote waren mit der Funkmeßstation »Sarnitza« ausgerüstet, deren Antenne ein kleiner Radardom abdeckte. Die später gelieferten Boote verfügten über die Funkmeßstation »Reja« mit Tochtersichtgerät auf der Brücke. Später erhielten alle Boote diese Station.

Die TS-Boote waren außerordentlich

Das Wohnschiff GROBIAN

seetüchtig. Nach den ersten Einsatzerfahrungen gab es praktisch keine Wetterbedingungen, die das Auslaufen der Boote beschränkten. Allerdings begrenzte der Seegang den Einsatz der Torpedos. Aber gerade universelle Einsatzmöglichkeiten (z. B. Minenlegen) zeichneten diese Boote aus. Dabei wurden zur Erfüllung unterschiedlichster Aufgaben oftmals schwerste Wetter »abgeritten«, bei denen größere Schiffe schon in Schwierigkeiten geraten konnten. Sicher, der Einsatz auf diesen TS-Booten war oftmals mit Härten verbunden. Ein Teil der Besatzung, einschließlich Kommandant und Leitender Ingenieur, hatten ihre Gefechtsstation auf dem Oberdeck bzw. in der offenen Brücke. Auf langen Marschfahrten pfiff diesen Genossen der eisige Fahrtwind stundenlang um die Ohren, oder der Regen oder die überkommende See peitschten ihre Gesichter. Die Verpflegung bestand an solchen Tagen ausschließlich aus »Gefechtsstullen«, Kondensmilch, Hartkeksen und was das Verpflegungspäckchen für Schnellbootfahrer sonst noch an Konzentraten hergab. Erst eine »Gefechtspause« und eine ruhigere See erlaubten warme Mahlzeiten. Trat die Dunkelheit ein, ging es weiter, denn Torpedoschnellboote mit moderner Ortungstechnik sind nun einmal »nachtaktive Jäger«. Es darf wohl ohne Übertreibung eingeschätzt werden, daß die Besatzungen der TS-Boote ihre Aufgaben stets mit hoher Einsatzbereitschaft und mit Waffenstolz erfüllten. Wohl alle ehemaligen TS-Boot-Fahrer dieser ersten Bootsgeneration erinnern sich heute voller Hochachtung an ihre stets zuverlässigen »Holzpantoffel« oder »Kampfhölzer« oder wie immer sie liebevoll ihre Kampftechnik betitelt hatten.

Nach der Verleihung des Ehrennamens »Volksmarine« an die Seestreitkräfte der NVA, erhielten alle TS-Boote Namen von ehemaligen Widerstandskämpfern und Teilnehmern am national-revolutionären Krieg in Spanien (1936–1939).

Im Verlaufe der Einsatzzeit beschrieben die Besatzungen der TS-Boote nicht wenige Ruhmesblätter der Seestreitkräfte. Höhepunkte waren stets gemeinsame Manöver oder Übungen der verbündeten sozialistischen Ostseeflotten. So verlegten während einer Flottenübung im Jahre 1961 neben anderen Kampfschiffseinheiten auch neun TS-Boote für längere Zeit zum polnischen Flottenstützpunkt Hel, um von hier aus gemeinsam mit sowjetischen und polnischen TS-Booten in einer »internationalen Brigade« zu handeln. Brigadeangriffe mit 27 TS-Booten zur allseitigen Umfassung des »Gegners« bildeten den Höhepunkt der gemeinsamen Gefechtsausbildung.

Während einer solchen Gefechtsübung hatte das TS-Boot FRITZ HEKKERT einen Getriebeschaden, der sich nicht mit Bordmitteln beheben ließ. Nach einer Beratung mit dem sowjetischen Brigade-Ingenieur wurde entschieden, das defekte Getriebe sofort im Hafen von Hel unter Gefechtsbedingungen zu wechseln. Die polnischen Genossen stellten ein neues Getriebe bereit, und mit Unterstützung zweier erfahrener Maschinisten eines sowjetischen TS-Bootes wechselten zwei Montagegruppen rund um die Uhr erstmalig das Getriebe im Boot, ohne die Hauptmaschine herauszunehmen. Nach nur 24 Stunden meldete der Kommandant sein Boot wieder einsatzklar! Für diese außergewöhnliche Leistung erhielt der Kommandant, Oberleutnant *Grundmann*, auf einer Abschlußmusterung der sowjetisch-polnisch-deutschen TS-Brigade einen polnischen Marine-Ehrendolch, die beteiligten Maschinisten und der GA V-Kommandeur wurden prämiert.

Im November 1962 sorgte der kühne Seenoteinsatz der TS-Boote WILHELM LEUSCHNER und HEINZ KAPELLE für Aufsehen in der Flotte. In jenen Ta-

TS-Boot Projekt »183«

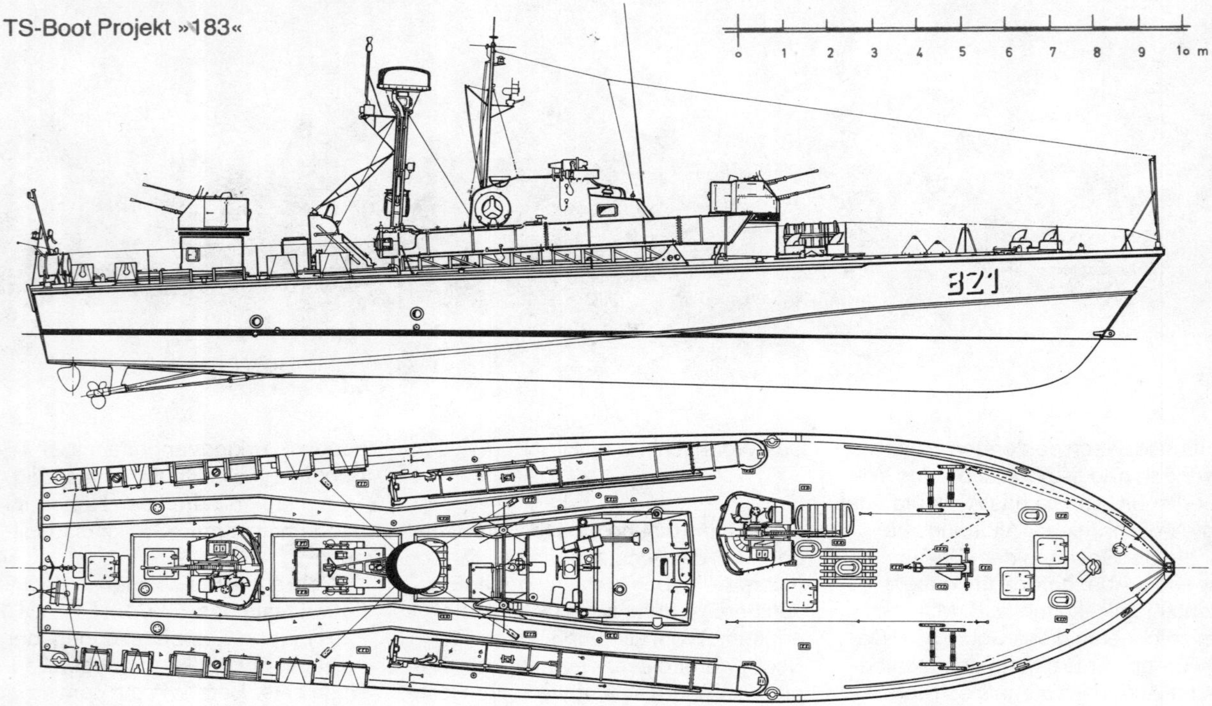

Raumaufteilung

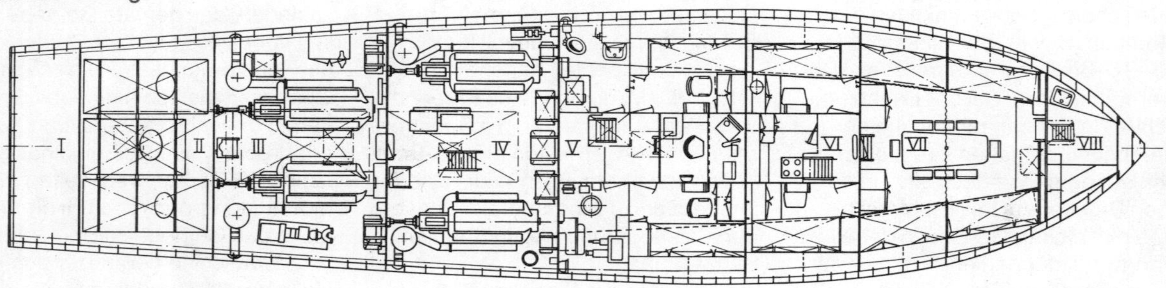

Abteilung I – Achterlast mit Notruder und Munitionsregalen;
Abteilung II – Kraftstofflast;
Abteilung III – Heck-Maschinenraum;
Abteilung IV – Bug-Maschinenraum;
Abteilung V – Offz.-Kammern, Funkraum, WC und Aggregateraum;
Abteilung VI – Offz.-Kammern, Kombüse;
Abteilung VII – Mannschaftsdeck;
Abteilung VIII – Vorpiek mit Kettenkasten, WC, Fender- und Farbenregal

gen ereignete sich auf einem in See befindlichen MLR-Schiff eine Havarie, zu deren Beseitigung ein Kutter ausgesetzt wurde. Aufgrund eines schnell aufziehenden Unwetters gelang es dem MLR-Schiff nicht mehr, den Kutter an Bord zu nehmen. Bei aufbrisendem starkem Wind und zunehmendem Seegang trieb der Kutter ab. Nachdem über Funk Hilfe angefordert worden war, befahl der zuständige operative Diensthabende den TS-Booten auszulaufen. Schon nach wenigen Minuten verließen sie ihren Stützpunkt und stürzten sich im wahrsten Sinne des Wortes in die aufgewühlte See (Wind 9, See 6 bis 7). Volle Fahrt konnten sie nicht laufen; doch von allen in der Nähe stationierten Einheiten hatten die TS-Boote die größte Chance, die Kutterbesatzung zu bergen. Nach zwei Stunden Sturmfahrt erreichten die Boote das Planquadrat und machten den Kutter aus, er hatte Sternsignale »rot« geschossen. Das

Torpedofangboot Typ »Sperber«

Aufnehmen der Kutterbesatzung gestaltete sich wegen des starken Seegangs weit schwieriger, als vorauszusehen war. Nachdem eine Querableinenverbindung mehrmals brach, entschloß sich der Kommandant der HEINZ KAPELLE, Oberleutnant *Pahlig*, sein Boot mit »Fahrt zurück« vorsichtig an den Kutter heranzuführen. Auch bei diesem schwierigen Manöver bewährten sich die guten Fahreigenschaften der Boote. Mit den vier schnell reagierenden Antriebsmaschinen nahm er den Abstand zum Kutter so genau ein, daß trotz der starken Stampfbewegungen beider Fahrzeuge Mann für Mann unbeschadet an Bord genommen werden konnte. Als letzter verließ der Oberbootsmann des MLR-Schiffes den Kutter, nicht ohne vorher die gesetzte Flagge einzuholen. Der Kutter mußte aufgegeben werden.

Ende 1967 gingen die ersten Boote außer Dienst. Einige dieser Fahrzeuge wurden umgebaut und mit einer neuen Aufgabenstellung weiter genutzt. So die TS-Boote »183/3« und »183/7«, die, mit einer zusätzlichen Rettungsausrüstung versehen, am 10. Oktober 1969 als schnelle Seenotrettungsboote mit den Bord-Nr. R 71 und R 72 ihren neuen Dienst antraten. Die Boote »183/2« und »183/9« erhielten einen größeren Gittermast, auf dem ein Rundum-Radarreflektor aufgesetzt war. Unter den Bord-Nr. Z 83 und Z 84 dienten diese Fahrzeuge als Zielboote für übungsmäßige Torpedo- und Raketenangriffe. Drei Boote, unter ihnen die HANS BEIMLER, liefen mit abgerüsteter Torpedobewaffnung als Grenzsicherungsfahrzeuge. Die Boote FIETE SCHULZE und WOLFGANG THIESS glich eine Werft nach ihrer Außerdienststellung im Aussehen den Schnellbooten Typ »S 39« der ehemaligen faschistischen Kriegsmarine an. Mit ihrer Hilfe produzierte das Fernsehen der DDR den fünfteiligen Film »Rottenknechte«. Der Film prangerte u. a. die Mordjustiz eines faschistischen Marinekriegsgerichtes an, das drei Angehörige der Kriegsmarine noch am 4. Mai 1945 – vier Tage vor der Kapitulation Hitlerdeutschlands – wegen »Meuterei« zum Tode verurteilte und erschießen ließ.

Ein harter Schlag traf die gesamte Volksmarine mit dem Verlust des TS-Bootes WILLI BÄNSCH (Bord-Nr. 844). Nach einer tragischen Nebelkollision sank das schwer beschädigte Boot in den Nachtstunden des 31. August 1968 innerhalb weniger Minuten in der mittleren Ostsee. Sieben junge Genossen der Besatzung fanden in treuer Pflichterfüllung den Seemannstod. Ihr ehrenvolles Andenken bewahrt der Schnellbootsverband, der bis zum heutigen Tage enge Kontakte zu den Angehörigen der Verunglückten unterhält.

Technische Angaben	**Torpedoschnellboot Projekt »183«**	**Wohnschiff GROBIAN**	**Torpedofangboot »Sperber«**
Verdrängung, voll:	67,5 t	580 t	51,4 t
Länge ü. a.:	25,40 m	58,26 m	25,90 m
Breite:	6,24 m	10,22 m	4,45 m
Tiefgang:	1,24 m	1,15 m	1,42 m
Antrieb:	4 × 12-Zyl.-V-Motor »M 50 F-3«	–	»8 KVD 18/21 A«
Leistung:	3530 kW	–	390 kW
Geschwindigkeit:	45 sm/h	–	15 sm/h
Bewaffnung:	4 × 25 mm 2 × 533-mm-TR Wasserbomben Minen	–	2 × 12,7 mm (DscHK 2UK) möglich

Unmittelbar mit dem Aufbau der Torpedoschnellbootskräfte ist die Geschichte des ersten Wohnschiffes GROBIAN und der Torpedofangboote des Typs »Sperber« verbunden. Das Wohnschiff GROBIAN, ein ehemaliges Hebeschiff (Hubkraft 1,2 MN) des damaligen Wirtschaftsbetriebes »Schiffsbergung und Taucherei« Stralsund, wurde bereits 1950/51 nach Umbau eines ehemaligen Binnentankschiffes als Hebeschiff für die Schrottbergungsaktionen an der Ostseeküste eingesetzt. 1956 übernahmen die Seestreitkräfte der NVA das Fahrzeug und ließen es anschließend im VEB Neptun-Werft Rostock zum Wohnschiff umbauen. Das Schiff erhielt zusätzliche Wohn-

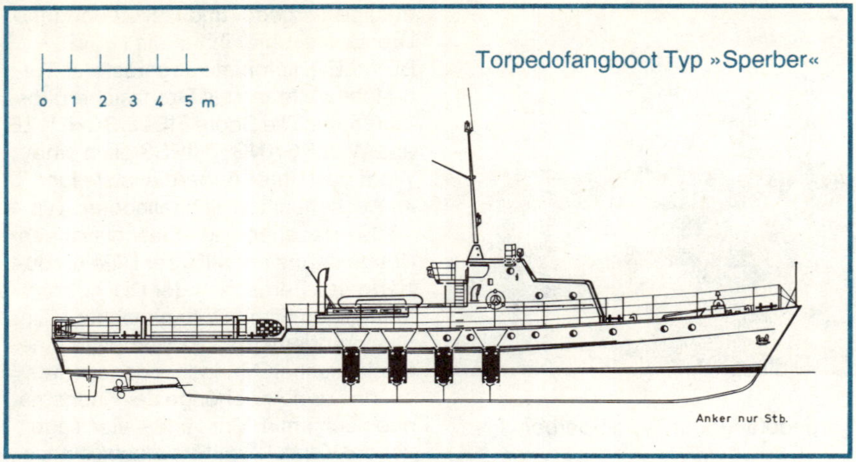

Torpedofangboot Typ »Sperber«

kammern, eine neue Kombüse, Sanitäranlagen und Proviantlasten. Es hatte keinen Eigenantrieb, sondern mußte geschleppt werden. Für Kombüsen- und Heizungsbetrieb war eine Dampfkesselanlage mit ölgefeuertem Flammenrohrkessel (Betriebsdruck 1 MPa) eingebaut worden. Mit der Übergabe des Schiffes an die erste Torpedoschnellbootseinheit waren sowohl eine gute Unterbringung und Versorgung der Bootsbesatzungen als auch kürzeste Normzeiten für das beschleunigte See- und Gefechtsklarmachen der ständig anliegenden TS-Boote gewährleistet. Nach der Übernahme neuer schwimmender Stützpunkte diente der GROBIAN zwischenzeitlich als Wohnschiff für Marinepioniere. Bis zum Tage seiner Außerdienststellung im Jahre 1980 nutzte es die Flottenschule »Walter Steffens« als Wohnschiff.

Die vier Torpedofangboote des Typs »Sperber« baute 1957/58 der VEB Yachtwerft Berlin. Als Einschraubenschiffe konnten sie geschossene Übungstorpedos sowohl einfangen und schleppen als auch vier Torpedos auf dem achtern abgesetzten Arbeitsdeck transportieren. Die Antriebsmaschine war ein 8-Zylinder-Viertakt-Dieselmotor vom VEB Motorenwerk Johannisthal. Für das Seezielschießen schleppten diese Boote die Zielscheibe.

Drei dieser Fahrzeuge setzte später noch der Seehydrographische Dienst der DDR als Seezeichenkontrollboote ein. Das letzte Boot, SPERBER 3, wurde am 30. Juni 1969 außer Dienst gestellt und abgebrochen. Das Boot SPERBER 4 ging an den VEB »Weiße Flotte« Stralsund über und fährt jetzt als Fahrgastschiff GELLEN, ein anderes als HAFFTOURIST.

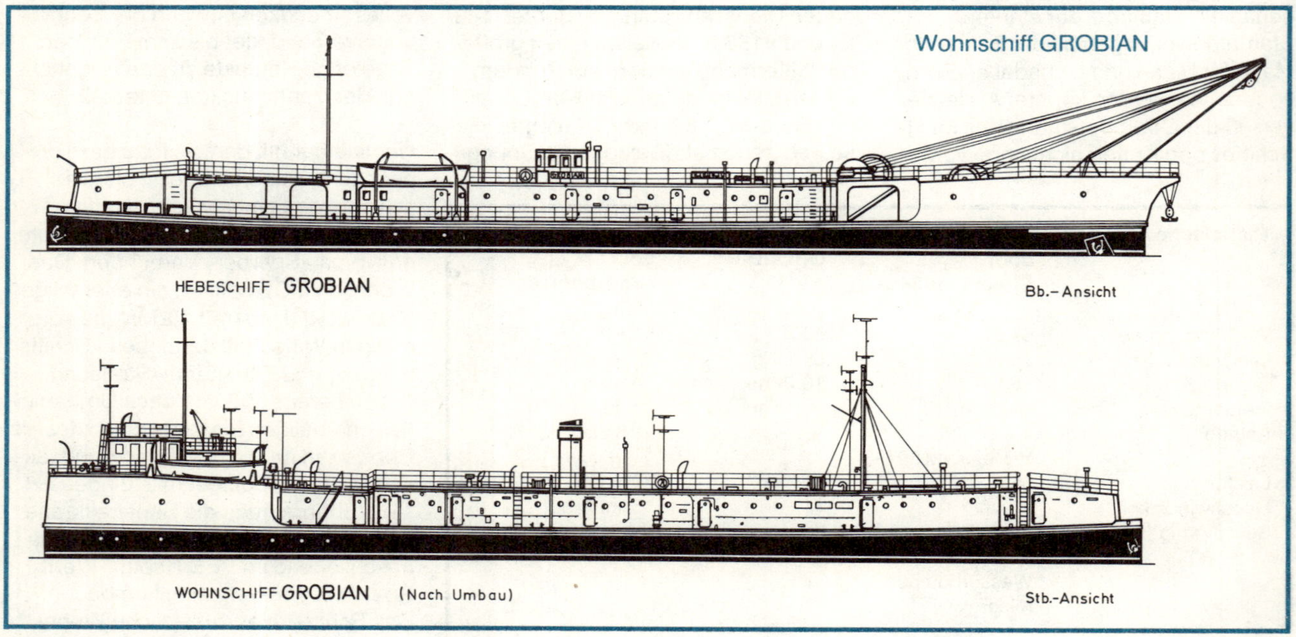

Wohnschiff GROBIAN

RBU: Salve!

Die zwar äußerst robusten und zuverlässigen, aber doch recht langsamen und geräuschvollen KS-Boote entsprachen in der Funktion als U-Boot-Jäger schon bald nicht mehr den gestiegenen Anforderungen.

1957 begann die BRD-Marine den Aufbau von Unterwasserkräften mit der Indienststellung von drei gehobenen und instand gesetzten sowie weitgehend modernisierten U-Booten der ehemaligen faschistischen Kriegsmarine: WAL (später WILHELM BAUER), HAI und HECHT. Auf der Grundlage des bereits am 23. Oktober 1954 in den Pariser Verträgen für die BRD genehmigten U-Boot-Baus, begann dort 1959 der Serienbau von U-Booten der Typen »202« und »205«.

Deshalb stellte die sowjetische Verteidigungsindustrie den Seestreitkräften der NVA moderne U-Boot-Jäger des Projektes »201 M« zur Verfügung, von denen zehn Fahrzeuge 1959 und zwei 1960 übernommen wurden. Diese flachbordigen Glattdecker hatten eine Drei-Wellen-Dieselmotorenanlage. Die Hauptmaschinen waren sowjetische 12-Zylinder-Zweitaktmotoren.

U-Boot-Jäger Projekt »201 M« zur Flottenparade anläßlich des 15. Jahrestages der DDR

Die UAW-Bewaffnung bestand aus vier fünfrohrigen reaktiven Wasserbombenwerfern RBU-1200 und zwei Ablaufgerüsten am Heck für je zwölf Wasserbomben WB-1. Zur U-Boot-Suche verfügten diese Fahrzeuge über die hydroakustische Ortungsstation »Tamir 11«. Die Artilleriebewaffnung bestand aus zwei 25-mm-Doppellafetten 2-M-3 110. Über Minenschienen an Oberdeck konnten zehn Minen KB oder 52 Minen JAM oder verschiedene Fernzündungsminen geworfen werden.
Nach Abschluß der Spezialausbildung absolvierten die Besatzungskollektive regelmäßig U-Jagd-Ausbildungsabschnitte, bei denen die Zieldarstellung sowjetische oder polnische U-Boote übernahmen. Nach der Namensverleihung »Volksmarine« an die Seestreitkräfte erhielten die U-Boot-Jäger Schiffsnamen nach Greifvogelarten: »201/1«-ADLER, »201/2«-SPERBER, »201/3«-FALKE, »201/4«-HABICHT, »201/5«-REIHER, »201/6«-BUS-

SARD, »201/7«-WEIHE, »201/8«-ELSTER, »201/9«-KRANICH, »201/10«-MÖWE, »201/11«-KORMORAN, »201/12«-ALBATROS.

Neben ihrer Verwendung als U-Boot-Jäger in den Sicherungseinheiten kamen alle Fahrzeuge regelmäßig im Vorpostendienst zum Einsatz. Ab 1965/66 übernahm die Grenzbrigade-Küste alle U-Boot-Jäger dieses Projektes und setzte sie als Grenzsicherungsfahrzeuge ein. Nachdem die Nutzungsgrenze erreicht war, wurden acht Fahrzeuge von 1971 bis 1975 nacheinander außer Dienst gestellt. Vier U-Boot-Jäger gliederte die Volksmarine zeitweilig wieder in eine Sicherungseinheit ein. Mit einem Schiff wurden in enger Zusammenarbeit mit der Ingenieurhochschule für Seefahrt Warnemünde gemeinsame wissenschaftliche Experimente durchgeführt. Die letzten Fahrzeuge gingen dann 1977 außer Dienst.

Ab 1965 erfolgte im Rahmen eines längerfristigen Ablösungsprogramms die Zuführung neuer U-Boot-Jäger. Die von der Werftindustrie der DDR gefertigten Schiffe gingen unter dem Typnamen »Hai« in die Geschichte der

U-Boot-Jäger Typ »Hai«, zweites Vorserienschiff

Volksmarine ein. Vor Beginn der Serienfertigung baute der VEB Peenewerft Wolgast ab 1961 zwei Versuchsfahrzeuge als Erprobungsträger. Das erste Schiff »Hai 12.1 V«, auch als »Hai 0« bezeichnet, hatte eine Wasserverdrängung von 278 t und L/B/T = 48,7/6,0/2,04 m.

Auf diesem Schiff waren die Antriebsanlagen auf den Außenwellen noch zwei Dieselmotoren 6 KVD-43 Au und auf der Mittelwelle ein sowjetischer Schiffsdiesel »Dora 40« (40 D, Gesamtleistung 3383 kW).

Zur UAW-Bewaffnung zählten vier reaktive Wasserbombenwerfer vom Typ RBU-1200, vier Einzelwerfer BMB II und zwei Ablaufgerüste für je sechs Wasserbomben WB-1. Als Artilleriebewaffnung waren mehrere Varianten erprobt worden, so z. B. auf dem Achterschiff das sowjetische halbautomatische 45-mm-Geschütz SM-21-SIF-I (heute im Armeemuseum der DDR in Dresden) und zwei 25-mm-Doppellafetten 2-M-3. Weiterhin wurde das sowjetische 57-mm-Zwillingsgeschütz SIF-31 B getestet. Das im November 1963 in Dienst gestellte Schiff diente nach Abschluß der Erprobungsaufgaben noch einige Jahre in der Schulbootsabteilung unter der Bord-Nr. S 01. Am 2. November 1970 ging es außer Dienst.

Das zweite Vorserienschiff mit der Projekt-Nr. »12.3« hatte bei 316 t Wasserverdrängung etwas veränderte Hauptabmessungen (L/B/T = 51,7/6,60/2,58 m). Die Aufbauten waren nach funktionellen Gesichtspunkten weiter verbessert worden. Eine Besonderheit bei diesem Schiff war der erstmalige Einsatz von Gasturbinen als Antriebsanlage. Das ursprünglich für die Luftfahrtindustrie der DDR entwickelte Turbinen-Luftstrahl-Triebwerk »Pirna 014« fungierte in dieser Anlage als Gaserzeuger, mit dessen Energie zwei Nutzgasturbinen mit einer Leistung von je 3677 kW betrieben wurden. Die auf die beiden Außenwellen arbeitenden Gasturbinen waren über Untersetzungsgetriebe auf Verstellpropeller gekuppelt, während auf der Mittelwelle ein sogenannter Marschdiesel Typ 40 D mit 1618 kW Leistung arbeitete. Die

U-Boot-Jäger »Hai« (Serie) im Einsatz

komplette Gasturbinenanlage mit der Werksbezeichnung »Pirna 051/1« wurde hauptsächlich als Spitzenlastanlage für hohe Fahrtstufen während des Wasserbombenangriffs genutzt.

Die UAW-Bewaffnung dieses Schiffes bestand aus vier reaktiven RBU-1200-Werfern und zwei Ablaufgerüsten für je zehn Wasserbomben am Heck. An Artilleriewaffen waren hier zwei 25-mm-Doppellafetten 2-M-3 vorhanden. Der U-Boot-Jäger »Hai 12.3« wurde auf der Flottenparade am 7. Oktober 1964 anläßlich des 15. Jahrestages der DDR erstmalig der Öffentlichkeit vorgestellt.

Unter Berücksichtigung aller gewonnenen Erkenntnisse und gesammelten Erfahrungen begann ab 1964 der Serienbau im VEB Peenewerft Wolgast. Das weiter verbesserte Projekt erhielt die Bezeichnung »Hai 12.4« und die bis Januar 1967 gebauten zwölf Objekte die Bau-Nr. »12.401« bis »12.412«.

Die U-Boot-Jäger, später als kleine UAW-Schiffe klassifiziert, erhielten Namen nach Kreisstädten der drei Nordbezirke der DDR: »12.401«-GREVESMÜHLEN, »12.402«-GADEBUSCH, »12.403«-WISMAR, »12.404«-STERNBERG, »12.405«-PARCHIM, »12.406«-LUDWIGSLUST, »12.407«-PERLEBERG, »12.408«-BAD DOBERAN, »12.409«-BÜTZOW, »12.410«-LÜBZ, »12.411«-RIBNITZ-DAMGARTEN, »12.412«-TETEROW.

Für die Serienschiffe waren besonders die Aufbauten nochmals verändert worden. Charakteristisch war der als »Schornstein« ausgebildete Ansaugschacht der Gasturbinen. Ansonsten entsprachen die Antriebsanlage und die UAW-Bewaffnung der des Projektes »12.3«. Als Artilleriewaffen kamen nunmehr neue, von der Sowjetunion bereitgestellte vollautomatische 30-mm-Zwillingswaffen zum Einsatz. Das zur Funkmeß-Waffenleitanlage gehörende Antennensystem befand sich auf einem Vierbeinmast hinter dem Ansaugschacht. Zur U-Boot-Suche und -Verfolgung verfügten die Schiffe über die hydroakustische Station »KLA-58«. Alle Fahrzeuge konnten Minen legen. Die vielseitigen Gefechtseigenschaften und die gute Seetüchtigkeit gestatteten außer der U-Boot-Jagd auch den Einsatz zur Aufklärung, im Vorpostendienst und zur Geleitsicherung.

Ihre erste Bewährungsprobe bestanden einige der neu in Dienst gestellten U-Boot-Jäger bereits bei der Flottenübung »Baikal« im Jahre 1964. In den darauffolgenden Jahren absolvierten alle U-Boot-Jäger regelmäßige U-Jagd-Ausbildungsabschnitte, bei denen in bereits bewährter Zusammenarbeit wiederum sowjetische und polnische U-Boote als Ziele fungierten, so u. a. wiederholt die polnischen U-Boote SOKOL (Falke) und ORZEL (Adler). Als neues Element in der Taktik der U-Boot-Abwehr kam in den 60er Jahren das Zusammenwirken mit UAW-Hubschraubern der Volksmarine hinzu, wodurch die Effektivität und Zuverlässigkeit der U-Boot-Abwehr erhöht werden konnte.

1973 machte die Besatzung des U-Boot-Jägers TETEROW von sich reden. Im Rahmen des sozialistischen Wettbewerbs wurde ein direkter Leistungsvergleich mit einem sowjetischen TS-Boot und dem polnischen

U-Boot-Jäger »201 M«

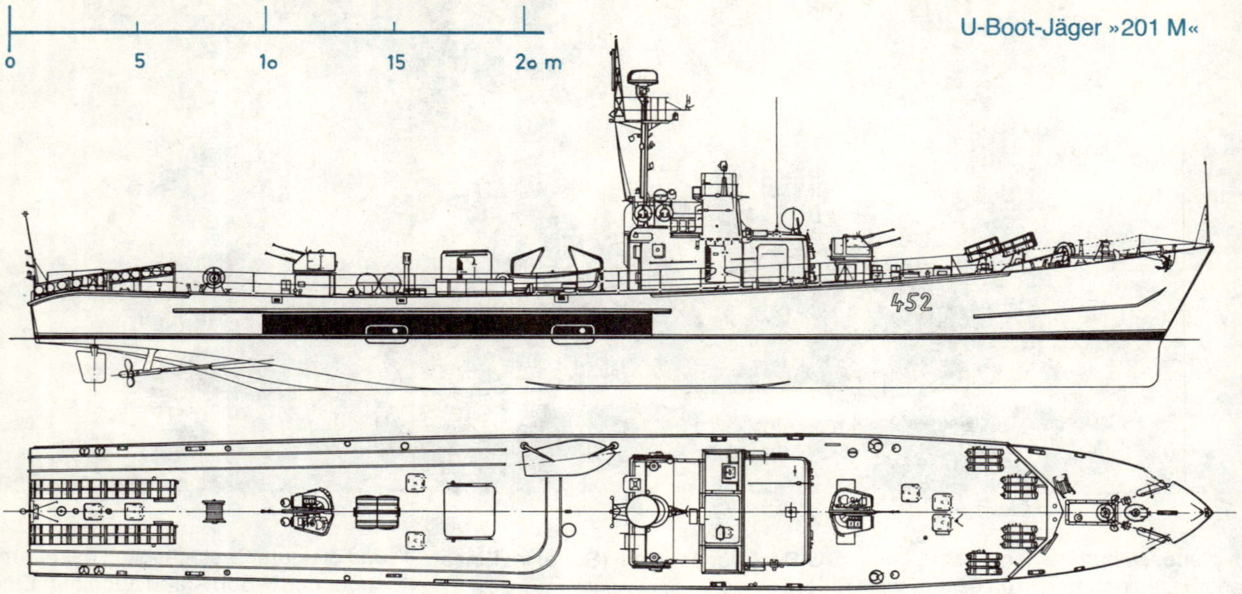

U-Boot-Jäger »Hai« (Serie), Bau-Nr. »12.400«

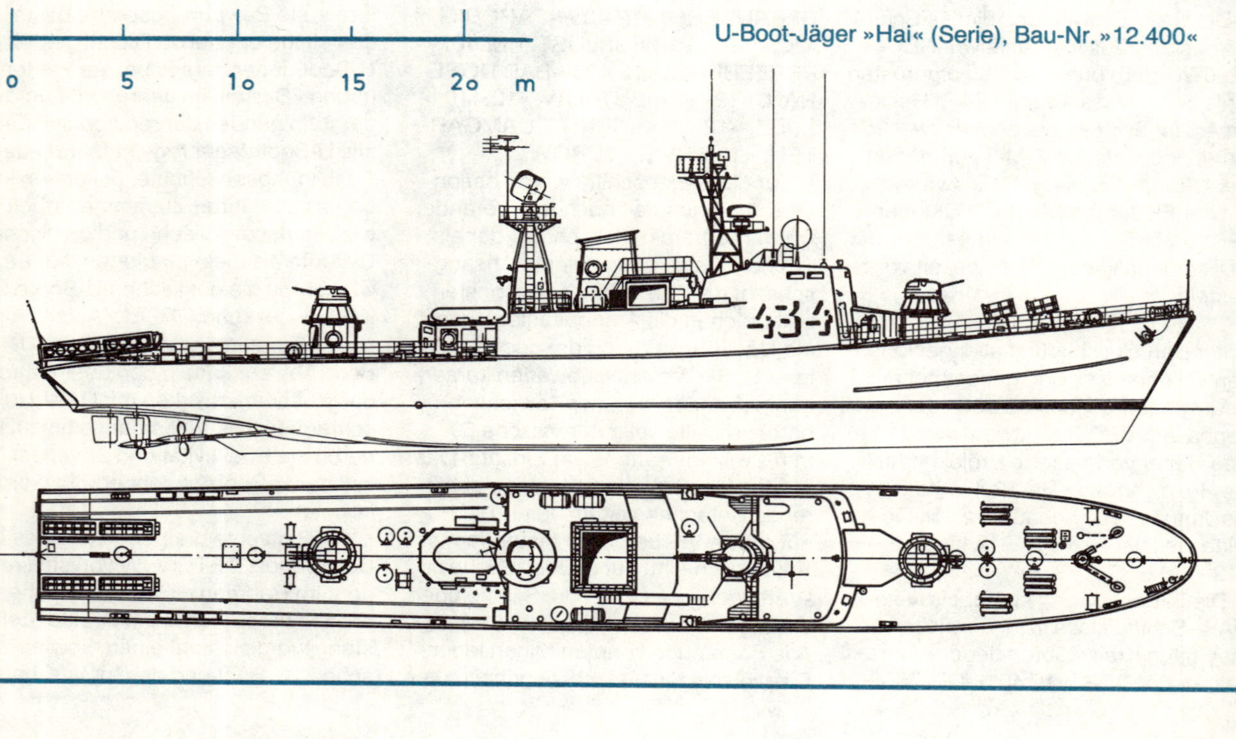

Technische Angaben	U-Boot-Jäger Projekt »201-M«	U-Boot-Jäger »Hai«
Verdrängung, voll:	215t	320t
Länge ü. a.:	42,40m	51,70m
Breite auf Spant:	5,64m	6,60m
Tiefgang:	1,90m	2,58m
Antrieb:	3 DM »30 D«	1 GT-Anlage 1 Diesel »40 D«
Leistung:	4150kW	8970kW
Geschwindigkeit:	27sm/h	32sm/h
Bewaffnung:	4 × 25mm 2-M-3 4 × 5 reaktive Werfer RBU-1200 Wasserbomben WB-1	4 × 30mm 4 × 5 reaktive Werfer RBU-1200 Wasserbomben WB-1

U-Boot-Jäger »Hai« – »12.1 V«

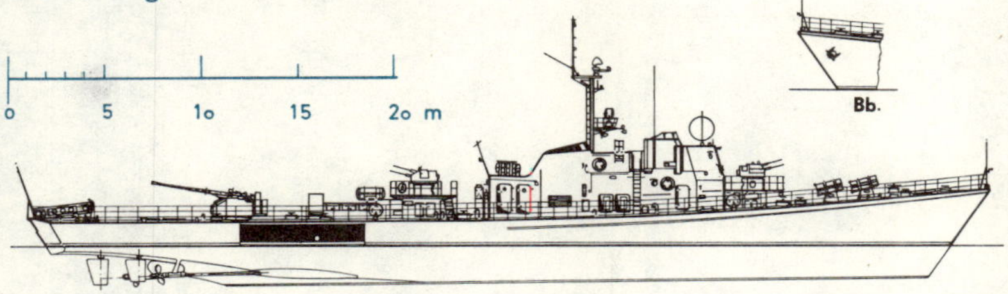

U-Boot-Jäger »Hai«, Vorserienschiff »12.3«

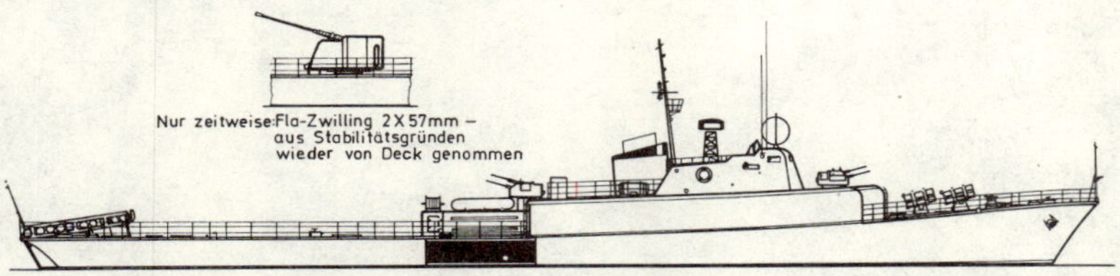

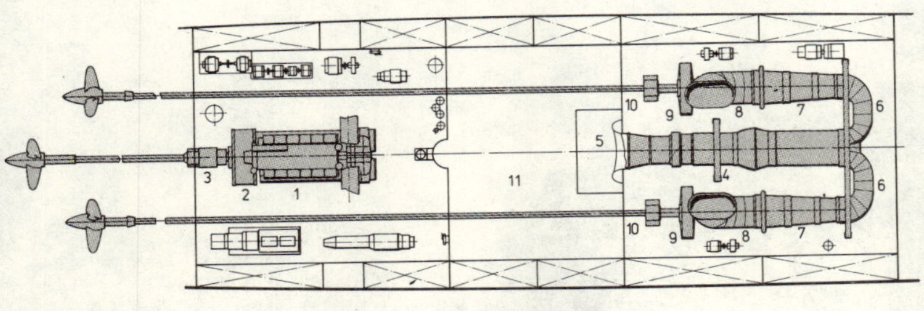

Maschinenraumeinrichtung des U-Boot-Jägers »Hai«

1 – Dieselmotor 40 D (Marschdiesel); 2 – Kupplung; 3 – Drucklager; 4 – Gaserzeuger; 5 – Ansaugschacht; 6 – Gasstromumlenkung; 7 – Nutzturbine; 8 – Abgasführung; 9 – Getriebe; 10 – Drucklager; 11 – Maschinenleitstand

MLR-Schiff TUR (Stier) beschlossen. Nach intensiver Vorbereitung fand am 14. Mai 1973 der erste Wettstreit der drei beteiligten Besatzungen in einem polnischen Flottenstützpunkt statt. Gewetteifert wurde in allen Laufbahnen (Fachrichtungen) der Gefechtsabschnitte. Eine internationale Kommission wertete die Ergebnisse, und alle Einzelsieger erhielten Bestenabzeichen. Eine zweite Runde wurde am Tag des Beginns der X. Weltfestspiele in einem Stützpunkt der Volksmarine durchgeführt. Alle Beteiligten empfanden diese Tage des freundschaftlichen Zusammenwirkens als einen weiteren Meilenstein in der Festigung der Waffenbrüderschaft unserer verbündeten Flotten. Die Besatzung der TETEROW erhielt das Ernst-Thälmann-Ehrenbanner.

Im selben Jahr war der U-Boot-Jäger WISMAR im Verband mit dem KSS ERNST THÄLMANN und dem MAW-Schiff BERNAU am Flottenbesuch anläßlich des Tages der Sowjetischen Seekriegsflotte in Leningrad beteiligt (27. bis 30. Juli 1973). Die vorbildlichen Leistungen der Besatzung des U-Boot-Jägers LUDWIGSLUST im sozialistischen Wettbewerb »Salut – DDR 30« wurden anläßlich des Nationalen Jugendfestivals Pfingsten 1979 in Berlin mit der Verleihung des Titels Hervorragendes Jugendkollektiv gewürdigt.

Ende der 70er Jahre gingen mit der Einführung einer neuen Generation moderner UAW-Schiffe die ersten U-Boot-Jäger des Typs »Hai« außer Dienst. Das Schiff GREVESMÜHLEN diente noch einige Zeit als Wohnschiff. Als letzter U-Boot-Jäger dieser Serie wurde die STERNBERG am 28. Februar 1984 außer Dienst gestellt. Vor dem Abbruch wurden mit der GREVESMÜHLEN und der STERNBERG noch Versuche und Erprobungen zur Erhöhung der Standkraft von Kampfschiffen durchgeführt.

Unter der blauen Flagge – Schlepper, Logger, Leichter

Anfang der 50er Jahre stellte der DDR-Schiffbau die ersten Hilfsschiffe zur Sicherstellung der schwimmenden Einheiten der Volkspolizei-See bereit. Dabei wurde in den ersten Jahren der Weg beschritten, aus der bereits laufenden Großserienfertigung von Fischereifahrzeugen und Schleppern geeignete Projekte durch geringfügige Modifikationen oder Umbauten ihrem zukünftigen Einsatzzweck anzupassen. Diese Methode entsprach den damaligen Möglichkeiten der Volkswirtschaft der DDR und gewährleistete zugleich eine effektive und sparsame Verwendung der bereitgestellten Mittel. Natürlich konnte bei dieser ersten Generation von Hilfsschiffen von moderner, allseitiger Versorgung von Schiffen in See noch nicht die Rede sein. Diese Schiffe erfüllten überwiegend einfache Transportaufgaben zwischen den Stützpunkten, Schlepp- und Bugsierdienste oder vereinzelt auch schon Kraftstoffübergabe auf Reede.

Die ersten unter diesen Gesichtspunkten übernommenen Fahrzeuge

Der Torpedo-Logger 233 – RÜGEN – in Saßnitz
Der Versorger-Logger 236 – RUDEN –
Die ARTUR BECKER (ex RUDEN) nach dem Umbau zum Taucherausbildungsschiff der GST

Torpedo-Logger RÜGEN

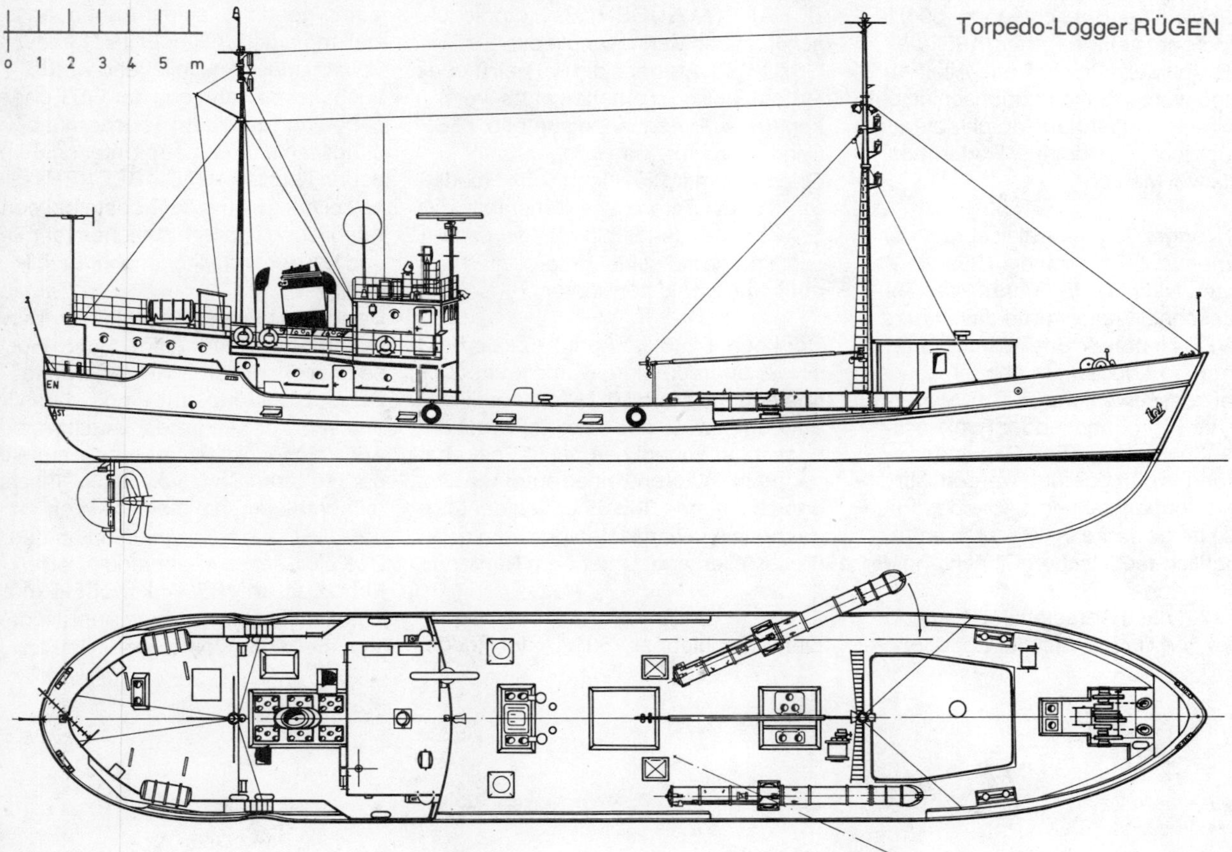

Versorger-Logger RUDEN

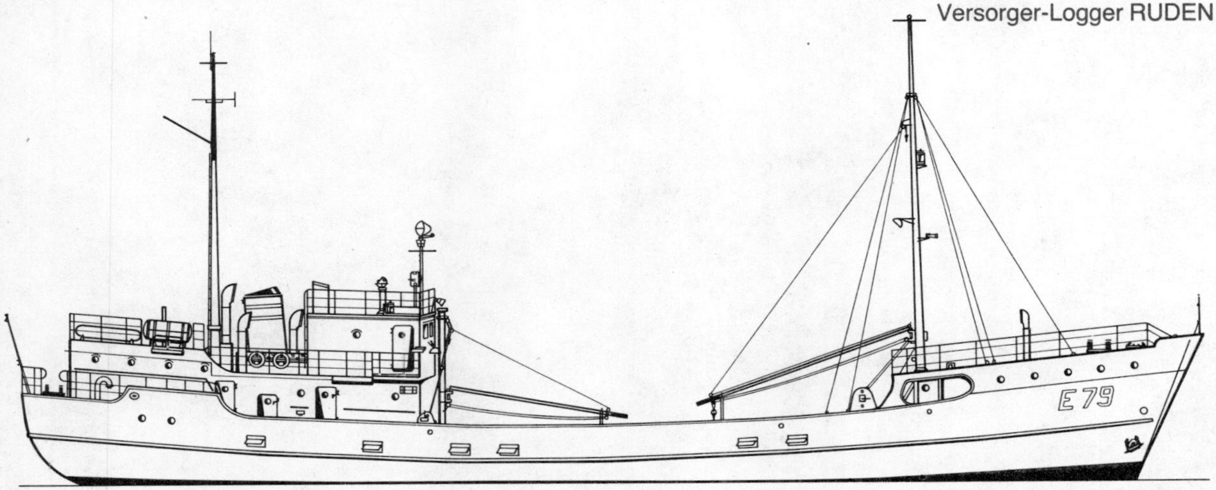

waren die drei Logger 233, 235 und 236 sowie der Seeschlepper »501/1«. Die Logger lieferte Anfang 1952 der VEB Roßlauer Schiffswerft. Alle Fahrzeuge waren Einschraubenschiffe mit genieteter Außenhaut, durchlaufendem Hauptdeck, Deckshaus, Ruderhaus und zwei Masten.

Der Logger 233, er erhielt später den Namen RÜGEN, fuhr bis 1959 als Versorger. Nach der Einführung der Torpedoschnellboote wurde das Fahrzeug im VEB Neptun-Werft Rostock zum »Torpedo-Logger« umgebaut. Mit den zwei ausschwenkbaren Torpedorohren konnte Erprobungs- oder Funktionsschießen nach großen Regelungen der Torpedos durchgeführt werden. Mit dieser Aufgabenstellung diente das Fahrzeug lange Jahre in einer wissenschaftlich-technischen Einrichtung der Volksmarine.

1974, nach Abrüsten der Torpedorohre und Umbau, lief der Logger unter seinem neuen Namen FREUNDSCHAFT (ex RÜGEN) als Motorschulschiff an der Marineschule der GST in Greifswald. Als dann die GST ein neues Motorschulschiff erhalten hatte, verkaufte der Außenhandelsbetrieb VEB Schiffscommerz den Logger nach Griechenland. Die griechische Reederei »Tourist Enterprises Constantinidiv S.A« betrieb das Schiff als Touristenschiff aufgrund seiner guten Unterbringungsmöglichkeiten weiter.

Der Logger 236, im April 1952 als Versorger übernommen, wurde kurze Zeit später umgebaut. Mit Hilfe einer Rolle am Bug sowie Kabeltrommeln am Ladegeschirr konnte das Schiff Seekabel verlegen. Während eines erneuten Umbaus im Jahre 1968/69 erhielt der Logger neue Proviantlasten und eine größere Kühlanlage. Unter dem Namen RUDEN (E-79) diente der Logger als Versorger bis zu seiner Außerdienststellung am 29. Oktober 1971 in der Volksmarine. Anschließend wurde auch dieses Fahrzeug der GST übergeben und zu einem Taucherausbildungsschiff umgebaut. Unter seinem neuen Namen ARTUR BECKER leistet es seitdem wertvolle Dienste bei der Ausbildung von Sporttauchern der GST und bei der vormilitärischen Ausbildung.

Der Seeschlepper Projekt »501/1« war neben dem wieder aufgebauten Hochseeschlepper WISMAR das zweite Schleppfahrzeug, das für die damalige Volkspolizei-See bereitgestellt wurde. Auch dieser Schlepper entstammte einer größeren Serie von Seiner-Fischereifahrzeugen, die mehrere Werften der DDR für die Sowjetunion bauten. Das als Seeschlepper modifizierte Fahrzeug, im VEB Volkswerft »Ernst Thälmann« Brandenburg auf Kiel gelegt, stellte die Volkspolizei-See am

Der Seeschlepper »501/1« auf Reede

13. November 1952 in Dienst. Der Schiffskörper war ebenfalls als Glattdecker mit auf dem Vorschiff aufgesetztem Ruderhaus ausgeführt. Die Antriebsmaschine, ein Viertakt-Dieselmotor Typ R 8 DV 146, hatte eine Leistung von 220 kW. Im Verlaufe seiner Dienstzeit wurde der Schlepper nochmals umgebaut und teilweise modernisiert. Unter seiner langjährigen Bord-Nr. A 73 erfüllte seine Besatzung vielfältige Schlepp- und Bugsieraufgaben. Der Tag seiner Außerdienststellung war der 1. Dezember 1976.

An dieser Stelle sei erwähnt, daß es als bewährtes ökonomisches Prinzip gilt, in der Volksmarine aus unterschiedlichsten Gründen nicht mehr verwendbare Fahrzeuge anderen Schiffahrtsbetrieben der DDR zur weiteren Nutzung zu übergeben. So geschah es auch mit dem Seeschlepper »501/1«, der seit 1977 im VEB Kombinat Seeverkehr und Hafenwirtschaft als Versorgerschlepper unter dem neuen Namen DORSCH eingesetzt wird. Dieser Seeschlepper hatte ebenfalls noch ein 1952 von derselben Werft erbautes Schwesterschiff, das in einer Modifikation als Vermessungsschiff »501/2« für den Seehydrographischen Dienst der DDR gebaut wurde. Das Fahrzeug erhielt den Namen KARL F. GAUSS, später in JORDAN umbenannt. Nach mehr als 30 Dienstjahren wurde dieses SHD-Fahrzeug am 1. Dezember 1983 außer Dienst gestellt und anschließend abgebrochen.

Ebenfalls von der »Ernst Thälmann«-Werft in Brandenburg stammten die beiden ersten Trockenleichter, die unter der Projekt-Nr. »505/1« und »505/2« am 25. September bzw. am 11. November 1952 auf Kiel gelegt wurden.

Trockenleichter Projekt »505« auf der Warnow

Beide Fahrzeuge konnten Ende 1953 übergeben und nacheinander bis April 1954 in Dienst gestellt werden.

Die Schiffskörper waren aus Schiffbaustahl nach der Querspantenbauweise gefertigt. Das Achterschiff war mit einem Poopdeck und Kreuzerheck ausgeführt. Im vorderen Hauptdeck befanden sich zwei Luken für den Laderaum. Die Schiffe hatten je einen Propeller. Der Hauptmotor war ein Erzeugnis des VEB Schwermaschinenbau »Karl Liebknecht« Magdeburg. Während ihrer Dienstzeit sind beide Schiffe, besonders das Brückenhaus und der Schornstein, umgebaut worden. Außerdem erhielten sie einen elektrischen Bordwippkran mit einer Traglast von 2,4 Mp zwischen die Ladeluken aufgesetzt. Unter den Bord-Nr. E 18 und E 44 erfüllten diese Schiffe ebenfalls mehr als 30 Jahre stets zuverlässig alle übertragenen Transportaufgaben. Am 16. Mai 1983 wurde die E 18 und im Juni 1983 die E 44 außer

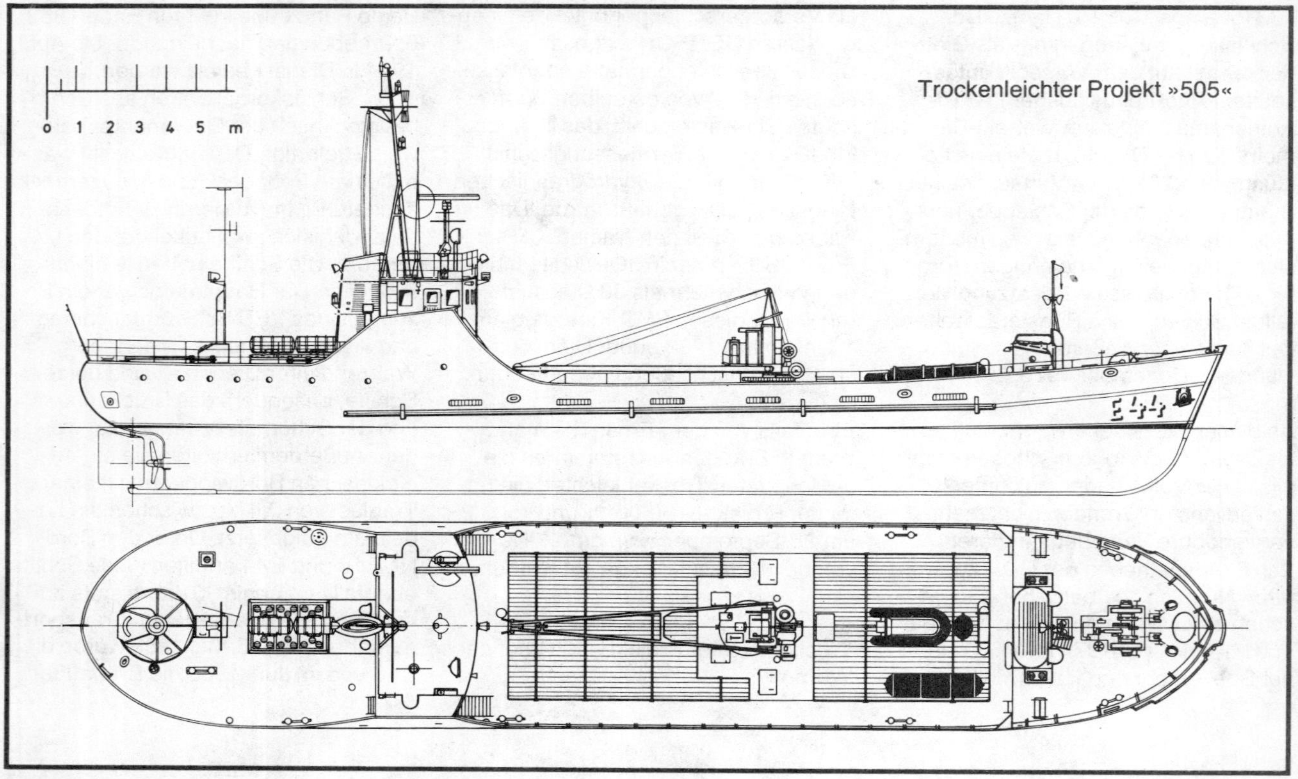

Technische Angaben	Versorger-Logger	Trockenleichter Projekt »505«
Verdrängung:	486 t	535 t
Länge ü. a.:	41,40 m	39,9 m
Breite:	7,20 m	7,5 m
Tiefgang:	3,35 m	2,5 m
Antrieb:	1 DM »R8 DV 136«	1 DM »R8 DV 136«
Leistung:	220 kW	220 kW
Geschwindigkeit:	8 sm/h	7 sm/h

Dienst gestellt und anschließend zur Metallrückgewinnung genutzt. Ihre Besatzungen übernahmen eine neue Generation moderner Hochseeversorger, ohne jedoch die treuen Dienste ihrer alten »Emils« vergessen zu haben. Nach Gründung der Nationalen Volksarmee erhielten die Seestreitkräfte neue Hilfsschiffe, die für die wachsenden Aufgaben bei der Sicherstellung der Flotte eingesetzt werden sollten. Der VEB Warnow-Werft legte als Einzelschiff einen Seiner-Schlepper auf Kiel, der am 22. März 1956 unter dem Namen SCHOLLE vom Stapel lief. Das Fahrzeug erhielt die Klasse »AIK (Eis) Schlepper«. Der Schiffskörper war in Querspantenbauweise gebaut worden und durch sechs Schotte in sieben wasserdichte Abteilungen unterteilt. Auch hier stammte die Hauptantriebsmaschine vom VEB Schwermaschinenbau »Karl Liebknecht« Magdeburg. Der Schlepper konnte bei Volldeplacement bis Wind 7 und See 6 eingesetzt werden. Außerdem war sein Einsatz als Hilfseisbrecher bis 10 cm Festeis möglich. Nach 20jähriger Dienstzeit wurde dieser Schlepper am 30. November 1976 in der Volksmarine außer Dienst gestellt und anschließend dem VEB Kombinat Seeverkehr und Hafenwirtschaft übergeben.

Ab Juli 1959 übernahmen die Seestreitkräfte nacheinander sechs moderne Reedeschlepper des Projektes »270«, die der VEB Peenewerft Wolgast von 1957 bis 1959 gebaut hatte. Die Schiffe projektierte das ehemalige Institut für Schiffbautechnik Wolgast, wobei universelle Einsatzmöglichkeiten, vor allem auch für den Bergungs- und Rettungsdienst, Berücksichtigung fanden. Das Radialschleppgeschirr wurde für eine Zugkraft von 90kN ausgelegt. Alle Schlepper erhielten am Ende des Bootsdecks zwei Ladepfosten mit je einem Ladebaum für 30kN Traglast. Der Produzent des Viertakt-Dieselmotors war ebenfalls der VEB Schwermaschinenbau »Karl Liebknecht« Magdeburg. Das Elektrobordnetz hatte noch 220V Gleichspannung.

Im harten Flottendienst bewährten sich diese Schlepper auch bei komplizierten Schlepp- und Bergungsaktio-

Reedeschlepper Projekt »270« vom VEB Peenewerft Wolgast

Binnenschlepper Typ »Hai« nach der Modernisierung – 1977

nen. Hatte ein Kampfschiff oder -boot eine Havarie oder eine Grundberührung, waren es gerade die Zivilbesatzungen dieser und anderer Schlepper, die mit viel Sachkenntnis, Ruhe und Entschlossenheit die Situation meistern halfen. Einige der Besatzungen versahen einschließlich ihrer Kapitäne mehr als 10 Jahre zusammen Dienst auf diesen Fahrzeugen. Einer der erfahrensten und dienstältesten Kapitäne, der Genosse *Paul Roggow*, blieb bis zu seinem 65. Lebensjahr auf der Brücke »seines« Schleppers. Erst am Tage des feierlichen Jubiläums übergab er das Kommando einem jüngeren Nachfolger.

Ab 1983 wurden einige dieser Reedeschlepper nacheinander grundlegend modernisiert. Sie erhielten neue Hilfsdieselmotoren der Typen 6 VD 14,5/12-1 und 4 VD 14,5/12-1, neue Decksmaschinen und neue Elektroanlagen. Die Arbeits- und Lebensbedingungen für die Besatzungen verbesserten sich. Die komplexen Modernisierungsmaßnahmen und eine Hauptinstandsetzung gewährleisten die weitere Indiensthaltung dieser universellen Schleppfahrzeuge.

Eine weitere Verstärkung erhielten die Hilfsschiffskräfte der Volksmarine im Jahre 1961 von zwei Binnenschleppern, die unter den Namen HAI und ROBBE übernommen wurden. Diese Fahrzeuge baute 1959/60 der VEB Schiffswerft Roßlau unter Aufsicht der DSRK. Mit zwei starken Hauptmaschinen können diese Schlepper auch als Hilfseisbrecher (bis 30 cm Festeis) eingesetzt werden. Im Schleppbetrieb ist mit einer Geschwindigkeit von 10 sm/h ein Trossenzug von 80 kN gewährleistet. Auch diese beiden Schlepper modernisierte 1977 bzw. 1978 der VEB Peenewerft Wolgast. Dabei veränderte eine völlig neue, modern gestaltete Brücke ihr Aussehen.

Seeschlepper Projekt »501«

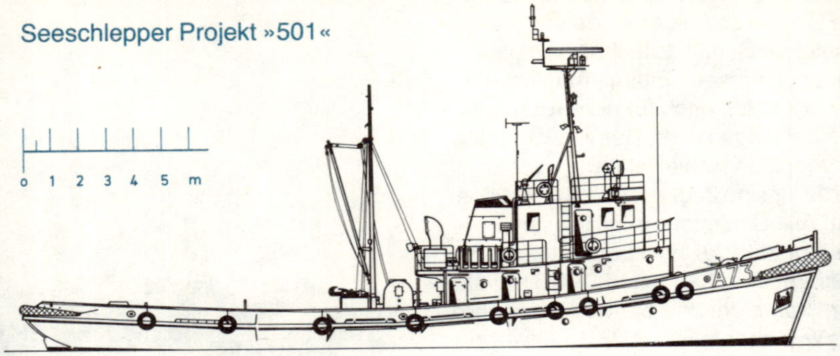

Binnenschlepper HAI

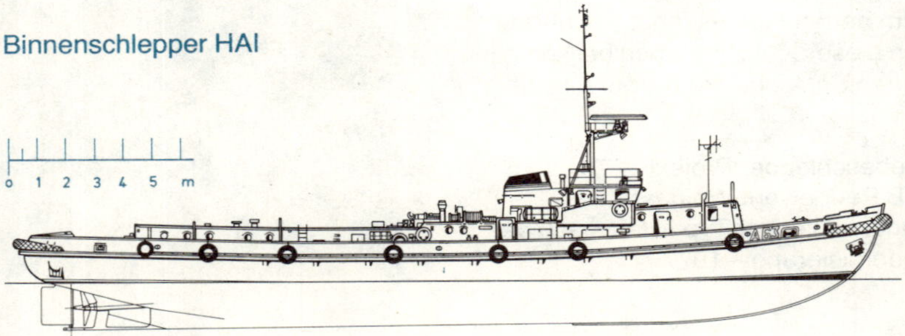

Schlepper SCHOLLE

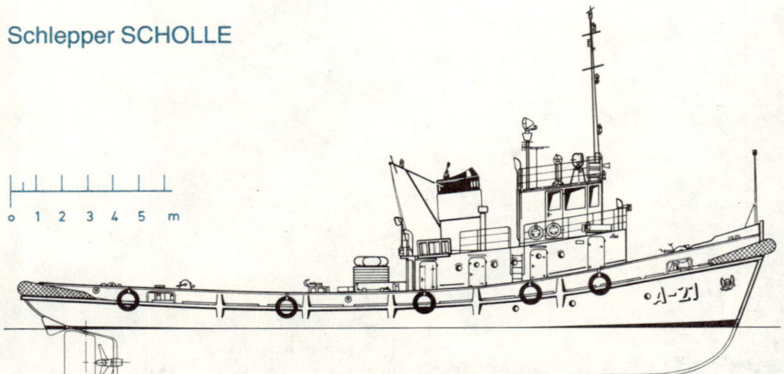

Einen fast legendären Ruf als Hilfsschiff der Volksmarine erwarb sich das mehr als 27 Jahre im Dienst befindliche Küstenmotorschiff TIMMENDORF. Ursprünglich als Schrott-Transporter projektiert, wurde das Schiff nach Modifizierung des Projektes im VEB Schiffswerft Laubegast bei Dresden unter der Bau-Nr. »120« als Küstenmotorschiff fertiggebaut und am 30. April 1955 vom Stapel gelassen. Seine Indienststellung durch den VEB Deutsche Seereederei war am 10. April 1956. Das Schiff, ein Volldecker mit Back, Poop und achtern eingebauter Maschinenan-

Technische Angaben	Seeschlepper »501«	Binnenschlepper HAI	Seiner-Schlepper SCHOLLE
Verdrängung, voll:	249t	230t	189t
Länge ü. a.:	28,8m	38,44m	28,72m
Breite:	6,2m	8,40m	6,50m
Tiefgang:	2,6m	1,80m	2,45m
Antrieb:	1 DM »R8 DV 136«	2 DM »R8 DV 136 A«	1 DM »R6 DV 148«
Leistung:	220kW	617kW	300kW
Geschwindigkeit:	10sm/h	10sm/h	10sm/h

lage, hatte ein Fassungsvermögen von 660 m^3 (Schüttgut). Es konnte über zwei Luken mit zwei elektrischen 30-kN-Bordwippkränen oder pierseitiger Krantechnik be- und entladen werden. Die Versorgung mit Elektroenergie (220 V Gleichstrom) übernahmen ein Diesel-Generatorsatz mit Motor 2 NVD 14 (14 kW) und ein Wellengenerator mit 7 kW Leistung. Das Küstenmotorschiff transportierte hauptsächlich Stück- und Schüttgut.

1963 übernahm die Volksmarine die TIMMENDORF und stellte sie nach einem geringfügigen Umbau als Versorger unter der Bord-Nr. E 81 in Dienst. Als Hilfsschiff der Volksmarine bewältigte die E 81, meist liebevoll als »Timme« bezeichnet, die vielfältigsten Transportaufgaben. Als Versorger war sie mehr als zehnmal bei den Raketenschießabschnitten der RS-Boote, wobei sie in der Regel neben allerlei Gütern auch einen vollbeladenen Kühlhänger, einen Geländewagen und mobile Werkstattechnik im Laderaum mitführte. Auch ein Hubschrauber der Volksmarine machte als Frachtgut eine Seereise mit der »Timme«. Im Verlaufe der Dienstzeit wurde das Schiff mehrmals umgebaut und modernisiert. Mit seinen 300 »Pferdestärken« war der Versorger zwar nicht das schnellste Schiff, dafür aber eines der zuverlässigsten. Kam es bei einer längeren Marschfahrt im Verband darauf an, so früh wie möglich auf einer Reede einzutreffen, wurde die »Timme« kurzerhand von einem schnellen Schiff, z. B. einem Tanker »600«, in Schlepp genommen. Drehte die Maschine der TIMMENDORF dann noch mit, schaffte man bequem seine 12 sm/h, was für den alten Versorger allein eine »utopische« Geschwindigkeit darstellte.

Große Verdienste erwarb sich die

Der Versorger TIMMENDORF
Das Versuchsschiff RÜGEN (II) (ex Forschungsschiff METEOR) nach dem Umbau

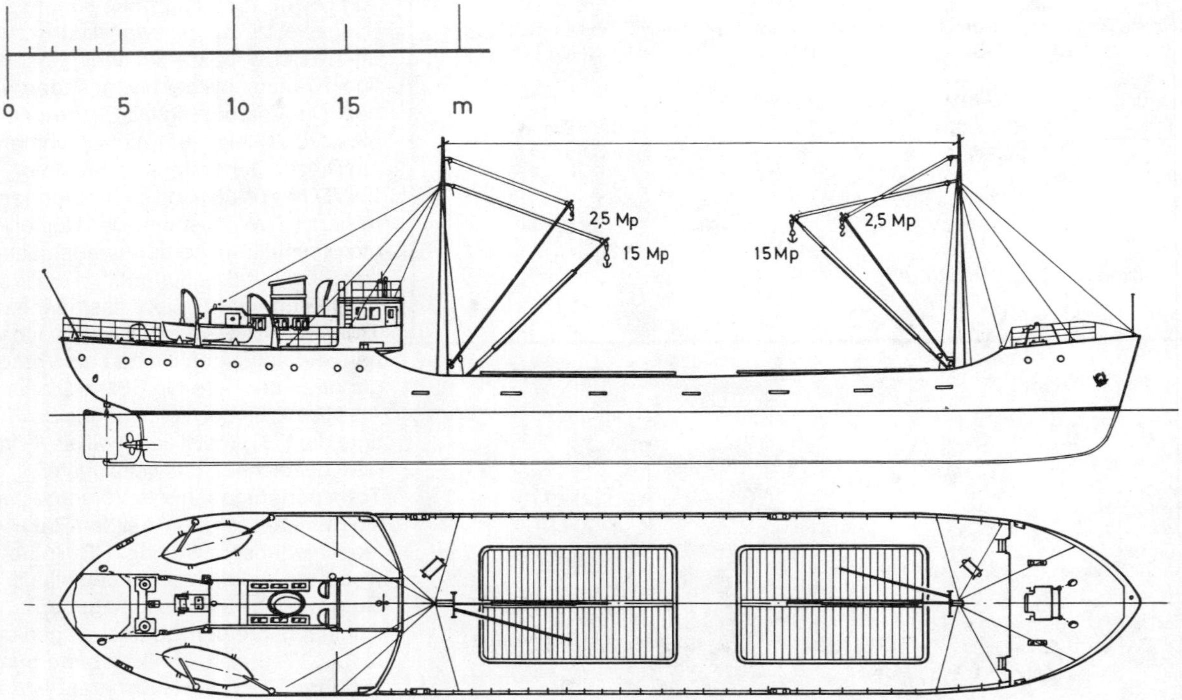

▲ Entwurf vom 6.4.1951 des Entwurfsbüro der GDS: SCHROTT-TRANSPORTER

▲ Erster Zustand vor Umbau als Küstenmotorschiff TIMMENDORF, achtere Aufbauten wurden noch 1957 erhöht.

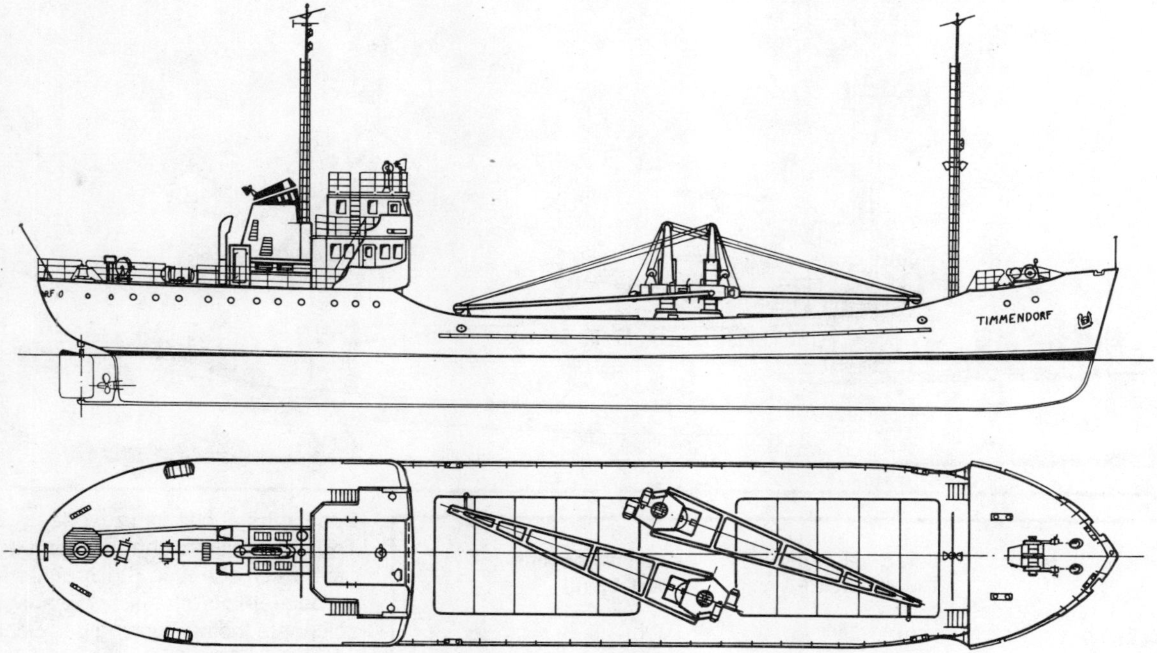

▲ Versorgungsschiff TIMMENDORF, Zustand 1962 – 1973

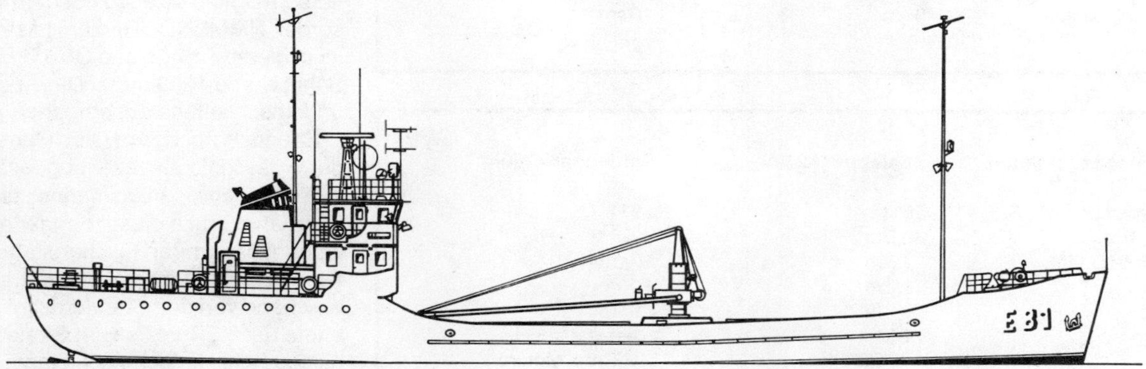

▲ Zustand 1977 mit nur noch einen Bordkran, bereits 1976 erfolgte die Modernisierung, behielt aber zunächst die Doppelkrane.

Versuchsschiff RÜGEN (II)

Technische Angaben	Versorger TIMMENDORF	Versuchsschiff RÜGEN (II)
Verdrängung:	750 t	470 t
Länge ü. a.:	47,95 m	39,15 m
Breite auf Spant:	8,40 m	7,30 m
Tiefgang:	2,50 m	2,70 m
Antrieb:	1 DM »R8 DV 136«	1 DM »R6 DV 148«
Leistung:	220 kW	294 kW
Geschwindigkeit:	9 sm/h	10 sm/h

Technische Angaben	Schlepper »270«	Schlepper »700«
Volldeplacement:	261 t	791 t
Länge ü. a.:	30,5 m	44,7 m
Breite auf Spant:	7,5 m	10,0 m
Breite ü. a.:	8,0 m	10,7 m
Tiefgang:	3,0 m	3,9 m
Antrieb:	1 DM »R6 DV 148«	dieselelektrisch 2 E-Prop. Motoren
Leistung:	400 kW	1300 kW
Freifahrtgeschwindigkeit:	10 sm/h	12 sm/h
Schleppgeschwindigkeit:	6 sm/h	6 sm/h
Reichweite:	1400 sm	3000 sm

Besatzung auch beim zuverlässigen Transport militärischer Versorgungsgüter nach oder von Stützpunkten der verbündeten Flotten. Für die ausgezeichnete Instandhaltung des Schiffes und für die Gewährleistung einer ständigen Einsatzbereitschaft erhielt das Besatzungskollektiv sechsmal den Titel »Kollektiv der sozialistischen Arbeit«. Mit der Zuführung moderner Hochseeversorger hieß es auch auf dem Versorger TIMMENDORF zum letztenmal »Hol nieder Flagge und Gösch«. Das Schiff wurde 1983 außer Dienst gestellt und anschließend abgebrochen.

Ebenfalls noch zur ersten Generation der Hilfsschiffe zählt der Logger RÜGEN (II), den die Volksmarine erst 1974 übernahm. Auch dieser Logger entstammt der großen Fischereifahrzeugserie verschiedener DDR-Werften. Abweichend von den Standardschiffen baute der VEB Volkswerft Stralsund dieses Schiff jedoch nach einem Sonderprojekt als Forschungsschiff für das Amt für Meßwesen und Warenprüfung. Es erhielt den Namen METEOR (Bau-Nr. »4323«).

Nach der Übernahme durch die Volksmarine wurde das Schiff umgebaut und in RÜGEN (II) umbenannt. Unter seiner Bord-Nr. V 84 nutzt es die Volksmarine als Versuchsschiff. Seine Besatzung erfüllt vielfältige Aufgaben zur Erprobung der verschiedensten Militärtechnik oder ist zur Sicherstellung von Erprobungsaufgaben im Zusammenwirken mit anderen Schiffen eingesetzt.

Im September 1963 erhielt die Volksmarine einen neuen leistungsstarken Hochseeschlepper Typ »700«. Das Schiff war vom damaligen Institut für Schiffbautechnik Wolgast (ISW) unter der Projekt-Nr. »17« entworfen und projektiert und im VEB Peenewerft Wolgast auf Kiel gelegt worden. Der Schiffskörper dieses 700-t-Schleppers ist durch fünf Schotte in sechs wasserdichte Abteilungen unterteilt. Beim Fluten einer beliebigen Abteilung sind Schwimmfähigkeit und Leckstabilität noch voll gewährleistet (Ein-Abteilungs-Schiff). Die Schiffsform wurde unter Berücksichtigung des Einsatzes als Eisbrecher gewählt. Der Vorsteven ist schräg hochgezogen, das Heck entsprechend geformt und mit einem Eissporn versehen.

Als Antriebsanlage ist eine dieselelektrische Zweiwellenanlage mit Festpropeller eingebaut. Den Kraftstrom für die zwei Propellermotoren liefern vier Diesel-Generatorsätze mit je einem 12-Zylinder-V-Motor 12 KVD 21 vom VEB Motorenwerk Johannisthal. Die Propellermotoren (Spitzenlast

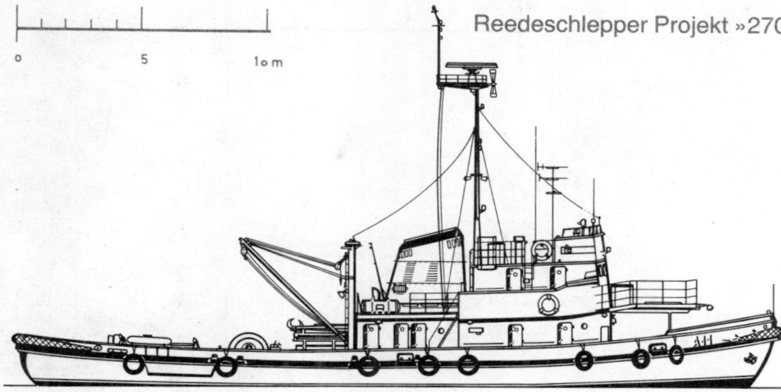

Reedeschlepper Projekt »270«

Der dieselelektrische Hochseeschlepper »700«

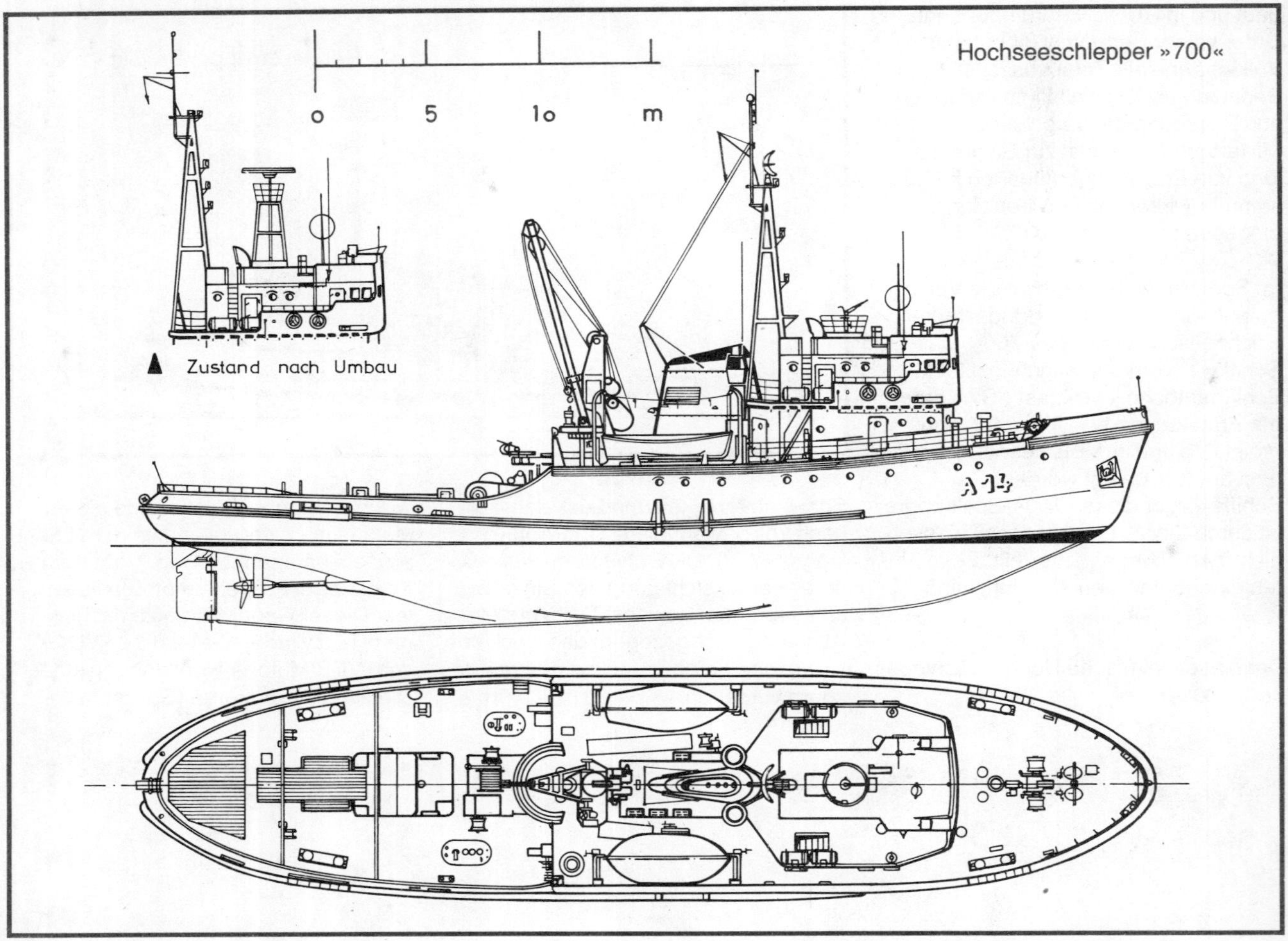

800 kW) sind über Getriebe auf die Wellenleitungen gekuppelt. Für Bergungseinsätze ist das Schiff mit vier schweren Pollern (Zugkraft 125 MN) und einer 150-MN-Schleppwinde ausgerüstet. Für den Lade- und Löschbetrieb bei Bergungseinsätzen ist am Ende des Backdecks ein elektrischer Bordwippkran mit einer Tragkraft von 90 MN aufgesetzt. Des weiteren verfügt das Schiff über eine umfangreiche Feuerlösch- und Lenzausrüstung sowie Einrichtungen für den Einsatz von Schiffstauchern.

Nach Abschluß der technischen Erprobung übernahm am 30. September 1963 die Volksmarine den Schlepper. Unter seiner langjährigen Bord-Nr. A 14 steht das Schiff mit einer bewährten Zivilbesatzung seitdem mehr als 20 Jahre im Flottendienst. Für ihre ständig hohe Einsatzbereitschaft bei der Lösung aller übertragenen Aufgaben wurde die Besatzung wiederholt ausgezeichnet und geehrt. Ein Schwesterschiff dieses Schleppers übergab der VEB Peenewerft Wolgast am 20. März 1964 unter dem Namen JUPITER an die VR Bulgarien.

Räumboot Typ »Schwalbe« – die »Arbeitsbienen« der Ostsee

MLR-Schiffe Typ »Krake« auf dem Marsch

Das Arbeitsdeck einer »Krake«

Küstenschutzschiff Projekt »50«

Küstenschutzschiff Projekt »50«

1 – Munitionslast; 2 – Turbo-Generatorsatz; 3 – Hilfskessel; 4 – Hauptturbine; 5 – Hauptkessel; 6 – Technische Räume; 7 – Leitzentrale; 8 – Wasserbombenlast; 9 – Wohndeck; 10 – Wasserbombenwurfanlage; 11 – Getriebe; 12 – 100-mm-Universalgeschütz; 13 – 37-mm-Fla-Geschütz; 14 – Torpedorohrsatz; 15 – Reaktiver Wasserbombenwerfer; 16 – Wasserbomben-Einzelwerfer; 17 – Doppelboden

17
7
15
8
9
17
12

U-Boot-Jäger Typ »Hai« vor Anker

Klarmachen eines RBU zur Salve

U-Boot-Jäger Projekt »201 M« läuft an zur Flottenparade

TS-Boote greifen an

TS-Boot Projekt »183« beim Auslaufen aus einem Stützpunkt

Reedeschlepper legt an

Hochseetanker USEDOM im Stützpunkt

Aussetzen der Taucherglocke vom Bergungsschiff

Bergungsschiff OTTO VON GUERICKE im Atlantik

Flugsicherungsboot HUGO ECKENER
(heute Bergungsschiff)

SPW rollt von Bord eines Landungsschiffes Typ »Robbe«

Landungsboot nimmt Panzer an Bord

Kleines Torpedoschnellboot

1 – 23-mm-Zwillingsflak; 2 – Ruder; 3 – Propeller (3); 4 – Schutzschild für Artilleriegast; 5 – 533-mm-Torpedo (2); 6 – Minenausstoßbehälter (2); 7 – Gefechtsstationen von Motorenmeister und Elektrikergasten; 8 – Mast; 9 – Kommandantenkanzel; 10 – Druckluftbehälter für den Minenausstoß (2); 11 – Funkmeßantenne; 12 – Notausstieg; 13 – UKW-Antenne (2); 14 – Gefechtsstationen des Obersteuermanns: Kartentisch ...; 15 – ... Funkmeßgerät; 16 – Bugmaschine (2); 17 – Ruheraum; 18 – Vorpiek

941
16
17
18

Der ehemalige Stellvertreter des Ministers und Chef der Volksmarine, Admiral *Wilhelm Ehm*, informiert sich über die Gefechtsausbildung an Bord eines Raketenschnellbootes

LTS-Boot Projekt »63.300« – »dreht auf«!

Raketenschnellboot

977

711

Torpedoschnellboot BTK

MAW-Schiff zur
Zwischendockung auf Slip

325

941

Ein KTS-Boot wird von einem
Schwimmkran an Land gesetzt

MAW-Schiffe auf Reede

KTS-Boot

Feierlicher Appell im Hafen der Flottenschule »Walter Steffens«

Das Schulschiff WILHELM PIECK der Volksmarine im Hafen von Piräus – Juni 1984

Landungsschiffe beim Verbandsfahren

561

632

Küstenschutzschiff
BERLIN – HAUPTSTADT
DER DDR kommt auf

Salve aus dem vorderen
57-mm-Geschütz eines
Landungsschiffes

Abend auf der Reede

Start einer Fla-Rakete vom Küstenschutzschiff ROSTOCK

Motoryacht OSTSEELAND auf Werft-
probefahrt

Turbinenhubschrauber »Mi-8« der Marineflieger im Anflug

Wasserung einer »Mi-14 PL«

Training am Luftlageplanschett auf einem KSS-3. Ranges

◀ Achtere 57-mm-Doppellafette eines KSS-3. Ranges

Die PERLEBERG einlaufend in einen Stützpunkt

Hochseeversorger KÜHLUNG im Mittelmeer

Transportfahrzeug mit Seezielraketen der Volksmarine während der Feldparade nach Abschluß des Manövers »Waffenbrüderschaft 80«

Autodrehkran übergibt Torpedos

Waffenbrüder
Братья

BUK
18

BREITLING
18

Der frühere Tonnen- und Kabelleger DORNBUSCH des Seehydrographischen Dienstes der DDR

Das ehemalige Vermessungsschiff JORDAN

◀
Der Tonnenleger BUK des SHD läuft aus

Das Seezeichenkontrollboot BREITLING

Schulschiff WILHELM PIECK in der Biskaya

Das Kleine Raketenschiff
RUDOLF EGLHOFER
der Volksmarine auslaufend zur Seeausbildung

Die Marinetanker

Zu den Hilfsschiffen der Volksmarine zählen auch die verschiedenen Tankertypen, deren Zivilbesatzungen für den sicheren Transport sowie für eine fachgerechte Übernahme und Übergabe flüssiger Betriebsstoffe verantwortlich zeichnen. Dazu zählen die unterschiedlichsten Sorten Dieselkraftstoffe, Schmieröle, Sonderöle, Kondensat oder Kesselspeisewasser sowie in früherer Zeit auch noch Heizöl für Kesselanlagen.

Das erste Tankfahrzeug, das für die damalige VP-See gebaut wurde, war der Tanklogger 235. Dieses Schiff stammt ebenfalls aus einer in den Jahren 1950 bis 1954 laufenden Serie des VEB Roßlauer Schiffswerft, in der als Modifikation der Fischereilogger auch einige Tanklogger gefertigt worden waren. Den Logger 235 übergab die Werft im April 1952. Er transportierte überwiegend Kraftstoff zwischen den Stützpunkten der VP-See. Das Fahrzeug hatte, wie die Versorger-Logger, ein durchlaufendes Hauptdeck und ein achtern aufgesetztes Poopdeck (Außenhaut genietet). Als Antriebsmotor hatte er den Typ R8DV136 vom VEB

Tanklogger 235, der spätere Bilgenwassertransporter VILM

C41

C37

Bilgenwassertransporter VILM

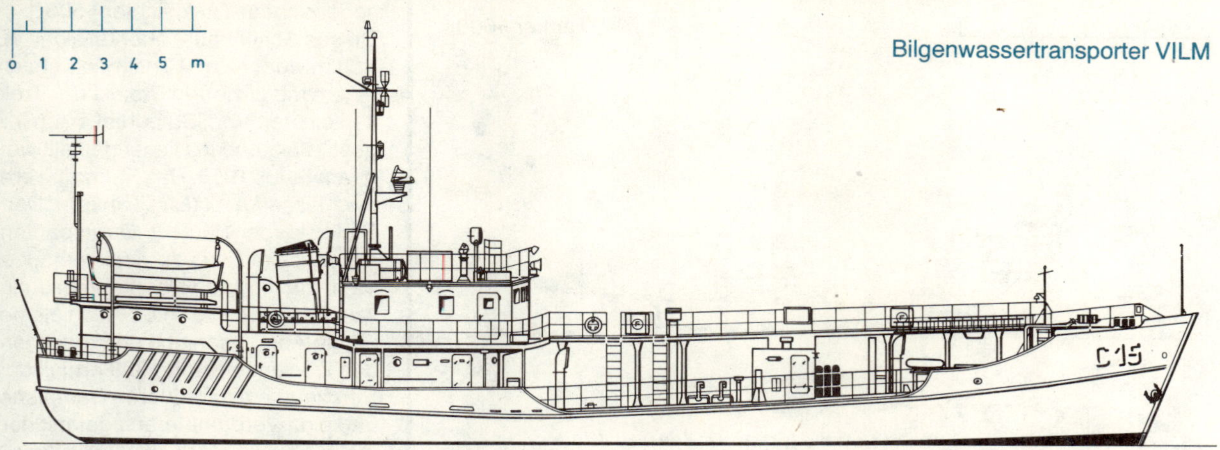

Der Wassertanker »506/1«

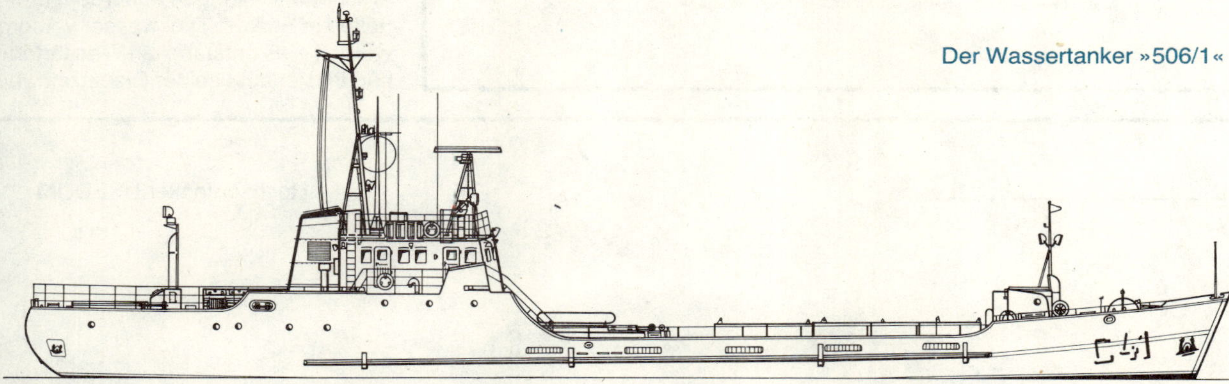

Schwermaschinenbau »Karl Liebknecht« Magdeburg. Dieser Logger erhielt später den Namen VILM.

Nachdem moderne Tanker die Versorgung der Schiffe und Boote der Volksmarine mit Kraft- und Schmierstoffen übernommen hatten, wurde der Tanklogger VILM zu einem Bilgenwassertransporter umgebaut. Mit der Sammlung und Abfuhr von diesel- und ölverschmutztem Bilgenwasser sowie Altölen der Kampfschiffe erfüllt seitdem die Besatzung eine wichtige Aufgabe im Rahmen des Umweltschutzes. Darüber hinaus entsteht aus dieser Aufgabe auch ein ökonomischer Nutzeffekt. Aus dem verschmutzten Bilgenwasser wird durch Separieren ein Konzentrat bereitgestellt, aus dem Heiz- und Schmierstoffe regeneriert werden. Als weiteren Kraftstofftransporter er-

Technische Angaben	**Tank-Logger VILM**	**Tankleichter »506/1«**
Verdrängung, voll:	446 t	560 t
Länge ü. a.:	38,50 m	39,90 m
Breite auf Spant:	7,28 m	7,54 m
Tiefgang:	3,16 m	2,50 m
Antrieb:	1 DM »R8 DV 136«	1 DM »R8 DV 136«
Leistung:	220 kW	220 kW
Geschwindigkeit:	8 sm/h	7 sm/h

Wassertanker »506/1«
Kraftstofftanker »600«

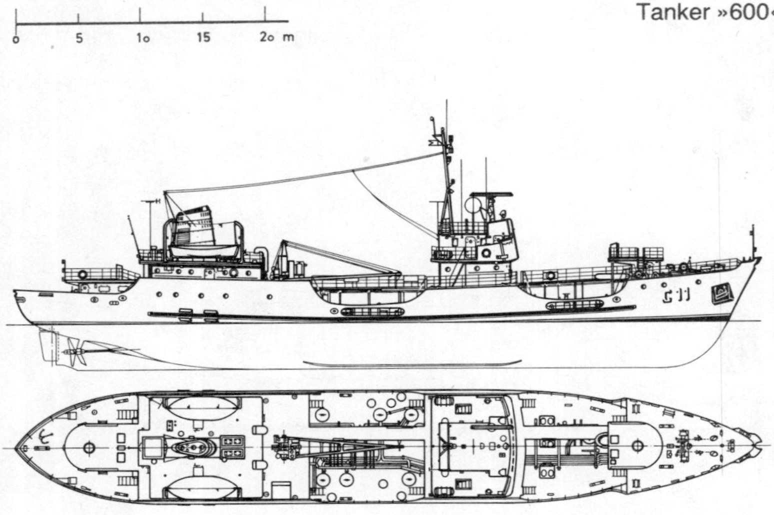

Tanker »600«

hielten die Seestreitkräfte der NVA den sogenannten Tankleichter »506/1«. Dieses Schiff baute ebenfalls der VEB Schiffswerft »Ernst Thälmann« nach einem modifizierten Projekt der Trokkenleichter. Vom Stapel lief er am 9. August 1954, und in Dienst gestellt wurde er am 5. Juli 1956. Das Fahrzeug erhielt die Klasse »AIN (Eis) Tanker«. Der Schiffskörper wurde in Querspantenbauweise mit Kreuzerheck gebaut und hatte die gleichen Hauptabmessungen wie die Trockenleichter. Auch die gesamte Antriebsanlage entsprach jener der Trockenleichter. 1969 erhielt das Fahrzeug einen größeren Dampfkessel und eine Verdampferanlage, mit der aus Seewasser Trinkwasser erzeugt werden kann. Mit den eingebauten Wassertanks können außerdem Einheiten in See mit Trinkwasser versorgt werden – es entstand ein Wassertanker. Im Verlaufe seiner Dienstzeit wur-

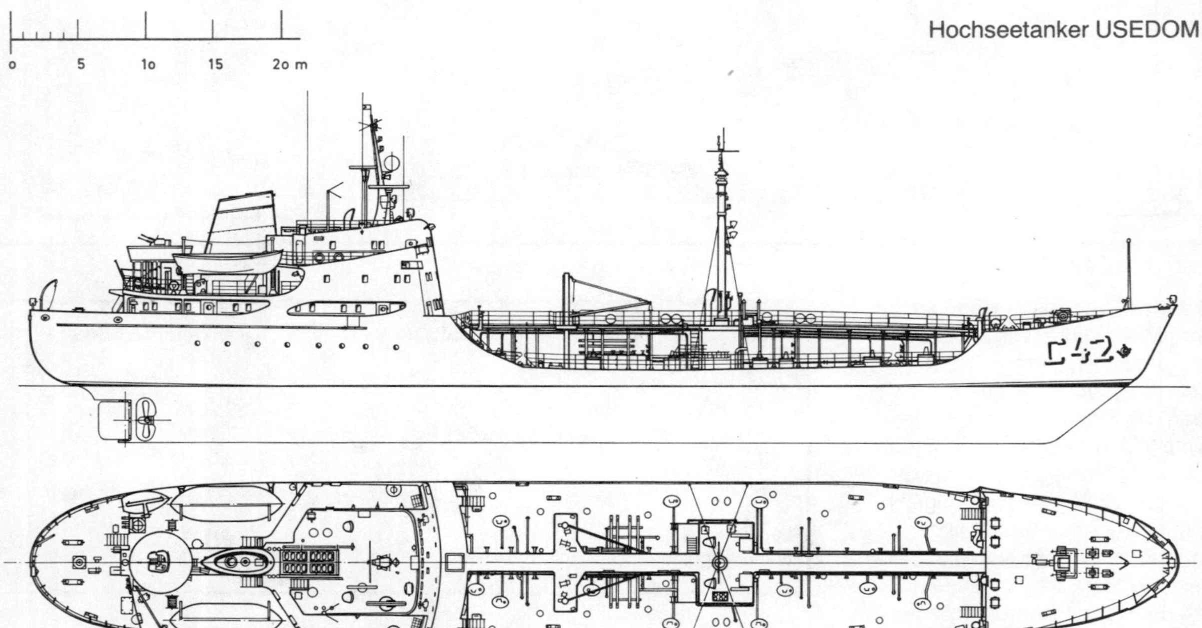

Hochseetanker USEDOM

Binnentanker Typ »G. Koenigs«

de das Schiff hauptsächlich im Brükkenbereich umgebaut und modernisiert. Dieses Schiff und seine Besatzung gewährleisten als C41 seit nunmehr 30 Jahren zuverlässig die Versorgung von Schiffen und Booten der Volksmarine.

Wiederholt war dieser Tanker auch zur Trinkwasserversorgung von Fischereifahrzeugen der DDR im Ostseeraum im Einsatz.

Von 1958 bis 1961 baute der VEB Peenewerft Wolgast drei Tanker des Typs »600« für die Seestreitkräfte. Wegen ihrer Bauweise als Zwei-Insel-Schiffe erhielten sie schnell den etwas respektlosen Spitznamen »Kamele der Ostsee«. Der erste Tanker »600/1« lief am 24. Juni 1959 vom Stapel. Nach der klassischen Bauweise früherer Tanker haben die Schiffe ihre Brückenaufbauten im vorderen Schiffsdrittel und im achteren Deckshaus die Wohnräume, Versorgungslasten und die Kombüse. Die Maschinenanlage ist im Achterschiff untergebracht. Als Hauptmaschinen für die Zweiwellenanlage dienen Viertakt-Dieselmotoren, deren Produzent der VEB Dieselmotorenwerk Rostock war. Die gleichen Antriebsmotoren hatten auch die MLR-Schiffe der Typen »Habicht« und »Krake«. Zur Beheizung verschiedener Bunker und Tanks verfügten die Schiffe über eine Hilfs-Dampfkesselanlage mit dem Kessel SHK116a. Die Übergabe von Flüssiggütern in Fässern oder anderen Versorgungsgütern stellt ein elektrischer Bordwippkran mit 24MN Traglast sicher. Alle drei Tanker verfügen über Waffenplattformen, um bei Notwendigkeit mit zwei 37-mm-Fla-Waffen bestückt zu werden.

Nach 1960 erhielten auch die Tanker »600« Schiffsnamen: »600/1«–RIEMS, »600/2«–POEL, »600/3«–HIDDENSEE.

Im Verlaufe der ständig steigenden Anforderungen bei der seeseitigen Versorgung der Kampfschiffe und Boote mit Kraftstoff erfüllen auch die Tanker »600« und ihre Besatzungen stets zuverlässig alle übertragenen Aufgaben. Einige Fahrten führten die Tanker auch in die Nordsee, wo sie Kampfschiffe der verbündeten Flotten mit Kraftstoff versorgten. Über mehrere Jahre hinweg gewährleisten diese Tanker auch den Transport von Sonderkraftstoffen und Heizöl von sowjetischen Ostseehäfen zu den Stützpunkten der Volksmarine.

Auf den Tankern fahren einige der

Technische Angaben	**Tanker »600«**	**Tanker USEDOM**	**Binnentanker »G. Koenigs«**
Verdrängung, voll:	1206t	2202t	1010t
Länge ü. a.:	59,6m	83,55m	67,00m
Breite auf Spant:	9,0m	12,00m	8,16m
Tiefgang:	3,9m	5,25m	2,18m
Antrieb:	2 DM »6 KVD 43«	1 DM »8DR 43/61-W«	1 DM »R8 DV 148«
Leistung:	1760kW	1635kW	308kW
Geschwindigkeit:	17sm/h	13sm/h	8sm/h

zivilen Besatzungskollektive mehr als 10 Jahre zusammen zur See. So verteidigte die Besatzung der HIDDENSEE im 35. Jahr des Bestehens der DDR zum elftenmal hintereinander erfolgreich den Titel »Kollektiv der sozialistischen Arbeit«. Im Rahmen des sozialistischen Wettbewerbs führten die Neuerer der Tankerbesatzungen eine Vielzahl von technischen Vervollkommnungen der Ausrüstung ein, wodurch die Versorgungsmöglichkeiten erheblich verbessert werden konnten.

Ab 1981 wurden die Marinetanker nacheinander modernisiert. Sie erhielten neue Hauptantriebsmaschinen vom Typ 8 NVD 26/20 AU des VEB Schwermaschinenbau »Karl Liebknecht« Magdeburg. Noch lange Jahre werden die Kommandanten der Kampfschiffe und Boote bei der Treibstoffversorgung den vertrauten UKW-Spruch aufnehmen: »Hier Cäsar elf – Kommen Sie an meiner Steuerbordseite längsseits.«

Etwa im gleichen Zeitraum erhielten die Seestreitkräfte fünf Binnentanker des Typs »G. Koenigs«, die der VEB Roßlauer Schiffswerft fertigte. Ihre Indienststellung erfolgte ab April 1960.

Hochseetanker USEDOM

Wie ihre größeren »Schwestern« versorgen auch sie Kampfschiffe mit Kraft- und Schmierstoffen, allerdings vorwiegend auf Reeden, im Haff oder Bodden. Mit einer zahlenmäßig kleinen, aber erfahrenen Besatzung dienen diese Tanker sozusagen als »mobile Tankstellen« und ersparen den Kampfschiffen und Booten bei längeren Ausbildungstörns das Einlaufen in den Stützpunkt.

Der größte Tanker der Volksmarine ist der Hochseetanker USEDOM. Dieses Schiff baute eine sowjetische Werft in Kertsch im Rahmen einer größeren Tankerserie. Projektierung und Bau fanden unter Aufsicht des Seeregisters der UdSSR für das Fahrgebiet »Unbegrenzte Fahrt« statt. Stabilität und Festigkeit des Tankers gestatten den Einsatz bis Wind-12 und See-9.

Das Schiff ist ein Backdecker mit achtern liegender Maschinenanlage. Die Hauptantriebsmaschine ist ein Škoda-Diesel aus der ČSSR. Die Hilfsdieselmotoren sind DDR-Erzeugnisse vom VEB Schwermaschinenbau »Karl Liebknecht«, Magdeburg. Zur Dampferzeugung für die Heizung sind ein vollautomatischer Wasserrohrkessel und ein Abgaskessel vorhanden. Der Tanker wurde am 11. Januar 1966 in Dienst gestellt. Die Besatzung erfüllt seitdem die verschiedensten Versorgungsaufgaben in unterschiedlichen Seegebieten. Wiederholt handelte die USEDOM in der Nordsee, im Atlantik und am Ausgang des Ärmelkanals. Fernab heimatlicher Gewässer versorgte der Tanker sowohl Kampfschiffe der Volksmarine und der verbündeten sozialistischen Flotten als auch das Motorschulschiff der Volksmarine WILHELM PIECK bei seinen Fahrten in das Mittelmeer mit Kraft- und Schmierstoffen sowie mit Trinkwasser. Im Ausbildungsjahr 1976/77 war die Besatzung der USEDOM Initiator des sozialistischen Wettbewerbs für alle Zivilbeschäftigten der Nationalen Volksarmee. Beim Wettbewerb der Hilfsschiffe anläßlich gemeinsamer Ausbildungsfahrten der sozialistischen Ostseeflotten belegte die Besatzung stets vordere Plätze.

Mit Schlepphaken und »Wasserkanone«

Taucherschiff TAUCHER 1

Außer den bereits erwähnten Reede- und Hochseeschleppern sowie den umgebauten Fahrzeugen stellten die Seestreitkräfte der NVA 1958 weitere Spezialschiffe in Dienst, die im Rahmen des Bergungs- und Rettungsdienstes eingesetzt wurden. Ihr Aufgabengebiet umfaßt sowohl die bergungs- und rettungsmäßige Sicherstellung von Kampfeinheiten im Gefecht als auch die ständige Bereitschaft zur Hilfeleistung für in Seenot geratene Schiffe der DDR-Handels- und Fischereiflotte sowie der internationalen Schiffahrt.

Die Schiffe des Bergungs- und Rettungsdienstes können mit ihrer speziellen Ausrüstung vielseitige Aufgaben erfüllen:

- Abbergen von auf Untiefen gelaufenen Schiffen,
- Abdichten von Lecks im Unterwasserbereich von havarierten Fahrzeugen,
- Abpumpen eingedrungenen Wassers aus beschädigten Abteilungen eines Havaristen,
- Löschen von Bränden,
- Sicherstellung des Einsatzes von Schiffstauchern bei Bergungsarbeiten,
- Schleppen manövrierunfähiger Schiffe,
- Rettung der Besatzungen in Seenot geratener Schiffe.

Da außer den größeren Bergungsschiffen nicht jedes Fahrzeug über die gleiche Ausrüstung verfügt, ist ihr Einsatz bei Seeunfällen oftmals im Komplex, d. h. im Bestand von Bergungsgruppen zu organisieren.

Speziell zur Sicherstellung von Taucherarbeiten in Häfen und küstennahen Gewässern fertigte 1958/59 der VEB Peenewerft Wolgast zwei Taucherfahrzeuge, die als TAUCHER 1 und TAUCHER 2 im Juli bzw. August 1959 von den Seestreitkräften in Dienst gestellt wurden. Diese Fahrzeuge sind ein modifiziertes Projekt des Seiner-Schleppers SCHOLLE, wodurch eine große Ähnlichkeit mit diesem Fahrzeug gegeben ist.

Der Schiffskörper ist ebenfalls als Glattdecker ausgeführt und wird durch fünf Schotte in sechs wasserdichte Abteilungen getrennt. Im aufgesetzten Deckshaus sind die Wohnkammern, die Messe und die Kombüse sowie Arbeits- und Betriebsräume eingerichtet. Ein Viertakt-Dieselmotor sorgt für den Antrieb. Im achteren Teil des Deckshauses ist eine stationäre Druckkammer eingebaut. Der höchste Betriebsdruck gestattet es, eine Wassertiefe von 50 m zu simulieren. Für die Hilfeleistung und medizinische Versorgung ist die Druckkammer mit einer Schleuse ausgestattet. Belüftung, Heizung, Telefonverbindung und Möglichkeiten zur Sauerstoffinhalation erlauben die Heilrekompression verunglückter Taucher auch über einen längeren Zeitraum. Ein Freiflugkolbenverdichter (4 FK 115/225) erzeugt die Taucherluft, die in elf Druckluftbehältern gespeichert wird. Über eine Zapfleiste an Oberdeck können auch Drucklufttauchgeräte für leichte Schiffstaucher gefüllt werden. Dieser Schiffstyp ist auch als Hilfsschleppfahrzeug oder Hilfseisbrecher zu verwenden. Nach rund 22 Dienstjahren wurde das Fahrzeug TAUCHER 1 am 12. März 1981 planmäßig außer Dienst gestellt, während TAUCHER 2 nach einer Hauptinstandsetzung weiterhin im Flottendienst steht. Ebenfalls ab 1958 erhielten die Seestreitkräfte Feuerlöschboote. Mit der Projektbezeichnung »FLB« lieferte der VEB Yachtwerft Berlin fünf dieser Fahrzeuge. Der vollständig geschweißte Schiffskörper dieser etwa 30 m langen Fahrzeuge ist durch fünf Querschotte in sechs wasserdichte Abteilungen unterteilt. Zwei Antriebsmaschinen, Viertakt-Dieselmotoren, gewährleisten eine Dienstgeschwindigkeit von 12 sm/h. Dem Zweck entsprechend sind diese Boote mit umfangreichen Feuerlöschanlagen und -mitteln ausgerüstet. Dazu gehören leistungsstarke Wasserfeuerlöschpumpen, Schaumfeuerlöschanlagen u. a. Zum weitreichenden Einsatz der Wasser- und Schaummittelpumpen verfügen die Fahrzeuge über mehrere Wendestrahlrohre, auch »Wasserkanonen« genannt. Um beim Einsatz gegen Großbrände einen »Hitzeschirm« um die Fahrzeuge zu legen, verläuft auf dem Schiff eine Wassersprühanlage. Die installierten Pumpen können auch zum lenzhalten havarierter Schiffe eingesetzt werden. Die Zivilbesatzungen dieser in der Flotte als »Feuerpatsche« betitelten Boote verfügen über eine Spezialausbildung zum Löschen von Bränden aller Art. Außer zur Brandbekämpfung haben sich die Fahrzeuge auch als Bugsierboote und Hilfsschlepper bewährt. Neben der Brandbekämpfung obliegen den Feuerlöschbooten Aufgaben im Rahmen der Beseitigung der Folgen eines Einsatzes von gegnerischen Massenvernichtungswaffen.

Ihre Rolle als »schwimmende Marine-Feuerwehr« meisterten die Besatzungen einiger Boote bereits bei verschiedenen »heißen« Einsätzen, u. a. 1984 bei der Brandbekämpfung des unter liberianischer Flagge fahrenden

Feuerlöschboot F 12 auf der Peene

Das frühere Flugsicherungsboot HUGO ECKENER (U 33) – heute Bergungsschiff A 15

Stückgutfrachters DEVONSHIRE im Rostocker Hafen.

Das Bergungsschiff OTTO VON GUERICKE im Mittelmeer

Im Februar 1971 stellte die Volksmarine ein Fahrzeug in Dienst, das als Flugsicherungsboot den Einsatz von Fliegerkräften über See sicherzustellen hatte. Das Schiff wurde 1970 unter Verwendung eines Projektes für einen Fischmehlkutter vom Typ »Havanna« im VEB Roßlauer Schiffswerft gefertigt. Seine spezielle Ausrüstung zur Flugsicherung und Flugleitung in küstennahen Gewässern erhielt das Schiff im VEB Peenewerft Wolgast. Schiffskörper und Antriebsanlage entsprechen weitestgehend der Serienausführung der Fischmehlkutter. Drei wasserdichte Schotte unterteilen das Schiff in vier Abteilungen. Die Heckaufschleppe wurde ebenfalls beibehalten. Auf dem Hauptdeck steht ein längeres Deckshaus mit den Wohn-, Wirtschafts- und Sanitärräumen. Über dem Deckshaus ist das Steuerhaus mit Brücke, Kommandantenkammer und technischen Räumen angeordnet. An der hinteren Seite des Deckshauses sind zwei Ladepfosten mit je einem Ladebaum für 7,5 kN Traglast aufgebaut.

Der Antriebsmotor ist ein Viertakt-Diesel, als Hilfsdieselmotoren sind zwei Viertakter Typ 6 VD 18/15 eingesetzt.

Nach seiner Indienststellung erhielt das Flugsicherungsboot den Namen HUGO ECKENER, ein verdienter, progressiver deutscher Luftfahrtpionier. Als U 33 war das Schiff mit seiner Besatzung regelmäßig an der Sicherstellung von Flugeinsätzen der Luftstreitkräfte/Luftverteidigung der NVA beteiligt, so u. a. für das Jagdfliegergeschwader »Heinrich Rau«. Aufgrund seiner guten Seetüchtigkeit wurde die HUGO ECKENER ab 1982 zum Bergungsschiff umklassifiziert, wobei es ihr Aufgabengebiet, die Flugsicherung, beibehielt. Unter der neuen Bord-Nr. A 15 stehen seitdem Schiff und Besatzung zusätzlich für Bergungs- und Rettungsaufgaben zur Verfügung.

Als leistungsstärkstes Bergungsfahrzeug steht in der Volksmarine das Bergungsschiff OTTO VON GUERIKKE im Dienst. Auf der Gdansker Nord-Werft gebaut, wurde dieses Spezialschiff am 29. Dezember 1976 mit der Bord-Nr. A 46 in Dienst gestellt. Die Hauptaufgabe des Schiffes ist die bergungs- und rettungsmäßige Sicherstellung von Kampfschiffeinheiten der Volksmarine sowie Einsätze bei nationalen und internationalen Seenotfällen.

In seiner grundsätzlichen Bauausführung entspricht das Schiff den zwei polnischen Schwesterschiffen PIAST und LECH. Alle Schiffe dieses Typs sind für den Fahrbereich »unbegrenzte Fahrt« mit einer Einsatzmöglichkeit bis Wind-12 und See-9 ausgelegt. Der Schiffskörper hat einen Doppelboden von Spant 17 bis Spant 71 und ist durch acht wasserdichte Querschotte in neun Abteilungen unterteilt. Den Vortrieb gewährleisten zwei 6-Zylinder-Zweitakt-Dieselmotoren, die über Zwischenwellen auf Verstellpropeller mit einem Durchmesser von 2700 mm gekuppelt sind. Die Elektro-Energieerzeugung übernehmen drei Hilfsdieselaggregate mit je 330 kVA Leistung sowie ein Hilfsdiesel mit 117 kW Leistung. Den Dampf für Heizung und Wirtschaftsverbraucher erzeugt ein Wasserrohrkessel Typ VX 704 B-10, hergestellt auf der »Lenin-Werft« in Gdansk. Als weitere allgemeine Hilfsmaschinen sind vier Luftverdichter, ein Seewasserverdampfer, Bilgenentöler u. a. vorhanden.

Speziell zum Bergungs-, Feuerlösch- und Rettungseinsatz steht eine umfangreiche Ausrüstung zur Verfügung. Dazu zählen u. a. mehrere Wasserfeuerlöschpumpen, Lenzpumpen, Gas- und Schaumfeuerlöschanlagen. Zur Bekämpfung von größeren Bränden

Taucherschiff TAUCHER 1

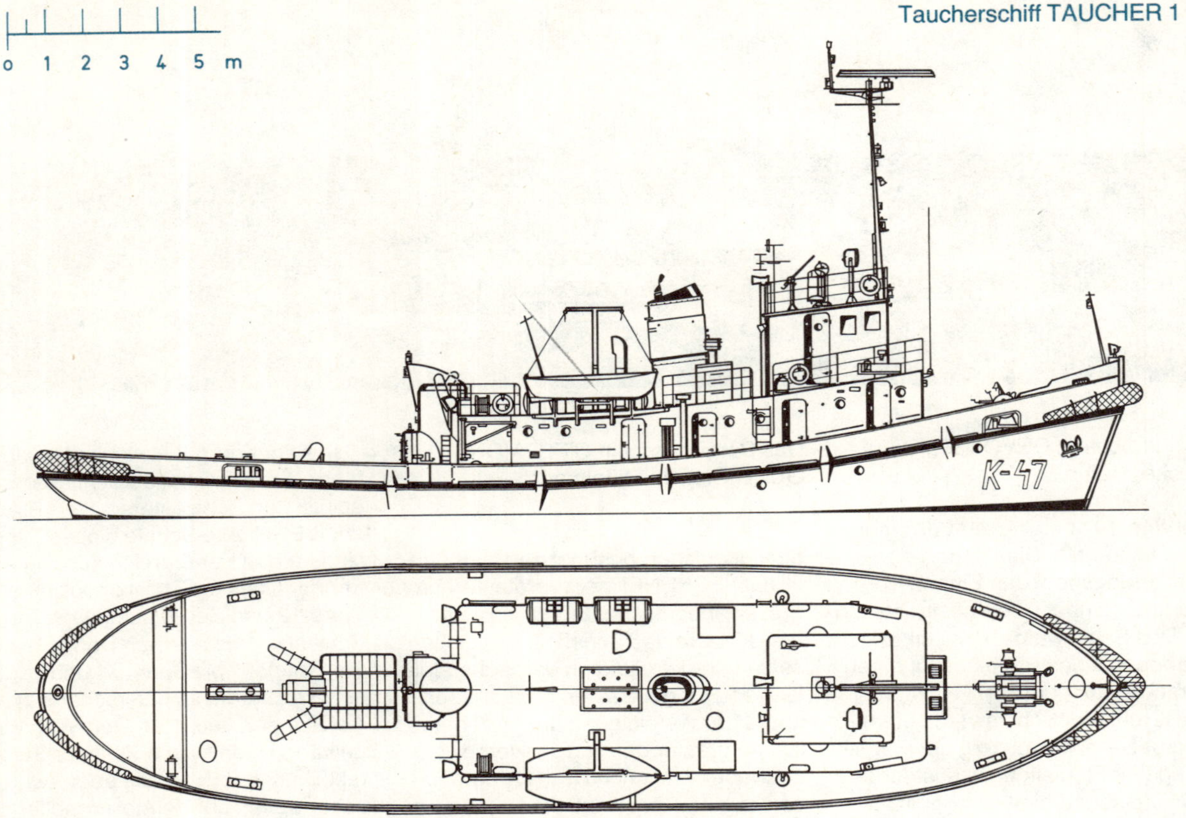

Feuerlöschboot

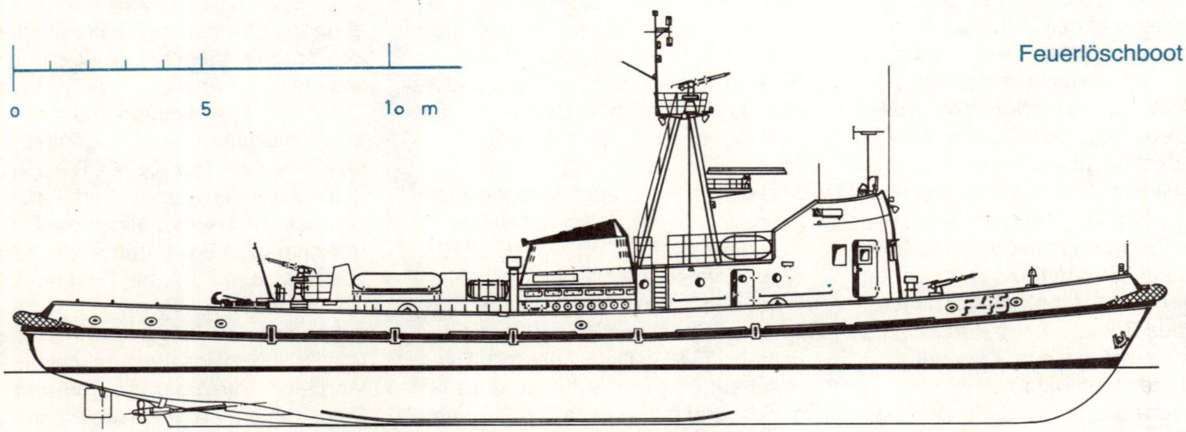

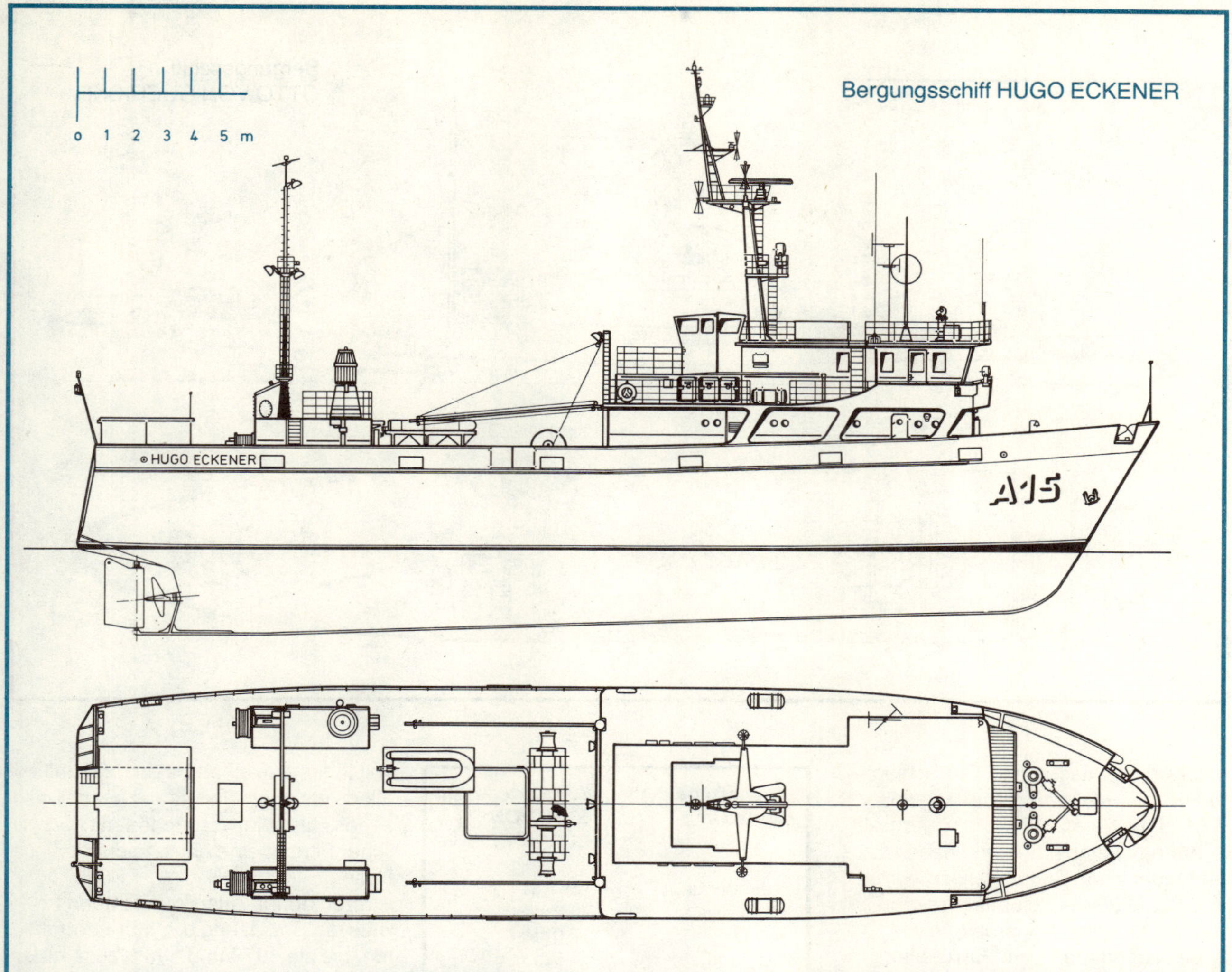

Technische Angaben	Taucherschiff TAUCHER 1	Feuerlöschboot »FLB«	Bergungsschiff H. ECKENER
Verdrängung, voll:	177 t	93 t	488 t
Länge ü. a.:	28,78 m	29,40 m	37,66 m
Breite auf Spant:	6,50 m	5,60 m	8,20 m
Tiefgang:	2,50 m	1,53 m	3,00 m
Antrieb:	1 DM »6 NVD 48«	2 DM »6 NVD 26 A«	1 DM »8 NVD 36 A1«
Leistung:	295 kW	400 kW	415 kW
Geschwindigkeit:	10,5 sm/h	12 sm/h	10,5 sm/h

auf Schiffen können verschiedene Löschmittel sowohl durch die drei »Wasserkanonen« (Reichweite 70 m) als auch über Schlauchverbindungen zum Einsatz kommen. Für Taucharbeiten sind eine Taucherdruckkammer, eine mit einem Tordavit aussetzbare Taucherglocke sowie Taucherluftanlagen verschiedener Zweckbestimmung vorhanden. Für das Schleppen von Fahrzeugen sowie zum Abbergen eines Havaristen ist das Schiff mit einer hydraulischen Schleppwinde der Firma

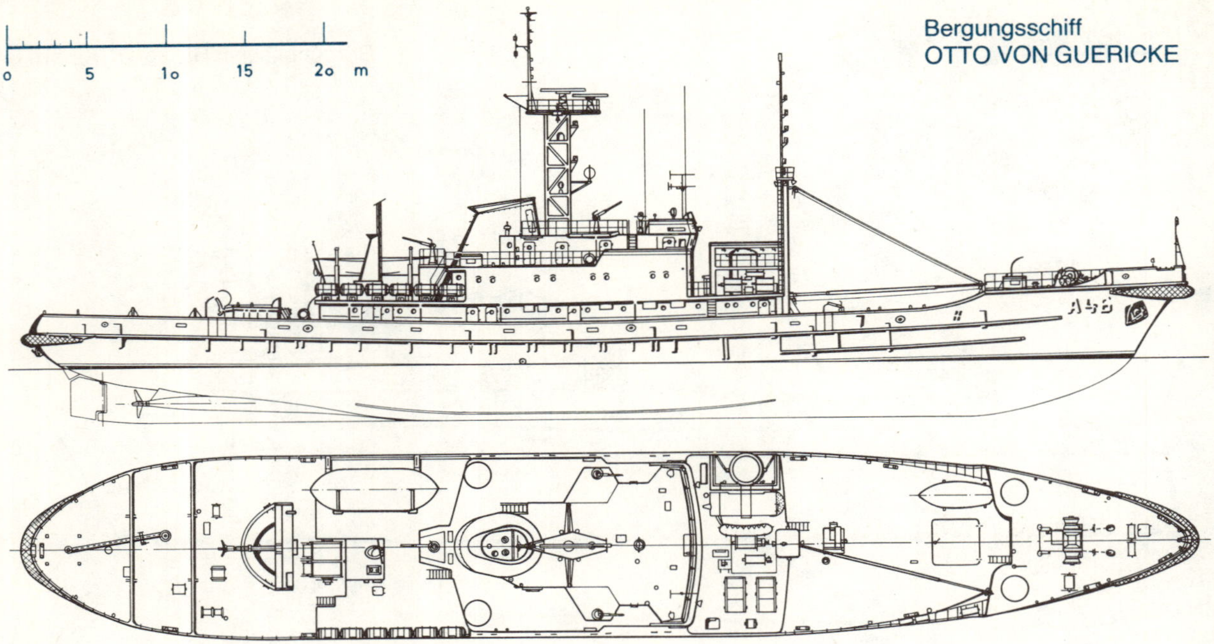

Bergungsschiff
OTTO VON GUERICKE

»Norwinch« ausgerüstet. Der Schlepphaken ist für einen Trossenzug von 320 kN ausgelegt.

Zur navigatorischen und nachrichtentechnischen Sicherstellung verfügt das Schiff über eine umfangreiche funkelektronische Ausrüstung wie Kreiselkompaßanlage, Funkpeiler, Funkmeßanlage und Echolot.

Als kollektive Rettungsmittel stehen ein 37-Personen-Rettungsboot und sechs automatisch aufblasbare Rettungsflöße »RF 12« zur Verfügung. Außerdem hat das Schiff noch ein bordeigenes Arbeitsboot mit einem 8,8-kW-Bordmotor. Diese Rettungsmittel sowie weitere Ausrüstungen wie Kletternetze und ein spezielles Bergenetz kommen ebenfalls bei Rettungsaktionen für Schiffbrüchige zum Einsatz.

Von der Besatzung des Bergungsschiffes verfügen viele Genossen über eine Spezialausbildung zur Leck- und Brandbekämpfung, die einige von ihnen auch als Zweitfunktion erfüllen. An Bord eingeschifft sind auch ständig leichte und schwere Schiffstaucher, die ebenfalls über eine zusätzliche Sonderausbildung, z. B. im Unterwasserschweißen und -brennen, verfügen. Überhaupt spielt sowohl die Vielseitigkeit jedes einzelnen Besatzungsmitglieds als auch ein ständig geschlossenes Handeln, verbunden mit körperlicher Fitneß, eine entscheidende Rolle.

Ihren hohen Ausbildungsstand bewies die Besatzung u. a. auf Fernfahrten, die sie 1979 und 1981, zusammen mit dem Motorschulschiff WILHELM PIECK, in das Mittelmeer und in das Schwarze Meer führte. Längere Seetörns absolvierte sie darüber hinaus auch bei den gemeinsamen Einsätzen mit anderen Hilfsschiffen der verbündeten Flotten zur allseitigen Sicherstellung von Geschwaderfahrten in den Atlantik. Solche Einsätze, verbunden mit einer kontinuierlichen, angespannten Gefechts- und Spezialausbildung, tragen dazu bei, daß das Kollektiv der OTTO VON GUERICKE mit zu den erfahrensten Besatzungen der Volksmarine zählt.

Technische Angaben	**Bergungsschiff OTTO VON GUERICKE**
Verdrängung:	1561,3 t
Länge ü. a.:	72,2 m
Breite:	12,0 m
Tiefgang:	4,0 m
Antrieb:	2 DM »ZGODA« 6 TD 48
Leistung:	2650 kW
Geschwindigkeit:	16 sm/h
Reichweite:	5000 sm

Schiffe mit Kinosaal

In Auswertung der guten Erfahrungen, die mit dem älteren, durch Umbau geschaffenen Wohnschiff GROBIAN gesammelt worden waren, begann ab 1958 die Projektierung eines neuen Schiffstyps, der als schwimmender Stützpunkt für die im Aufbau befindlichen Stoßkräfte der Seestreitkräfte dienen sollte. Neben der Unterbringung und Betreuung der Besatzungen von Torpedo- und Raketenschnellbooten sollten diese Stützpunkte auch eine allseitige Versorgung der anliegenden Bootseinheit mit Kraft- und Schmierstoffen, Trinkwasser, Munition und Proviant gewährleisten.

Mit dem Bau dieser Stützpunkte begann im Februar 1959 der VEB Peenewert Wolgast. Der erste von insgesamt neun gebauten Stützpunkten wurde im August 1961 in Dienst gestellt. Die Schiffskörper sind pontonartig mit geraden Enden ausgeführt. In den Räumen unter dem Hauptdeck sind verschiedene Lasten, Kühlräume, die Kombüse sowie der Mannschaftsduschraum und die Mannschaftsmesse eingerichtet. Letztere dient auch kulturellen Veranstaltungen. Für Filmveranstaltungen ist vor der Messe ein separater Vorführraum eingebaut. Weiterhin liegen unter dem Hauptdeck der Kessel- und der Maschinenraum. Diese Schiffe verfügen über keine eigene Antriebsanlage, sondern werden mit Schlepperhilfe übergeführt. Im Maschinenraum sind die Diesel-Generatorsätze, verschiedene Umformer, Pumpen und Verdichter aufgestellt. Zur Eigen- und Fremdversorgung mit Elektroenergie haben die Schiffe zwei Hilfsdieselaggregate mit dem Motor 6 NVD 26 und einen Diesel-Generatorsatz mit dem Motor 3 NVD 26 (147 und 60 kW). Mit den Hilfsdieseln, in der Flotte allgemein als »Jockel« bezeichnet, werden die verschiedenen Umformer eingespeist, so daß die anliegenden Kampfboote mit Energie über ihren Landanschluß versorgt werden können. Falls erforderlich, kann das Schiff auch Druckluft und Dampf an die anliegenden Boote abgeben. In der Originalausführung waren die Stützpunkte mit zwei ölgefeuerten Dampfkesseln vom Typ »SHK 106« für Heiz- und Wirtschaftsdampf ausgerüstet. Während einer Modernisierung wurden diese Kessel gegen einen vollautomatischen Eintrommel-Wasserrohrkessel vom Typ »ESHK 1,0« für 24 Stunden wachfreien Betrieb ausgetauscht. Zur Brandschutzausrüstung gehören starke Feuerlöschpumpen, Gas- und Schaumfeuerlöschanlagen sowie tragbare Druckluftatemgeräte.

Einige der Stützpunkte hatten Lagerräume für Torpedos und eine Torpedoregelstelle. Zur Übergabe der Torpedos und anderer Versorgungsgüter sind am Heck je Bordseite ein elektrischer Bordwippkran mit einer Traglast von 24 MN angeordnet. Neben den Kränen, auf speziellen Pallungen, stehen ein Motordingi und ein Kutter, die ebenfalls mit dem jeweiligen Kran ausgesetzt werden können.

Im 1. und 2. Aufbaudeck sind die Wohnkammern für Offiziere, Unteroffiziere und Mannschaften eingerichtet. Weiterhin befinden sich in diesen Decks die Messen für die Offiziere und Unteroffiziere, Sanitärräume, ein kleines Schiffslazarett und verschiedene Diensträume. Auf dem 2. Aufbaudeck sind das Brückenhaus, von wo aus die Ruderanlage bei Schleppfahrt bedient wird, und auch zwei 25-mm-Fla-Waffen vom bewährten Typ 2-M-3 für die Selbstverteidigung aufgebaut.

Unter den erschwerten Dienst- und Lebensbedingungen der Besatzungen

Schwimmender Stützpunkt mit »Anliegern« in See

In der Torpedoregelstelle eines schwimmenden Stützpunktes

der TS-, KTS-, LTS- und RS-Boote spielen gerade diese schwimmenden Stützpunkte eine nicht unwesentliche Rolle.

Für die Berufsoffiziere und -unteroffiziere ist der »Plaatsch«, so werden diese Schiffe meist betitelt, für zehn und mehr Jahre ein zweites Zuhause. Beim längeren Aufenthalt in anderen Stützpunkten ist es schon ein beruhigendes Gefühl, wenn der eigene Spind, eine feste Koje, der Duschraum und andere Annehmlichkeiten in Gestalt des schwimmenden Stützpunktes nachkommen.

Diese Wertschätzung trafen besonders die Besatzungen der TS-Boote der 1. Generation (183er) und der LTS-Boote, denn die Wohnkammern oder »Decks« auf diesen Booten waren wahrlich keine Luxuskabinen. Die längste »Seereise« eines schwimmenden Stützpunktes war eine Verlegung zum polnischen Hafen Ustka. Hier versorgte ein »Plaatsch« eine TS-Boots-Einheit während einer Flottenübung. Nach über 20 Jahren dienen die meisten dieser Stützpunkte noch heute als »normale« Wohnschiffe. Obwohl sie unmittelbar nie an aufregenden Seetörns bei Flottenübungen und Manövern beteiligt waren, genossen doch die Besatzungen der schwimmenden Stützpunkte bei den Schnellbootfahrern dank ihrer ständigen Fürsorge ein hohes Ansehen. Mit der schnellen Versorgung der Boote nach jedem Einlaufen leisteten sie einen wichtigen Beitrag zur Aufrechterhaltung der ständigen Gefechtsbereitschaft ihrer Schnellbootseinheiten.

Technische Angaben	**Schwimmender Stützpunkt**
Verdrängung, voll:	1320 t
Länge ü. a.:	70,4 m
Breite auf Spant:	12,0 m
Tiefgang:	1,6 m
Bewaffnung:	4 × 25 mm

Schwimmender Stützpunkt

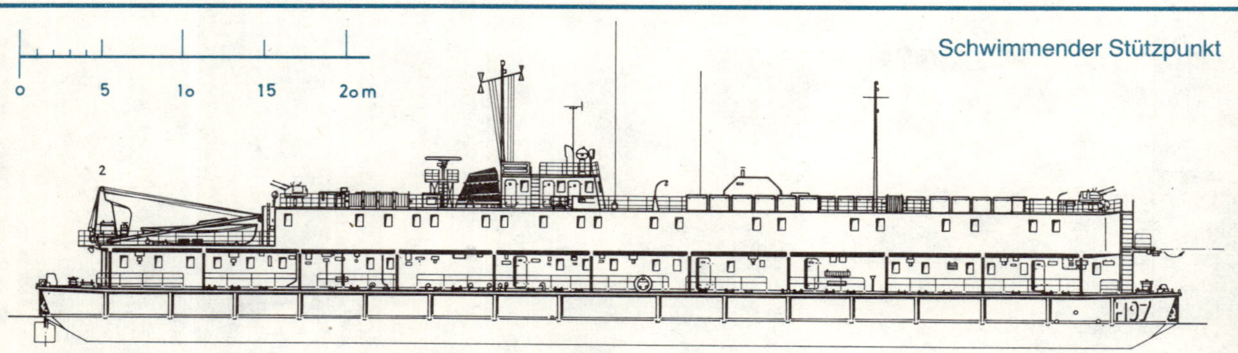

Das Wachsen der Volksmarine als moderne sozialistische Koalitionsflotte

Mit der Erhöhung des Wirtschafts- und Verteidigungspotentials der sozialistischen Militärkoalition konnten in den 60er Jahren günstige äußere Bedingungen für den weiteren Aufbau der entwickelten sozialistischen Gesellschaft geschaffen werden. Spätestens nach den erfolgreichen Maßnahmen zur Sicherung der Staatsgrenze der DDR 1961, mußte es den eingefleischtesten Strategen des »roll back« klar geworden sein, daß ihr Konzept endgültig gescheitert war. Unfähig, die internationale Lage real einzuschätzen, gingen die imperialistischen Hauptmächte zu einer neuen Phase ihrer verstärkten Kriegsvorbereitung über. Die beschleunigte waffentechnische und ideologische Rüstungsplanung der BRD-Marine und anderer NATO-Flotten war Bestandteil der insgesamt massiert betriebenen imperialistischen Aggressionsvorbereitungen und bedrohte den Sozialismus und den Frieden im Ostseeraum in besonderer Weise.

Die 14. Tagung des ZK der SED im November 1961 wertete die Feststellungen und Beschlüsse des XXII. Parteitages der KPdSU hinsichtlich der Stärkung der Militärmacht des Sozialismus gründlich aus. Aus den Beschlüssen der Tagung ergab sich für die Volksmarine die Verpflichtung, im Zusammenwirken mit den sozialistischen Ostseeflotten sowie mit den anderen Teilen der NVA bereit zu sein, im Falle einer imperialistischen Aggression, NATO-Flottenkräfte im Ostseeraum abzuwehren und zu zerschlagen.

Die weitere Entwicklung der Volksmarine Anfang der 60er Jahre war beeinflußt von den revolutionären Veränderungen im Militärwesen und dem Erstarken der Nationalen Volksarmee als Kern der Landesverteidigung der DDR. Die Stoßkräfte, bestehend aus Torpedoschnellbooten und Küstenschutzschiffen, das Vorpostensystem und die landgestützten technischen Beobachtungsmittel garantierten, daß ein unbemerktes Eindringen gegnerischer Kräfte in die eigene Operationszone unmöglich wurde, und somit das Küstenvorfeld stets gesichert war. Die Stoßkräfte waren in der Lage, im Zusammenwirken mit den anderen sozialistischen Ostseeflotten, eindringende gegnerische Stoßgruppierungen zu bekämpfen und zu vernichten. Damit leisteten sie einen wichtigen Beitrag zur Sicherung der eigenen Seeverbindungswege und zur Unterstützung der in Küstenrichtung handelnden Verbände der Landstreitkräfte der NVA.

Die neu zugeführte Kampftechnik, die wesentlich zur Erhöhung der Kampfkraft der Volksmarine beitrug, stellte zugleich auch höhere Anforderungen an den Ausbildungsgrad der Besatzungen, Kommandeure, Stäbe, Partei- und Politorgane und an die FDJ- und Gewerkschaftsorganisationen.

Nachdem Ende 1962 die ersten Aufbauschritte der Raketenschnellbootsabteilung und der Küstenraketenabteilung vollzogen und die moderne Kampftechnik in Dienst gestellt worden waren, lernten die Besatzungen mit Unterstützung der sowjetischen Waffenbrüder diese neuen Waffensysteme schnell kennen und ihren Einsatz beherrschen.

Ein wichtiger Bestandteil der vom ZK der SED Anfang der 60er Jahre vorgezeichneten ausgewogenen Entwicklung der Volksmarine war die Schaffung der Landungsbrigade, die 1962 begann. Eine erste Bewährungsprobe bestanden im Rahmen einer gemeinsamen Flottenübung Ende 1962 die daran beteiligten Kräfte erfolgreich. Weitere Fortschritte ihres gewachsenen Leistungsvermögens stellten die Angehörigen der Landungsbrigade in den Flottenübungen »Flut 63« und »Woge 64« unter Beweis.

Zur entscheidenden Bedingung für die Erhöhung der Kampfkraft und Gefechtsbereitschaft der Volksmarine wurden die Bereitschaft und Fähigkeiten der Menschen, die moderne

Dem Aufruf des Zentralrates der FDJ vom 16. August 1961 folgten Tausende von Jugendlichen als Freiwillige in die Nationale Volksarmee

Kampftechnik einzusetzen. Die Parteiführung stellte deshalb die wirksame politische Erziehung und militärische Ausbildung auch in den Mittelpunkt bei der weiteren Entwicklung der Volksmarine.

Auf dem VI. Parteitag wurde im Januar 1963 festgestellt, daß die hauptsächlichen Ziele der Übergangsperiode vom Kapitalismus zum Sozialismus in der DDR erreicht waren, und daß es jetzt darum ging, den Sozialismus auf seinen eigenen Grundlagen zu errichten. Den Streitkräften erteilten die Delegierten den Auftrag, in Wahrnehmung ihrer Schutzfunktion einen wachsenden Beitrag zur Sicherung des Weltfriedens zu erbringen. Der damalige Minister für Nationale Verteidigung, *Heinz Hoffmann*, schätzte in seinem Diskussionsbeitrag auf dem Parteitag ein, daß die Volksmarine in der Lage sei, gemeinsam mit den verbündeten Flotten in der Ostsee alle ihr beim Schutz der Seegrenzen des sozialistischen Lagers gestellten Aufgaben zu erfüllen.

Einen wichtigen Beitrag zur Vervollkommnung des Zusammenwirkens leisteten die gemeinsamen Kommandostabs- und Flottenübungen. So fand eine gemeinsame Kommandostabsübung im Mai 1962 statt. Der hier erstmalig theoretisch geübte Einsatz der Stoßkräfte mit kombiniertem Einsatz von Küsten- und Schiffsraketenkräften sowie Torpedoschnellbooten brachte neue Erkenntnisse für die Führung von Kampfhandlungen in der Ostsee und führte zu einer Weiterentwicklung in den Ansichten zum Zusammenwirken der verbündeten Ostseeflotten. Zum ersten Mal wurden für eine Übung einheitliche Führungsorgane, bestehend aus Angehörigen der Stäbe aller drei Flotten, gebildet.

Mit der Indienststellung von weiteren Hilfsschiffen und durch die Zuführung moderner Transport- und anderer Spezialtechnik konnte die Mobilität der rückwärtigen Dienste grundlegend erhöht und ihre Fähigkeit zur allseitigen rückwärtigen Sicherstellung der Kräfte der Volksmarine weiter ausgebaut werden.

In Verwirklichung der von der Partei- und Staatsführung verfolgten Linie waren die weitere Festigung und tiefere Verankerung der Volksmarine der NVA in der Militärkoalition der sozialistischen Staaten bestimmend. Die Kommandeure, Stäbe, Politorgane, Partei- und FDJ-Organisationen in der Volksmarine richteten ihre Anstrengungen darauf, alle Arten der Kriegführung zu beherrschen, einen höchstmöglichen Zuwachs an Kampfkraft zu erreichen, die Gefechtsbereitschaft weiter zu erhöhen und die Ausbildung noch gefechtsnaher als bisher zu gestalten.

Während der gemeinsamen Übung »Baikal« 1966 wurden die Hauptfragen der Handlungen der Flottenkräfte in einem geschlossenen Seeschauplatz zur Unterstützung der in Küstenrichtung handelnden Landstreitkräfte erstmalig komplex durchgearbeitet. Das Zusammenwirken der Stoß- und Sicherungskräfte der verbündeten Ostseeflotten zeugte von der erreichten hohen Stufe der Geschlossenheit bei der Lösung operativ-taktischer und Gefechtsaufgaben.

Erstmalig übten die Streitkräfte der drei verbündeten sozialistischen Länder in der Ostsee, nachdem in vergangenen Übungen taktische Seelandungen bzw. Seelandeoperationen bedeutsam gewesen waren, eine kombinierte Landeoperation mit Anlandung von Seelandetruppen und gleichzeitigem Absetzen von Luftlandetruppen. Sie entsprachen damit neuen Erkenntnissen der sowjetischen Militärwissenschaft über die hohe Bedeutung kombinierter Landungen im modernen Krieg.

Auf dem VII. Parteitag (17. bis 22. April 1967) wurde die Forderung, den Wehrdienst als Klassenauftrag zum Schutz des Sozialismus zu betrachten, bekräftigt. Angesichts der friedensgefährdenden Aktivitäten des Imperialismus wurden die Armeeangehörigen aufgerufen, jederzeit bereit und fähig zu sein, im Falle einer imperialistischen Aggression den Feind zu vernichten. Bei der Flottenübung »Taifun 67« bewies die Volksmarine, daß ihre Kampffähigkeit und Einsatzbereitschaft weiter gewachsen war und sie sich zu einem ebenbürtigen Partner der sozialistischen Bruderflotten entwickelt hatte.

Eine neue Stufe des Zusammenwirkens der sozialistischen Flotten leitete 1968 die gemeinsame Kommandostabsübung »Nord« ein. An ihr nahmen erstmalig vier Flotten teil: die sowjetische Nordflotte, die sowjetische Baltische Flotte, die Polnische Seekriegsflotte und die Volksmarine der NVA, was hohe Anforderungen an ihr aufeinander abgestimmtes koordiniertes Handeln stellte. Der Übungsraum, der die Ostsee, die Nordsee, das Europäische Nordmeer, die Barentssee und den nördlichen Atlantischen Ozean umfaßte, erstreckte sich erstmalig in einer Übung der Flotten der Warschauer Militärkoalition über solch weite Seeschauplätze. Erstmalig probten die sozialistischen Ostseeflotten das Zusammenwirken mit Fern- und Marinefliegerkräften, kernkraftgetriebenen Unterseeschiffen, Kreuzern, Zerstörern und Kräften der sowjetischen Nordflotte, die im Nordatlantik handelten. Die Übung »Nord« bekräftigte die volle Einheitlichkeit der Ansichten der verbündeten Flotten über die Hauptaufgaben, die den Seestreitkräften gestellt wurden, und über die Art und Weise ihrer Erfüllung unter den komplizierten Bedingungen des modernen bewaffneten Kampfes auf See.

Das sich zunehmend enger gestaltende Zusammenwirken mit den verbündeten sozialistischen Ostseeflotten fand, ebenso wie noch heute, im gemeinsamen Handeln im täglichen Dienst seinen Ausdruck. Dazu gehörte insbesondere das einheitliche Vorposten-, Aufklärungs- und Begleitsystem. Die dabei zu lösenden Aufgaben sind Gefechtsaufgaben im Frieden. Sie richteten sich in ihrem Schwerpunkt darauf, die Handlungen der Teilstreitkräfte des NATO-Kommandos Ostseeausgänge (BALTAP) und anderer NATO-Streitkräfte aufzuklären, ein unbemerktes Eindringen von NATO-Überwasserkräften und -Unterseebooten in die Tiefe des Ostseeraumes zu verhindern, die in die Operationszone der drei verbündeten sozialistischen Ostseeflotten einlaufenden NATO-Einheiten ständig unter Kontrolle zu halten, sie mit eigenen Kräften zu begleiten und ihre Handlungen zu beobachten. Gegen Ende der 60er Jahre nahm die operative Aktivität von Schiffen und Flugzeugen der NATO in der Tiefe des Seeschauplatzes der Ostsee bedeutend zu. Die Anzahl der in der Ostsee handelnden NATO-Kampfschiffe und Flugzeuge stieg von 1968 bis 1970 um mehr als das Vierfache. Neben Kräften der BRD-Marine, der dänischen und norwegischen Seestreitkräfte handelten bei NATO-Übungen zunehmend Flottenkräfte der USA und Großbritanniens in Seegebieten der Sund-Belt-Zone, der Kieler und Mecklenburger Bucht und der Arkona-See.

Eine höhere Stufe des Zusammenwirkens und der noch engeren Geschlossenheit der verbündeten sozialistischen Ostseeflotten wurde in dieser Entwicklungsperiode mit der Herausbildung des Gefechtsdienstes der Flotten erreicht. Der Gefechtsdienst soll durch aktive Handlungen der Flottenkräfte einen überraschenden Überfall von See her vereiteln. Ausgehend von den Erfahrungen des Gefechtsdienstes der Sowjetflotte, wurde erstmalig für das Ausbildungsjahr 1971/72 für die Volksmarine der NVA der Gefechtsdienst geplant. Von dieser Zeit an führen in der Ostsee die verbündeten sozialistischen Flotten im engen Zusam-

menwirken diesen Kampfauftrag zur Sicherung des Friedens durch. Die Volksmarine-Angehörigen bewiesen in den Übungen »Taifun 67«, »Nord 68« und beim Manöver »Waffenbrüderschaft 70« ihre gewachsene Kampfkraft.

Beim Manöver »Waffenbrüderschaft 70«, das auf eindrucksvolle Weise Zeugnis von der Einheit und Schlagkraft der sozialistischen Militärkoalition ablegte, fügten sich die Handlungen der verbündeten Ostseeflotten (darunter 116 Kampfschiffe und -boote sowie 28 Hilfsschiffe) und der mit ihnen zusammenwirkenden Truppenteile der Polnischen Armee und der Nationalen

Teilnehmer einer Beratung leitender Politoffiziere der sozialistischen Ostseeflotten bei der Kranzniederlegung am sowjetischen Ehrenmal in Berlin-Treptow (Juni 1970)

Volksarmee an der Küste der DDR organisch in die strategische Gesamtkonzeption des Manövers ein. Unter der Losung »Klassenbrüder – Waffenbrüder – vereint unbesiegbar! Dem Feind keine Chance!« wurde das Manöver »Waffenbrüderschaft« zu einem Höhepunkt sowie zu einer Bewährungsprobe für die Streitkräfte der sozialistischen Militärkoalition.

Die gezeigten Leistungen der Angehörigen der Volksmarine bestätigten die erfolgreiche Arbeit der Kommandeure, Stäbe, Politorgane, Partei- und FDJ-Organisationen zur Schaffung fester militärischer Kampfkollektive.

Mit ihrer Entwicklung zu einer modernen sozialistischen Koalitionsflotte entsprach die Volksmarine als Teil der NVA, die zum Kern der komplex ausgebauten Landesverteidigung der DDR wurde, der sich aus der verschärfenden Klassenauseinandersetzung zwischen Sozialismus und Imperialismus ergebenden gesteigerten Verantwortung für den kollektiven Schutz der sozialistischen Ostseeanliegerstaaten.

Mot. Schützen an Bord

Ende der 50er Jahre war der Beschluß gefaßt worden, in den Seestreitkräften der NVA Landungskräfte aufzubauen, die in der Lage sind, Truppen und Kampftechnik der Landstreitkräfte im Verteidigungsfall an befohlenen Küstenabschnitten von See aus anzulanden. Die erforderlichen Landungsfahrzeuge sollte in Form von zwei Typausführungen der VEB Peenewerft Wolgast fertigen.

Zur Realisierung dieser Aufgabenstellung begann im Mai 1960 der Bau eines »Null-Bootes« und einer ersten Typserie kleiner Landungsboote vom Projekt »46«. Die allgemein als »Labo« bezeichneten Fahrzeuge waren Eindeckboote mit einem pontonartigen Bootskörper in vollgeschweißter Ausführung. Den Laderaum mit einer Fläche von 22,5 m × 5,2 m schloß nach vorn eine absenkbare Landeklappe ab. Nach oben war dieser Raum im hinteren Teil durch feste und im vorderen Teil durch verzurrte Lukendeckel geschlossen. Die Maschinenanlage war mit vier Antriebsmotoren achtern angeordnet. Einen minimalen Tiefgang gewährleistend, trieben vier relativ kleine Propeller das Boot an. Ebenfalls achtern waren auf dem Hauptdeck der Gefechtsstand (Brücke) und die zwei 25-mm-Fla-Waffen aufgesetzt. Der gepanzerte Gefechtsstand bestand aus 25-mm-Kesselstahl mit Sehschlitzen und war nach oben durch eine gegossene Stahlglocke abgeschlossen. Als maximale Zuladung konnten zwei schwere Panzer des damaligen Typs »JS-2« oder zwei »T-34« mit aufgesessenen mot. Schützen transportiert werden. Das gleiche galt für die nachfolgende Panzertechnik der NVA, wie auch der Transport anderer Kampftechnik oder vollausgerüsteter mot. Schützen möglich war.

Nach einer entsprechenden Erprobung des »Null-Bootes« wurden nacheinander weitere elf dieser Landungsboote gebaut, von denen die Volksmarine das letzte Fahrzeug im Dezember 1962 in Dienst stellte. Drei dieser Boote mit den Bau-Nr. »46.6«, »7« und »8« erhielten am 1. März 1967 die Namen GERHARD PRENZLER, ROLF PETERS und HEINZ WILKOWSKI. Mit dieser Namensgebung wurde die mutige Tat der Besatzungsangehörigen des Minensuchbootes M 612 der faschistischen deutschen Kriegsmarine geehrt, die wenige Tage vor der Kapitulation der faschistischen Wehrmacht ihre Schiffsführung entwaffnet hatten und den sinnlosen Krieg ohne weitere Menschenopfer beenden wollten. Ein faschistisches Kriegsgericht verurteilte sie zum Tode und ließ sie noch am 4. Mai 1945 erschießen.

Ihre größte Bewährungsprobe hatten die Landungsboote im August 1963 während des Manövers »Flut« zu bestehen. Im Rahmen dieses Manövers war u. a. auch ein gemeinsames Landungsunternehmen an einem polnischen Küstenabschnitt vorgesehen, das aufgrund eines aufkommenden Sturmes sowohl von den Besatzungen der »Labos« als auch von den anlandenden Truppen ein Höchstmaß an Härte und Entschlossenheit abverlangte. Einigen Landungsbooten gelang wegen der hohen Brandung nur das Absetzen eines Panzers, dann schlugen sie quer zur See. Dank dem geringen Tiefgang kamen die Boote mit eigener Maschinenkraft wieder frei, fuhren einen erneuten Anlauf und setzten die restlichen Panzer und SPWs ab. Eines der ersten Boote hatte die Aufgabe, polnische Marinepioniere anzulanden. Mutig stürzten sich diese nach Öffnen der Landeklappe in die brodelnde Grundsee, wobei drei von ihnen durch die rücklaufenden Wellen der Brandung keinen Grund fanden und abzutreiben drohten. Der Funkgast dieses Bootes, der Obermatrose *Koschmieder* – er fungierte als Rettungsschwimmer mit Standort an der Landeklappe –, erkannte die gefährliche Situation und stürzte sich ohne Zaudern ebenfalls in die hochgehende Brandung. Zwei der vollausgerüsteten polnischen Pioniere geleitete er sicher an Land. Den dritten polnischen Genossen holte er, selbst mühsam gegen die Brecher ankämpfend, etwa 100 m schwimmend an Land. Der damalige Chef der Polnischen Seekriegsflotte, Vizeadmiral *Studzinski*, bedankte sich persönlich bei Genossen *Koschmieder* und nannte seine Einsatzbereitschaft »ein wunderbares Beispiel echter Waffenbrüderschaft«. Für seinen mutigen Einsatz wurde Obermatrose *Koschmieder* mit der Verdienstmedaille der NVA in Bronze ausgezeichnet.

Die Flottenübung war der erste echte Gradmesser der Gefechtsbereitschaft. Auch bei allen folgenden Übungen und Manövern bewährten sich die Landungsboote. Meist in der »ersten Welle« anlaufend, schufen sie mit dem sicheren Absetzen der Panzer und mot. Schützen eine wichtige Voraussetzung zum Gelingen der Gesamthandlung.

Aber es gab auch andere Aufgaben. So gehörte der Transport von Schafen zu »Sonderweideplätzen« auf vorgelagerten Inseln der Küste bei weitem nicht zu den üblichen Gefechtsaufgaben. Wohl aber festigte diese Unterstützung die Zusammenarbeit mit einer landwirtschaftlichen Produktionsgenossenschaft, deren Mitglieder nicht ohne Stolz von »ihren Schaftransportern« sprachen.

Ab 1977 gingen die meisten Lan-

Anlaufendes »Labo« – 1963

dungsboote außer Dienst. Die Bau-Nr. »46.7« wurde noch bis 1981 als Versorger in Dienst gehalten. Ein »Labo« erhielt der VEB »Weiße Flotte« Stralsund. Nach einem Umbau auf einer polnischen Werft fährt dieses Boot als Schwerlast-Transportschiff mit dem Namen NEUENDORF.

Unmittelbar im Anschluß an den Bau der Landungsboote gingen auf der Peenewerft Wolgast sechs mittlere Landungsschiffe des Typs »Robbe« (Projekt »47«) in Serie. Diese Schiffe verfügten über einen bis zum Spiegel durchgehenden Laderaum und konnten ebenfalls über See transportierte Kampftechnik der Landstreitkräfte an nichteingerichteten Küstenabschnitten anlanden. Ihre strömungsgünstig geformte Bugklappe war gleichzeitig Landerampe. Durch ein Luk im Oberdeck konnte über eine zusätzliche Auffahrrampe leichtere Technik mit Hilfe einer Winde an Oberdeck gezogen und dort gestaut werden. An Artilleriebewaffnung hatten diese Schiffe eine auf dem Vorschiff aufgebaute 57-mm-Doppellafette Modell SIF-31 B sowie zwei an den Bordseiten auf dem Peildeck aufgestellte 25-mm-Doppellafetten 2-M-3. Auf den Aufbauten stand ein leichter Gittermast, der die Anten-

Landungsschiff Typ »Robbe«

Anlandung von mot. Schützen während des Manövers »Val 77«

nen der Funkmeßstation (KSA 3, später TSR 333) und andere funkelektronische Anlagen trug. Die Antriebsanlage bestand aus zwei sowjetischen 12-Zylinder-V-Motoren, die über Getriebe je einen Festpropeller antrieben.

Auch von diesem Schiffstyp wurde zuerst ein »Null-Schiff« gebaut, dem anschließend die fünf Serienschiffe folgten. Ihre Indienststellung begann ab Sommer 1962.

Die sechs »Robben« erhielten die Schiffsnamen: »47.0«-SCHWEDT, »47.1«-EISENHÜTTENSTADT, »47.2«-GRIMMEN, »47.3«-LÜBBEN, »47.4«-HOYERSWERDA, »47.5«-EBERSWALDE. Gleichzeitig mit der Namensverleihung nahmen alle Besatzungen enge Beziehungen zu ihren Patenstädten auf, die bis zur Außerdienststellung dieser Schiffe vielfältigste Begegnungen, gemeinsam vorbereitete und durchgeführte Veranstaltungen sowie gegenseitige Besuche an Staatsfeiertagen einschlossen.

Höhepunkte in der Gefechtsausbildung der Besatzungen der Landungsschiffe waren Reedeübungen der Volksmarine sowie Flottenübungen und Manöver der Streitkräfte des Warschauer Vertrages. Bei der Vorbereitung und Durchführung von Seelandungen kam es wiederholt zu herzlichen Begegnungen mit Angehörigen der Bruderarmeen, denn nicht selten hatten die Landungsschiffe Kampftechnik und Truppen der sowjetischen und polnischen Marineinfanterie an Bord. Der große Laderaum dieser Schiffe gestattete außer der Aufnahme von Panzern und SPWs auch den Transport und das Absetzen von reaktiven Geschoßwerfern, SFL der Truppenluftabwehr sowie Technik und Ausrüstungen der rückwärtigen Dienste.

Angehöriger der Besatzung eines LSM (Landungsschiff mittlerer Größe) zu sein hieß zugleich auch mit der Kampftechnik der Landstreitkräfte vertraut zu sein. Beim Beladetraining sowie bei der Einordnung im Laderaum wies der Oberbootsmann des Schiffes die Panzer- und SPW-Fahrer ein. Auch das Festzurren der Fahrzeuge im Laderaum oblag der Schiffsbesatzung, wobei die »Passagiere« natürlich mit zupackten. Unter diesen gab es nicht wenige, die im Verlauf der Jahre wiederholt am Beladetraining beteiligt waren, so daß auch sie, die längerdienenden Berufsunteroffiziere, mit »ihrem« Landungsschiff bestens vertraut waren.

Stellvertretend für die ständig hohe Einsatzbereitschaft aller Besatzungen sei hier die des LSM GRIMMEN genannt. Mehrmals errang sie im sozialistischen Wettbewerb den Bestentitel. Der Minister für Nationale Verteidigung verlieh Schiff und Besatzung die Verdienstmedaille der NVA in Bronze. Während des Manövers »Waffenbrüderschaft 70« vollbrachte die Besatzung der GRIMMEN eine wahre technische Meisterleistung. In der Vorbereitungsphase des Manövers fuhr beim Beladen ausgerechnet der letzte aufzunehmende Panzer etwas versetzt die Laderampe hinauf. Mit seiner linken Kette kletterte der Panzer geringfügig an dem hohen Abweiser der Rampe hinauf, so daß Sekunden später die Wanne des Kampfwagens das starke Klappenseil erfaßte und es aus der Lasche herausriß. Die Landeklappe sackte einseitig ab, an ein Hieven war nicht mehr zu denken. Nach einigen Minuten der Bestürzung wurde der Schaden analysiert. Obermatrose *Träger* tauchte mehrmals in die herbstlich kalte See, bis klar war, daß nur die Befestigungslasche ausgerissen, doch das Tragseil der Klappe unbeschädigt war. Der Entschluß des Kommandeurs GA V war schnell gefaßt: Instandsetzung mit Bordmitteln – sofort! Vorerst mußten die Panzer das Landungsschiff wieder verlassen. Mit einer Hilfstrosse und dem Spill wurde die Klappe in die Normallage gehievt. Inzwischen hatte die See zugenommen. Das Schiff konnte sich nicht mehr am Strand halten – es entstand die Gefahr, quer zu schlagen. Nach Absprache mit dem Kommandeur des GA V zog der Kommandant die GRIMMEN zurück und lief mit geöffneter Klappe längere Zeit über das Achterschiff gegen die See. Auf der hängenden Beladerampe arbeiteten indessen die Spezialisten des Schiffes mit Schweißbrenner und Vorschlaghammer. In relativ kurzer Zeit war der Schaden behoben, das Tragseil befestigt und die Klappe schließlich wieder

Technische Angaben	**Landungsboot Projekt »46«**	**Landungsschiff »Robbe«**
Verdrängung, normal:	179,6 t	709 t
Länge ü. a.:	41,1 m	64,02 m
Breite auf Spant:	6,9 m	11,60 m
Tiefgang, hinten:	1,1 m	2,48 m
Antrieb:	4 DM »6 NVD 26A«	2 DM »40 DM«
Leistung:	794 kW	3230 kW
Geschwindigkeit:	10 sm/h	14 sm/h
Bewaffnung:	4 × 25 mm	2 × 57 mm 4 × 25 mm

Landungsboot Projekt »46«

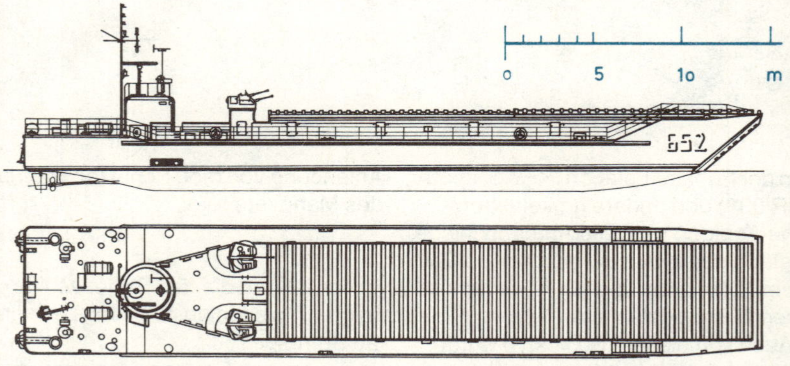

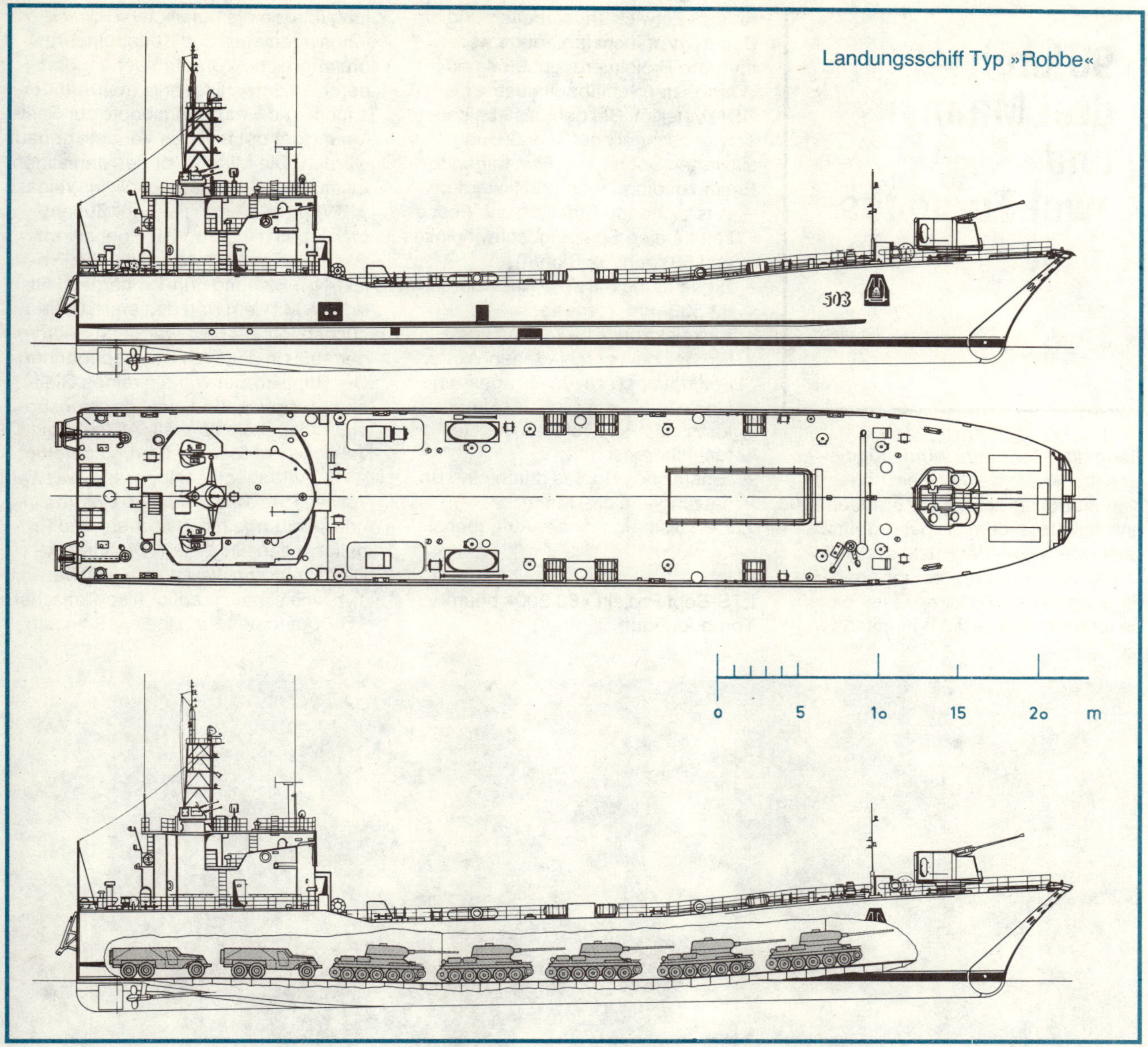

geschlossen. Der Landungsverband hatte inzwischen die Beladung beendet und war zum Sammelraum abgelaufen. Die GRIMMEN lief mit »Großer Fahrt« hinterher und übernahm die »Fracht« an einem anderen Ort. Die hervorragende Leistung der Besatzung der GRIMMEN bot die Gewähr, daß das Schiff nicht für das Landeunternehmen ausfiel.

Die Landungsschiffe des Typs »Robbe« bewährten sich auch bei allen nachfolgenden Einsätzen. Trotz der hohen Belastungen, die die Schiffskörper dieser Fahrzeuge beim An- und Ablanden aufnehmen müssen, gewährleistete die gewählte Konstruktion eine lange Indiensthaltung dieser Schiffe. Erst 1977/78 wurden die »Robben« planmäßig außer Dienst gestellt und abgebrochen. Eine neue Generation moderner mittlerer Landungsschiffe übernahm die Traditionsnamen dieser bewährten Fahrzeuge.

90 km/h – drei Mann und zwei Torpedos

Ende der 50er Jahre wurde für die Seestreitkräfte der NVA ein neues Kampfboot als schneller Torpedoträger entwickelt, bei dem die geographischen Besonderheiten der Küste der DDR sowie die hydrometeorologischen Bedingungen der südlichen Ostsee eine besondere Berücksichtigung fanden.

An den Entwicklungsarbeiten und am Bau der Versuchsfahrzeuge waren mehrere Projektierungsbüros und Werften der Schiffbauindustrie der DDR beteiligt. Bei dem als »Leichtes Torpedoschnellboot« (LTS-Boot) klassifizierten Bootstyp sollten folgende Einsatzbedingungen erfüllt werden:

- Ausreichende Stabilität und Festigkeit für eine Spitzengeschwindigkeit von 50 sm/h (92,6 km/h);
- Bewaffnung mit zwei Ausstoßrohren für 533-mm-Torpedos;
- funkelektronische Ausrüstung zum Einsatz bei verschiedenen Wetterbedingungen zu jeder Tages- und Nachtzeit;
- kurzzeitiges Herstellen der Gefechtsbereitschaft;
- Einsatz des Bootes durch eine Besatzung von drei Mann.

Zur Realisierung dieser Aufgabenstellung führten die beteiligten Entwicklungsingenieure und Konstrukteure umfangreiche Voruntersuchungen durch, in deren Ergebnis mehrere Versuchs- und Erprobungsboote zur Festlegung der optimalsten Variante gebaut wurden. Die Mitarbeiter des damaligen Instituts für Schiffbautechnik in Wolgast (ISW) projektierten in enger Zusammenarbeit mit dem VEB Peenewerft Wolgast einen Bootstyp, der die Projekt-Nr. »63« und den Typnamen »Iltis« erhielt. Mit dem Bau des ersten Versuchsbootes V 63.1 wurde im September 1959 in der Peenewerft begonnen. Der Bootskörper war als reines Gleitboot ausgelegt und aus korrosionsbeständigem Leichtmetall (AlMg 4,5) in vollgeschweißter Ausführung gefertigt.

Als Antriebsmaschinen wurden zwei sowjetische 12-Zylinder-V-Motoren in normaler Lage mit Zwischen- und Propellerwellen eingebaut. Die Viertakt-Dieselmotoren waren vom gleichen Typ, wie sie auch auf den sowjetischen TS-Booten des Projektes »183« zum

LTS-Boot Projekt »63.300« beim Torpedoangriff

Einsatz gelangten. Die beiden Torpedorohre lagen schräg, mit Ausstoßrichtung nach achtern im Oberdeck. Die Torpedos wurden mit Druckluft nach hinten ausgestoßen, also entgegen der Fahrtrichtung des Bootes. Dabei zeigte der Kopf des Torpedos in Fahrtrichtung. Diese gewählte Ausstoßvariante gewährleistete die größte Geradlaufsicherheit der Torpedos. Die Kanzel für die Besatzung war im Vorschiff eingelassen. Unmittelbar hinter der Kanzel schloß sich die Mastkonstruktion für die Antenne der Funkmeßstation KSA 5 an.

Nach den ersten Erfahrungen und der Auswertung der Erprobungsergebnisse wurden zwei weitere Boote mit der Projekt-Nr. »63.2« und »63.3« gebaut. Neben vielen konstruktiven Veränderungen wurde zur Verbesserung der Schwerpunktlage des Bootes die Aufstellung der Antriebsmaschinen verändert, indem die Fundamente weiter nach achtern versetzt und die Motoren mit dem Abtriebsflansch schräg in Fahrrichtung eingebaut wurden. Die Kraftübertragung auf die Propellerwelle war nunmehr über eine zwischengeschaltete Gelenkwelle und ein Umkehrgetriebe erforderlich. Während der Erprobung dieser Versuchsfahrzeuge

LTS-Boote Typ »Iltis« am schwimmenden Stützpunkt

Das Versuchs-LTS-Boot V-01 (Projekt »63«) beim Torpedoschuß

legten Erprobungspersonal und Konstrukteure viel Erfindergeist und Improvisationsvermögen an den Tag. So verfügten z.B. die ersten Boote noch nicht über bordeigene Geräte zum Vorwärmen der Hochleistungsdiesel und des Schmieröls. Ein kurzerhand von einer LPG beschaffter Kartoffeldämpfer leistete als »Vorwärmer« wertvolle Hilfe in dem provisorischen Erprobungsstützpunkt. Schon bald stellte sich heraus, daß die Besatzung bei hohen Fahrstufen des Bootes starken Belastungen durch die auftretenden Stoßbeschleunigungen ausgesetzt war. Im Zusammenhang mit der bereits laufenden Erprobung eines weiteren Bootstyps wurde die Idee geboren, vorübergehend gefederte Fahrersitze der Straßenbahn so zu modifizieren, daß sie in die LTS-Boots-Kanzel eingebaut werden konnten. Die benötigten Sitze stellten unbürokratisch die Berliner Verkehrsbetriebe zur Verfügung. Die Serienboote erhielten dann stoßgedämpfte Sitze, bei denen die Dämpfung je nach Körpergewicht individuell eingestellt werden konnte. Noch während der Erprobung der Versuchsfahrzeuge begann ab November 1961 der Bau von sechs Halbserienbooten mit den Projekt-Nr. »63.31« bis »63.36«. Auch diese Fahrzeuge wurden fortlaufend weiter verbessert. Alle Boote erhielten zur Energieversorgung einen kleinen, luftgekühlten Hilfsdiesel vom Typ 1 KVD 8. Auf diesen Booten wurden auch die ersten Besatzungen für die zukünftige LTS-Boots-Einheit ausgebildet, deren Vorschläge und Hinweise ebenfalls noch Eingang in den Serienbau dieses Typs fanden. Unter der Projektbezeichnung »63.300« gingen dann ab September 1962 insgesamt 30 Serienboote bis November 1965 in Dienst.

Eine zweite Entwicklungsrichtung schlugen die Projektanten des ISW und des VEB Yachtwerft Berlin ein. In deren Ergebnis entstand ein etwas größerer LTS-Boots-Typ mit unterschiedlichen Bewaffnungsvarianten. Das unter der Projekt-Nr. »68« entwickelte Holzboot hatte annähernd die geforderten Gefechtseigenschaften wie die »Iltisse«. Das erste Versuchsboot »68.1« mit dem Typnamen »Hydra« baute 1959 die Yachtwerft Berlin.

Dieses Fahrzeug hatte noch die kleinen Abmessungen L/B = 13/3,6 m. Den Antrieb stellte nur ein Motor M 50 F3 sicher. Das zweite gebaute Boot »68.2« wies schon veränderte Hauptabmessungen auf, und es kamen nunmehr zwei Dieselmotoren M 50 F3 mit normalem Wellenstrang zum Einsatz. Der Bootskörper war aus Mahagoni gefertigt, wobei die Festigkeitsverbände und das Deck aus mehrfach verleimtem Sperrholz bzw. aus kombinierten Holz/Sperrholzteilen gebaut wurden. Eine originelle Lösung stellte der Einbau einer Hohlgummiplanke im Unterwasserteil jeder Bordseite dar, wodurch die bei Holzbooten üblichen Quellerscheinungen nicht auftraten. Eine überlappende Planke deckte von innen noch die Gummiplanke ab. Grundsätzlich gewährleistete die Holzkonstruktion der Bootskörper, ähnlich

LTS-Boot Projekt »68.200« in voller Fahrt

◀ Minenvariante

Transportvariante

wie bei den aus Leichtmetall gefertigten LTS-Booten, ein sehr geringes Bootskörpergewicht. Auch Korrosionserscheinungen konnten vollständig vermieden werden, allerdings mußte die Feuchtigkeitsaufnahme der Holzkörper durch periodisches Aufslippen und Austrocknen ständig auf ein Minimum beschränkt werden (Gewichtszunahme!). Um die starken Belastungen am Decksabsatz des Bootskörpers aufzunehmen, erhielten alle Serienboote an diesem Übergang eine geschwungene, mehrfach verstärkte Scheuerleiste. Diese und andere konstruktive Details sowie eine äußerst sorgfältige Qualitätsarbeit gewährleisteten einen relativ langen Dienst der hochbelasteten Bootskörper. Immerhin handelte es sich hier nicht um einmalige Rennbootausführungen, sondern um mit drei 1,8t schweren Torpedos bewaffnete Kampfboote, die bis zu einer gewissen Wellenhöhe spielend ihre 50sm/h liefen! Noch heute gebührt den Bootsbauern der Yachtwerft Berlin hohe Anerkennung für diese Spitzenleistung im internationalen Schnellbootsbau. An Stelle der beiden Außentorpedos konnte die Besatzung Minenabwurfeinrichtungen aufmontieren, die in der Lage waren, je nach Minentyp bis zu sechs Minen aufzunehmen. Außerdem ließen sich die Boote in eine Transportvariante umrüsten, bei der auf montierten Sitzen Kampfschwimmer oder Sturmlandungstruppen in ihren Einsatzraum gebracht werden konnten. Auch Kombinationen der Varianten waren möglich.

Beim Versuchsboot »68.2« erprobte man kurzzeitig auch eine 12,7-mm-Doppellafette DSchK, die jedoch aus Platz- und Stabilitätsgründen nicht an Bord verblieb. Nach Abschluß der Erprobungen begann ab 1964 der Serienbau. Unter der Projekt-Nr. »68.200« wurden bis 1968 insgesamt 15 dieser LTS-Boote in zwei Losgrößen gebaut und in der Volksmarine in Dienst gestellt.

Zur Festlegung der optimalsten Varianten waren zuvor noch zwei Versuchsboote gebaut worden, von denen das Tragflügel-TS-Boot Projekt »81« ebenfalls wertvolle Erprobungsergebnisse einbrachte. Dieses Fahrzeug, es war nur am Vorschiff mit Tragflügeln ausgestattet, hatte die Roßlauer Schiffswerft gebaut; es war ebenfalls mit zwei Torpedorohren bewaffnet. Als Antrieb diente nur ein Dieselmotor M 50 F 3, womit die geforderte Geschwindigkeit erreicht wurde. Aus unterschiedlichen Gründen ging die Tragflügelbootvariante jedoch nicht in eine Serienfertigung. Das Versuchsboot wurde später im Armeemuseum in Potsdam als Sachzeuge der LTS-Boot-Entwicklung in der DDR aufgestellt.

Ein weiteres Versuchsboot fertigte unter dem Projektnamen »Möwe« (Projekt-Nr. »58«) die Greifswalder Bootswerft. Der Bootskörper dieses Fahrzeuges war aus GFP-Material in Laminatbauweise hergestellt. Als Antriebsmotor war der bereits erwähnte ehemalige Flugzeugmotor vom Typ »Jumo 205 C« vorgesehen, was dem Boot schon bald den Beinamen »Plastbomber« einbrachte. Auch diese Bauvariante wurde nicht weiter verfolgt, jedoch leistete dieses Versuchsboot noch wertvolle Dienste bei der Ausbildung der ersten Bootsbesatzungen.

Mit den Booten der Projekte »63« und »68« wurde 1963 auf Befehl des Ministers für Nationale Verteidigung ein Truppenteil im Verband der Stoßkräfte der Volksmarine gebildet. Der Truppenteil erhielt am 1. März 1966 die Truppenfahne. Eine erste Probe ihres Könnens lieferten die Besatzungen der LTS-Boote während der Flottenübung der Volksmarine im Jahre 1964. Überzeugend demonstrierten sie den überraschenden Torpedoangriff bei schlechter Sicht, wobei diesen Booten stets die späte Auffassung durch »gegnerische« Funkmeßstationen zugute kam. Im Verlaufe der ersten Einsatzjahre entwickelten sich die Kommandeure der Einheiten, die Kommandanten und Leitenden Maschinisten sowie die Funkmesser der Boote zu perfekten Spezialisten, die ihre Technik ausgezeichnet beherrschten. Hohe Einsatzbereitschaft, gegenseitige Ersetzbarkeit und Nachbarschaftshilfe waren bei den Drei-Mann-Besatzungen der LTS-Boote oberstes Gebot. Hinzu kamen Forderungen nach einer hohen physischen Belastbarkeit und Ausdauer bei voller Aufrechterhaltung der Konzentration. Neben einem erforderlichen Konditionstraining und einer ständigen medizinischen Kontrolle sorgte natürlich auch eine gehörige Portion Waffenstolz für die ständige Einsatzbereitschaft der LTS-Boot-Fahrer.

Nach erfolgreicher Teilnahme an mehreren Manövern und größeren Flottenübungen wie z. B. »Oder-Neiße 69«, »Baltik 70« und »Waffenbrüderschaft 70« erhielt der LTS-Boot-Truppenteil für langjährige ausgezeichnete Ergebnisse in der politischen und Gefechtsausbildung am 1. März 1971 den Ehrennamen »Fritz Globig«. Mit der Namensverleihung wurde das Andenken an den im März 1970 verstorbenen Mitbegründer der KPD und Kämpfer der Novemberrevolution geehrt.

Technische Angaben	**Leichtes Torpedoschnellboot Projekt »63.300«**	**Leichtes Torpedoschnellboot Projekt »68.200«**
Verdrängung, voll:	17,4t	19,2t
Länge ü. a.:	14,9m	17,10m
Breite auf Spant:	3,4m	3,59m
Tiefgang:	0,6m	1,45m
Antrieb:	2DM »M 50 F 4«	2DM »M 50 F 4«
Leistung:	1765kW	1765kW
Geschwindigkeit:	52sm/h	50sm/h
Bewaffnung:	2 × 533-mm-TR	3 × 533-mm-TR, Minen

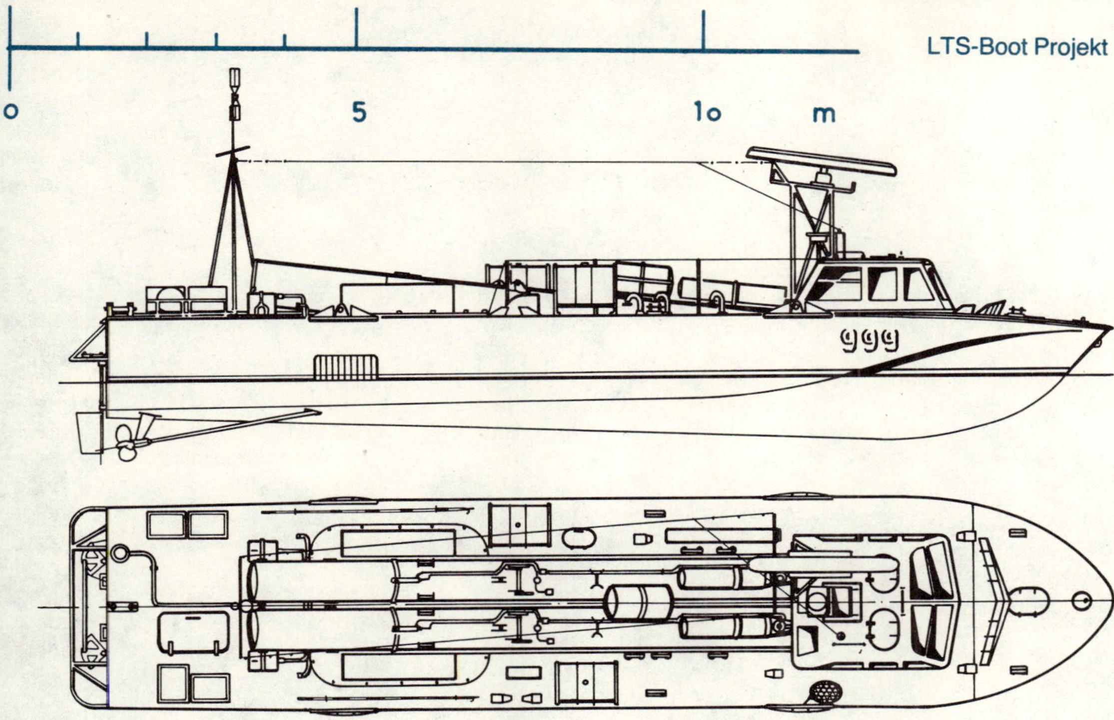

LTS-Boot Projekt »63.300«

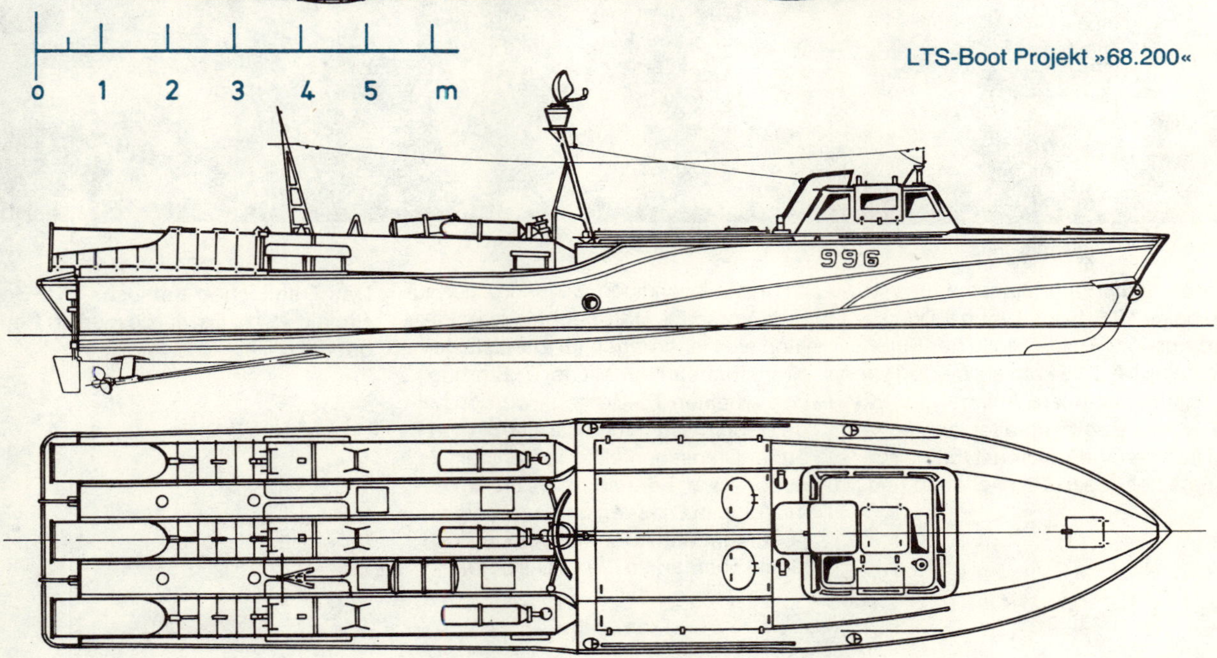

LTS-Boot Projekt »68.200«

Im Verlauf ihrer Indiensthaltung wurden beide LTS-Boot-Typen teilweise modernisiert. An die Stelle der Funkmeßanlage KSA 5 kam auf beide Typen die leistungsstärkere Anlage TSR 222. Die »63er« Boote erhielten achtern einen leichten Vierbeinmast für die Antenne einer neuen UKW-Station und einen starkwandigen Wellenbrecher auf dem Vorschiff. Darüber hinaus bekamen sie Halterungen für zusätzliche Kraftstoffbehälter. Mit der Zuführung von »Kleinen TS-Booten« wurden beide Bootstypen nacheinander bis 1977 außer Dienst gestellt. Ein Berliner »68er« Boot erinnert heute im Armeemuseum in Dresden und ein Wolgaster »63er« im Schiffbaumuseum in Rostock-Schmarl an die LTS-Boote.

Das Tragflächen-Versuchs-LTS-Boot Projekt »81«. Es wurde nicht in Serie gebaut

Mit Sternmotor auf Luftkissen

Außer den vorgenannten Entwicklungsarbeiten zum Bau der LTS-Boote entwickelten wissenschaftliche Einrichtungen in Zusammenarbeit mit der Werftindustrie eine Reihe weiterer kleiner Fahrzeuge. Dabei betraten die beteiligten Entwicklungsingenieure und Werftarbeiter zum Teil technisches Neuland, dessen Erforschung neben fachlichem Können und Verantwortung eine hohe Einsatzbereitschaft und politisches Engagement erforderte. Nicht alle Ergebnisse dieser Arbeiten flossen direkt in den Bau neuer Kampfschiffe ein, bereicherten aber den Erfahrungsschatz für die Lösung zukünftiger Aufgaben zur Gewährleistung der Landesverteidigung.

Bereits Anfang der 60er Jahre erprobte die Volksmarine ein neuartiges von der Schiffswerft Rechlin gebautes Luftkissenfahrzeug. Das Leichtmetallfahrzeug war nach dem Prinzip der festen seitlichen Begrenzung mit eintauchenden Wänden gefertigt, konnte aber nicht, wie andere Typen dieser Bodeneffektfahrzeuge, auf Land »aufschweben«. Das Luftpolster unter dem Fahrzeug wurde von einem Axialverdichter erzeugt, für dessen Antrieb ein 5-Zylinder-Sternmotor vorgesehen war. Den Vortrieb besorgte ein am Heck in einem Motorträger eingebauter Sternmotor vom gleichen Typ mit einer Luftschraube. Gesteuert wurde das Fahrzeug mit zwei hinter dem Motor angebrachten Seitenrudern und drei synchron arbeitenden Spatenrudern am Unterwasserteil des Hecks. Für die Zwei-Mann-Besatzung war im »Oberdeck« eine Fahrerkabine eingelassen. Dieses Fahrzeug blieb ein Einzelobjekt und wurde nach Abschluß der Erprobung 1966 dem Armeemuseum Potsdam übergeben.

Das Luftkissenfahrzeug – erbaut auf der Schiffswerft Rechlin – vor der See-Erprobung

Weitere Entwicklungsarbeiten befaßten sich mit dem Bau größerer Tragflügelboote unterschiedlicher Bestimmung. Nach dem Projekt »1354« fertigte die Roßlauer Schiffswerft zwei Tragflügel-Transportboote. Die unter den Bord-Nr. TF 10-1 und TF 10-2 erprobten Boote verfügten über halbtauchende Tragflächen, die am Bug ver-

Luftkissenfahrzeug

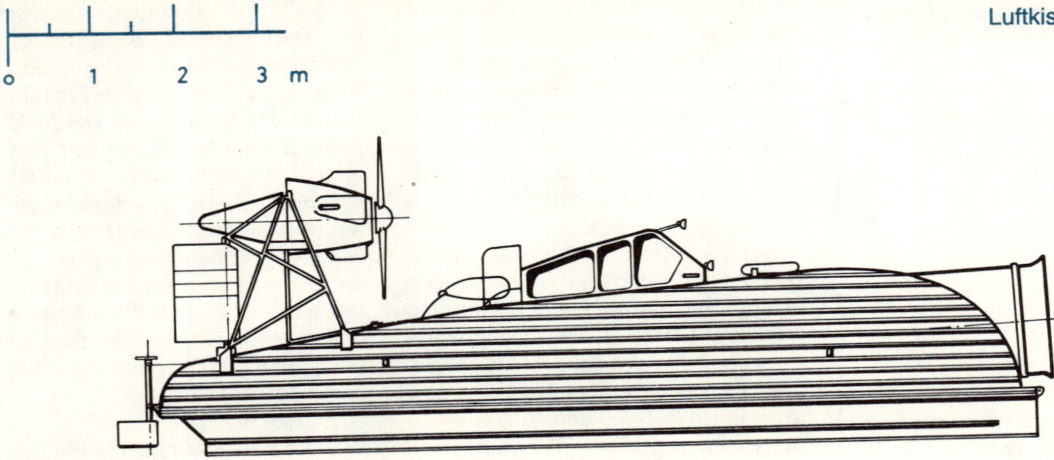

TS-Boot Typ »Forelle«

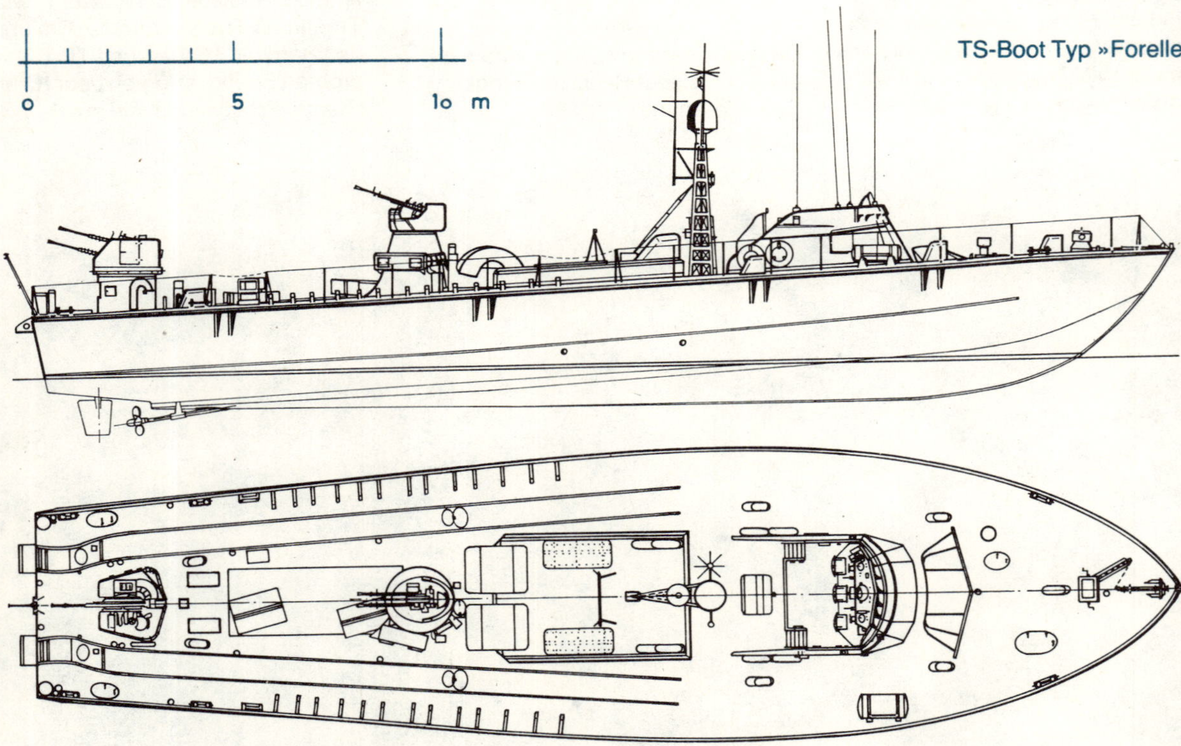

Technische Angaben	Luftkissenfahrzeug	Tragflügelboot TF 10-1	TS-Boot »Forelle«
Verdrängung, voll:	–	9,7t	65t
Länge ü. a.:	11,17m	14,08m	27,73m
Breite auf Spant:	3,10m (ü. a.)	4,20m	7,16m
Tiefgang:	–	1,98m (Verdrängungsfahrt)	1,05m
Antrieb:	2 × 5 Zylinder-Sternmotoren	1 DM »W-2«	4 DM »M 50 F3«
Leistung:	204kW	367kW	3530kW
Geschwindigkeit:	–	35sm/h	38sm/h
Bewaffnung:	–	–	2 × 25mm 2 × 12,7mm Waserbomben

stellbar und am Heck starr ausgeführt waren. Als Antriebsmaschine hatten sie den bewährten sowjetischen Panzermotor »W-2«. Für 30 Mann waren Sitzplätze vorhanden. Beide Fahrzeuge übernahm nach Abschluß der Erprobung der VEB »Weiße Flotte« Rostock, und sie fuhren hier noch einige Zeit im Personenverkehr auf der Warnow. Studien und Projekte für weiter vergrößerte Tragflügelboote TF 50 und TF 60 sind angefertigt worden, jedoch wurde der Serienbau von Tragflügelbooten zum damaligen Zeitpunkt nicht aufgenommen.

Ebenfalls Ende der 50er Jahre bis Anfang der 60er Jahre wurden Untersuchungen und Modellversuche durchgeführt, in deren Ergebnis der Bau von 65-t-Schnellbooten vorgesehen war. In einer sogenannten »M-Reihe« führte man Versuche mit Modellbooten im verkleinerten Maßstab durch, um die optimalste Form des Bootskörpers eines späteren Schnellbootes zu ermitteln. Das Versuchsmodell »M 1« war ein 10,61 m langes und 2,20 m breites Aluminiumboot in genieteter Bauweise, das die Roßlauer Schiffswerft gefertigt hatte. Den Antrieb stellten zwei Benzinmotoren »Ford V 8« mit je 66 kW Leistung sicher, womit eine Modellgeschwindigkeit von 24 sm/h erreicht werden konnte. Das »M 2«-Boot hatte etwa die gleichen Abmessungen, wurde jedoch von zwei »Maybach«-Motoren mit je 73 kW Leistung angetrieben (nach Versuchen mit einer Abrißkante am Heck als »M 2a« bezeichnet). Das Boot »M 3«, ein Kompositbau, hatte die Abmessungen L/B/T mit 10,4/2,11/0,4 m. Der Bootsboden war mit einem Stufenheck ausgeführt. Zwei »Maybach«-Motoren trieben das Boot an. Das Versuchsboot »M 4«, wiederum

Das Tragflächenboot TF 10-2, hier bereits als Verkehrsboot der »Weißen Flotte« Rostock

Das Tragflächenversuchsboot M 4

Das in der DDR entwickelte TS-Boot Typ »Forelle«

als Tragflächenboot gebaut, hatte einen »frisierten« sowjetischen Panzermotor »W-2« mit 441 kW Leistung.

Im Ergebnis dieser Versuche und Erprobungen begann 1960 der VEB Roßlauer Schiffswerft mit dem Bau von drei Torpedoschnellbooten mit Leichtmetallkörper, die den Typnamen »Forelle« erhielten. Die erste Version erhielt zwei von der Sowjetunion bereitgestellte ehemalige deutsche S-Boot-Motoren vom Typ »Daimler-Benz MB 511« mit je 1838 kW Leistung. Die Erprobungen mit dem ersten Boot (»M 5«) brachten jedoch keine befriedigenden Ergebnisse, so daß alle »Forellen« mit vier sowjetischen M 50 F3-Motoren ausgerüstet wurden. Je zwei von ihnen trieben die beibehaltenen zwei Propeller über ein Verbundgetriebe an. Die Artilleriebewaffnung bestand aus einer 25-mm-Doppellafette 2-M-3 und einem 12,7-mm-Fla-MG, ebenfalls in Doppellafette. Die Ausrüstung mit zwei Torpedorohren war vorgesehen, wurde aber nicht realisiert. Zusätzlich kamen dann je Seite sechs Wasserbombenlager an Bord. Zwei der drei gebauten Boote (»M 5«, »M 6«) gingen nach Abschluß der technischen Erprobung an die Grenzbrigade-Küste, wo sie unter den Bord-Nr. G-01 und G-02 noch einige Zeit im Grenzdienst eingesetzt waren.

Hangars und Raketen

Zum Jahresende 1962 stellte die Volksmarine Raketenschnellboote (RS-Boote) in Dienst, die von der sowjetischen Verteidigungsindustrie auf der Grundlage eines bilateralen Regierungsabkommens geliefert wurden. Mit der Übernahme dieses Typs begann eine wichtige Etappe bei der weiteren Stärkung der erforderlichen seeseitigen Verteidigungskraft der NVA. Sowjetische Besatzungen und Werksspezialisten schufen uneigennützig alle Vorraussetzungen, damit der erforderliche Ausbildungsstand der DDR-Besatzungen in kurzer Zeit erreicht werden konnte. Einen besonderen Schwerpunkt bildeten dabei die modernen Funkmeß-Waffenleitanlagen sowie die Raketenbewaffnung.

Die RS-Boote sind kombinierte Verdrängungs-/Gleitboote, deren Bootskörper sowohl für hohe Geschwindigkeiten als auch für Einsätze bei mittlerem Seegang ausgelegt sind. Der aus Schiffbaustahl gefertigte Bootskörper ist durch neun Schotte in zehn wasserdichte Abteilungen unterteilt. Auf dem durchgehenden Oberdeck ist ein schmales Deckshaus aufgesetzt, an dessen Seiten die vier Raketenhangars aufgestellt sind. Die aus dem Hangar zu startenden Raketen der Klasse »Schiff-Schiff« verfügen über eine autonome Zielsucheinrichtung sowie über eine abwerfbare Starthilfsrakete und ein Marschtriebwerk. Die Raketen sind vom gleichen Typ, mit dem am 21. Oktober 1967 ägyptische Boote den israelischen Zerstörer ELATH vernichteten.

Die Artilleriebewaffnung besteht aus zwei vollautomatischen 30-mm-Doppellafetten mit Funkmeß-Waffenleitanlage. Das Antriebssystem ist eine Dreiwellenanlage mit Festpropeller. Jede Welle treibt ein Viertakt-Dieselmotor über ein Getriebe an. Diese aufgeladenen Motoren sind sogenannte Stern-Reihenmotoren mit je 42 Zylindern. Die Versorgung mit Elektroenergie übernehmen drei Diesel-Generatorsätze mit Antriebsmaschinen des Typs 6 Tsch-12/14 bzw. 6 Tsch-10,5/13-2. Zum Maschinengefechtsabschnitt gehören weiterhin verschiedene Lenzpumpen, Verdichter, ein vollautomatischer Kleinkessel sowie Umformersätze und Akkumulatoren. Die Boote verfügen über eine umfangreiche funkelektronische Ausrüstung zur Sicherstellung der Navigation, zur Seeraumbeobachtung und zur Gewährleistung der Nachrichtenverbindungen.

Die übernommenen RS-Boote erhielten in der Volksmarine Namen von roten Matrosen der revolutionären Ereignisse in der ehemaligen deutschen Hochseeflotte des Jahres 1917 und der Novemberrevolution in Deutschland. Mit der Namensverleihung her-

Raketenschnellboot auf Gefechtskurs

vorragender Kämpfer der deutschen Arbeiterklasse wird das Andenken an solche revolutionären Marineangehörigen wie *Paul Wieczorek, Otto Tost, Karl Meseberg, Rudolf Eglhofer, Heinrich Dorrenbach, Paul Eisenschneider, Fritz Gast* und andere bewahrt.

Den ersten Raketenschießabschnitt absolvierten zwei Boote im Jahre 1963. Unzählige Male hatten die Besatzungen alle Handlungen zum Start der Raketen mit Unterstützung der sowjetischen Spezialisten trainiert. Das exakte Zusammenwirken zwischen Funkmeßmaat, Kommandant, Maschinenpersonal und Hangargasten bot die Gewähr für einen vollen Erfolg: Volltreffer im Zielschiff und die Note »sehr gut«! Mit berechtigtem Stolz überreichte der Einheitskommandeur dem Präsidium einer kurz darauf durchgeführten Delegiertenkonferenz der SED-Grundorganisationen des Verbandes einen Splitter vom ersten Raketentreffer.

Nach der Übernahme weiterer RS-Boote waren Einheiten dieses Truppenteils an allen größeren Übungen und Manövern der verbündeten Flotten beteiligt. Erinnert sei an die Übungen »Baikal« 1966, »Oder-Neiße 69«, »Waffenbrüderschaft 70«, »Baltika 72« u. v. a. Für ihre ausgezeichneten Leistungen erhielt der RS-Boots-Truppenteil am 1. März 1971 den Titel Vorbildlicher Truppenteil. Auch einzelne RS-Boote machten durch ausgezeichnete Ergebnisse in der Gefechtsausbildung von sich reden. So holte 1982 das RS-Boot HEINRICH DORRENBACH den Pokal im Artillerieschießen der Volksmarine. Im Artillerieschießen des Verbandes belegte 1984 das RS-Boot OTTO TOST den 1. Platz. Ebenfalls 1984 wurde der nunmehr 21. Raketenschießabschnitt gemeinsam mit sowjetischen und polnischen RS-Booten absolviert. Die RS-Boote MAX REICHPIETSCH, PAUL SCHULZ, JOSEF SCHARES und KARL MESEBERG sorgten dafür, daß im 35. Jahr des Bestehens der DDR in ununterbrochener Reihenfolge wiederum die Note »sehr gut« vergeben werden konnte. Die würdigen Traditionen der RS-Boote der Volksmarine übernahmen inzwischen Besatzungen einer neuen Generation kleiner Raketenschiffe, von denen das erste unter dem verpflichtenden Namen ALBIN KÖBIS im Spätherbst 1984 in Dienst gestellt wurde.

»Rakete – Start!«

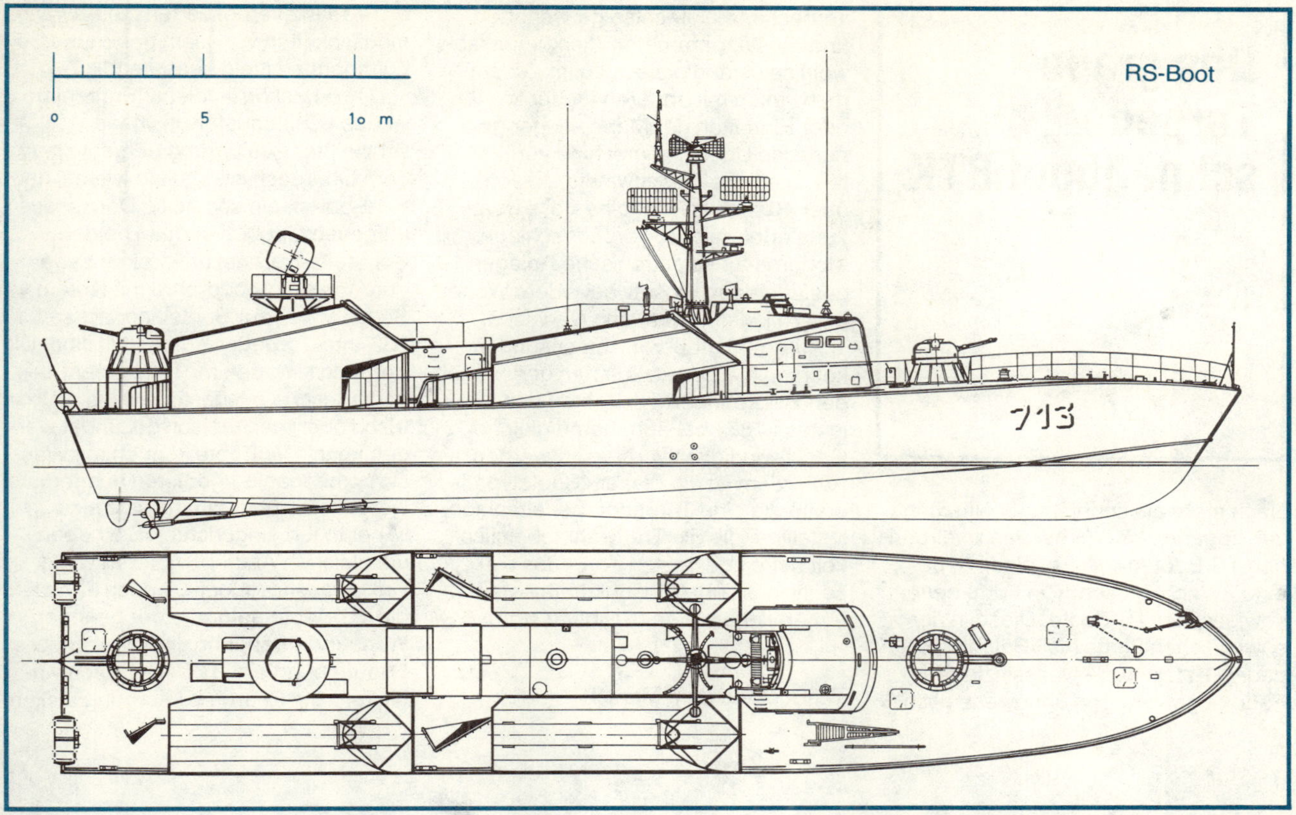

Technische Angaben	Raketen-schnellboot
Verdrängung, voll:	209 t
Verdrängung, max.:	220 t
Länge ü. a.:	39,60 m
Breite ü. a.:	7,60 m
Tiefgang, hinten:	2,93 m
Antrieb:	3 DM »M 503 A«
Leistung:	8800 kW
Bewaffnung:	4 Seezielraketen 4 × 30 mm

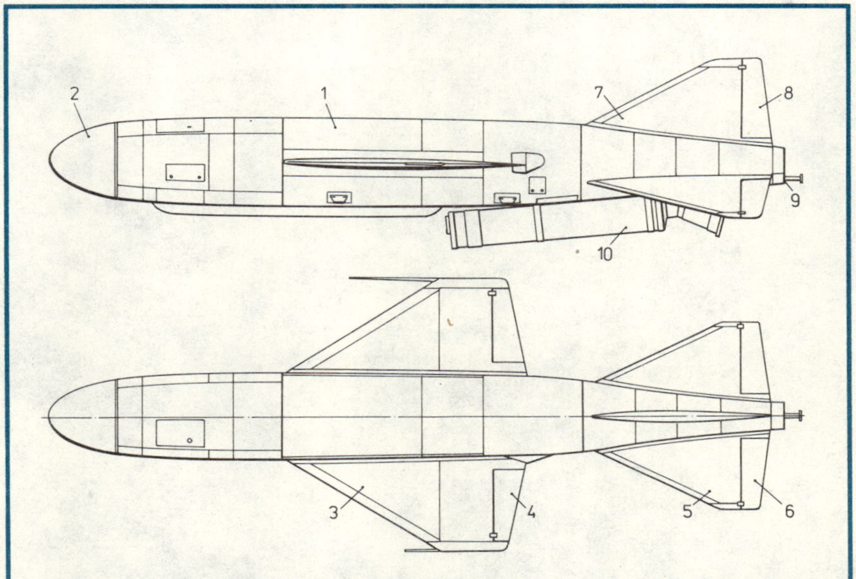

Seezielrakete der RS-Boote

1 – Raketenkörper (Zelle); 2 – Zielsuchkopf; 3 – Tragflügel; 4 – Querruder; 5 – Höhenflosse; 6 – Höhenruder; 7 – Seitenflosse; 8 – Seitenruder; 9 – Schubdüse; 10 – Starthilfsraketentriebwerk

Das große Torpedoschnellboot BTK

Nach mehr als zehnjähriger Nutzungszeit begann ab 1968 bei den zweirohrigen TS-Booten des Projektes »183« eine »Wachablösung« in Form neuer sowjetischer TS-Boote. Diese in der sowjetischen Flotte als »Bolshoi Torpednyi Kater« (BTK) klassifizierten Fahrzeuge verfügen über wesentlich verbesserte Gefechtseigenschaften und Einsatzparameter. Sie können sowohl selbständig als auch im Zusammenwirken mit anderen Flottenkräften oder Einheiten der Marineflieger gegnerische Überwasserschiffe vernichten. Die hohe Geschwindigkeit von über 40 sm/h ist u. a. eine Voraussetzung erfolgreicher Torpedoschläge. Moderne funkelektronische Anlagen gestatten den Einsatz bei jedem Wetter und zu jeder Tages- und Nachtzeit.

Aufgrund größerer Abmessungen konnten die Einsatzkriterien gegenüber den zweirohrigen TS-Booten des Projektes »183« bei annähernd gleicher Geschwindigkeit verbessert werden. Außerdem ist auf diesem Bootstyp erstmalig eine Torpedofeuerleitanlage installiert, die die Treffwahrscheinlichkeit der eingesetzten Torpedos wesentlich erhöht. Die funkmeßgesteuerten Artilleriewaffen (Kaliber 30 mm) hoher Kadenz verbesserten die Abwehrmöglichkeiten vor allem gegenüber Luftangriffsmitteln bedeutend.

Der Bootskörper dieser Fahrzeuge ist aus Schiffbaustahl in vollgeschweißter Ausführung hergestellt. Auf dem Oberdeck ist, ähnlich wie bei den RS-Booten, ein schmales Deckshaus aufgesetzt, neben dem an beiden Bordseiten je zwei hintereinander angeordnete Torpedorohre mit festem Schußwinkel zur Bootslängsachse für 533-mm-Torpedos aufgestellt sind. Die Torpedos werden mit Hilfe einer Pulverkartusche ausgestoßen, die elektrisch oder mechanisch gezündet werden kann. Die Boote können mit Wasserbombenablaufgerüsten ausgerüstet werden. Darüber hinaus sind sie zum Minenlegen eingerichtet. Sie haben die gleichen Antriebsmotoren wie die Raketenschnellboote, jedoch erreichen die TS-Boote aufgrund der geringeren Wasserverdrängung und einer anderen Formgebung eine höhere Geschwindigkeit. Die Energieversorgung stellen

TS-Boot auf dem Marsch

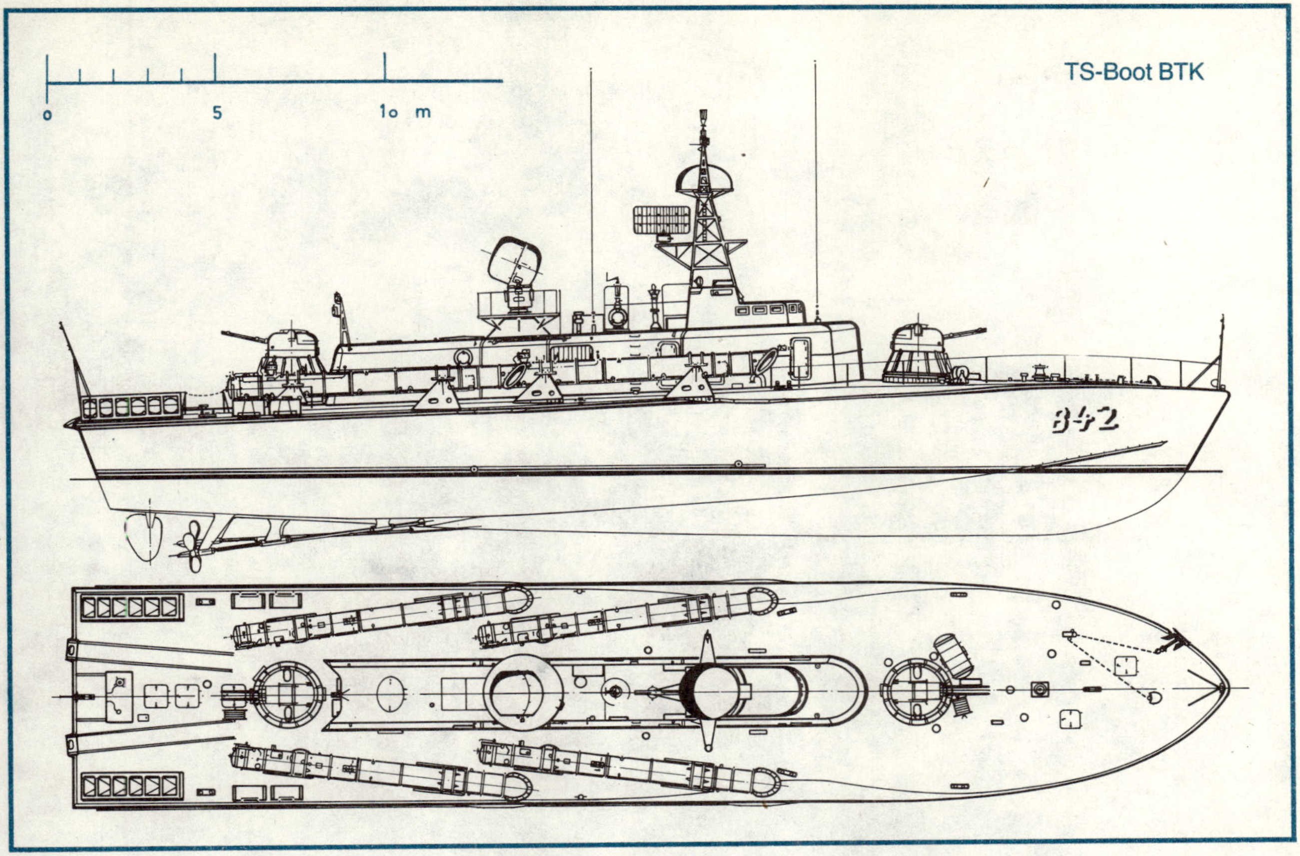

drei Diesel-Generatorsätze mit den Motoren 6 Tsch 9,5/11 sicher.

Der feierliche Flaggenwechsel wurde 1968 zu einem Höhepunkt der Waffenbrüderschaftsbeziehungen zwischen der sowjetischen Seekriegsflotte und der Volksmarine. Die Boote übernahmen die Traditionsnamen antifaschistischer Widerstandskämpfer der außer Dienst gestellten »183er« TS-Boote. Sie waren bereits an den Manövern »Oder-Neiße 69« und »Waffenbrüderschaft 70« beteiligt. Für ihre außergewöhnlichen Leistungen und ihren hohen Ausbildungsstand erhielt 1969 die Besatzung des neu übernommenen TS-Bootes ARTUR BECKER den Titel Hervorragendes Jugendkollektiv der DDR. Dem neuformierten TS-Boots-Truppenteil wurde 1971 der Titel Vorbildlicher Truppenteil verliehen. Das TS-Boot FRITZ HECKERT rief 1973 alle Kampfkollektive der NVA zum sozialistischen Wettbewerb zu Ehren des 25. Jahrestages der DDR auf.

Technische Angaben	**Torpedo-schnellboot (BTK)**
Verdrängung, normal:	145 t
Länge ü. a.:	34,0 m
Breite ü. a.:	6,8 m
Antrieb:	3 DM »M 503 A«
Leistung:	8826 kW
Bewaffnung:	4 × 30 mm 4 × 533-mm-TR Wasserbomben Minen

Außer zu periodischen Torpedo- und Artillerieschießaufgaben waren die großen TS-Boote wiederholt zu Aufklärungseinsätzen in See. Mit der zuverlässigen Erfüllung dieser Aufgaben leisteten die Besatzungen einen wichtigen Beitrag zur lückenlosen Information über Bewegungen von NATO-Schiffskräften im Ostseeraum.

Daß die neue Generation von TS-Boot-Fahrern auch die Traditionen der alten »183er« in Sachen Mut und Ein-

Abschuß zweier Übungstorpedos

satzbereitschaft übernommen hatte, bewies das Maschinenpersonal des Bootes FIETE SCHULZE. Während eines Übungsangriffes geriet der Abgaskompensator einer Hauptmaschine in Brand. Da der überstürzte Einsatz von Löschmitteln an der heißen Maschine möglicherweise noch andere Störungen nach sich gezogen hätte, erstickten die Genossen den Brandherd kurzerhand mit einer Decke. Der beschädigte Kompensator wurde anschließend in Rekordzeit gewechselt, so daß das Boot weiterhin am Torpedoausbildungsabschnitt teilnehmen konnte. Ein Zeugnis des perfekten Beherrschens ihres Artilleriesystems legte die Besatzung des TS-Boots ERNST GRUBE ab. Sie belegte 1983 unter schwierigen meteorologischen Bedingungen den zweiten Platz im Artillerieschießen um den Pokal des Stellvertreters des Ministers und Chefs der Volksmarine.

Wiederholt wurden die großen TS-Boote auch als Führerboote für LTS- bzw. KTS-Boots-Einheiten eingesetzt. 17 Jahre im Dienst der Flotte bewiesen, daß auf die TS-Boote und vor allem auf ihre Besatzungskollektive immer Verlaß war und ist.

Hohlstab, Scherdrachen und Schneidgreifer

Eine besondere Aufmerksamkeit widmete die Volksmarine der ständigen Weiterentwicklung ihrer Minenabwehrkräfte. In den Minenarsenalen der NATO-Flotten lagerten und lagern Tausende, ständig verbesserte Kontakt- und Fernzündungsminen unterschiedlichster Zündsysteme, für deren Einsatz in sogenannten »Angriffsminensperren« präzise Befehle bereit liegen. So stehen in der dänischen Kriegsmarine vier große Minenleger des Typs »Falster« (N 80-83) im Dienst, von denen jedes Schiff 400 Minen transportieren und verlegen kann. Zwei Neubauten des Typs »Lindormen« haben trotz ihrer geringeren Größe ebenfalls eine erhebliche Minenkapazität. Die Bundesmarine der BRD erhielt 1958 von den USA fünf Panzerlandungsschiffe vom Typ LST(2), von denen die BRD drei zu Minenlegern mit einer jeweiligen Gleislänge von 800 m und einer Wurfkapazität von etwa 400 Minen umbaute. Ab 1966 begann auf der BRD-Werft Blohm & Voß in Hamburg der Bau von zwei speziellen Minentransportern des Typs »Sachsenwald«, die nach einem »Hilfsschiffprogramm« von 1959 entwickelt wurden und natürlich Minen nicht nur transportieren, sondern auch verlegen können. Auf sechs Gleissträngen können diese 110 m langen Schiffe mehrere hundert Minen in großer Dichte werfen. Schließlich sind nahezu alle Kampfschiffe der NATO-Ostseeflotten, einschließlich der Schnellboote und Tender, zum Minenlegen eingerichtet. Speziell für die U-Boote der Bundesmarine, die auch Minen aus den acht Bugtorpedorohren verlegen können, wurde eine satteltaschenähnliche Minentransporteinrichtung entwickelt, mit der jedes U-Boot zusätzlich 24 Minen mitführen und in Unterwasserfahrt verlegen kann. Darüber hinaus können Seeminen nach wie vor von Flugzeugen und Hubschraubern der Marinefliegerkräfte verlegt werden.

Zur Modernisierung der Minenabwehrkräfte der Volksmarine begann ab 1965 der Bau einer Serie neuer Minensuchfahrzeuge. Die damals als Minensuch- und -räumschiffe (MSR) klassifizierten Fahrzeuge sollten mit verschiedenen Räumgerätestells die Minenabwehr sowohl im Küstenvorfeld als auch auf hoher See gewährleisten. Ein »Null-Schiff« legte im Dezember 1965 die Peenewerft in Wolgast auf Kiel.

Der Schiffskörper, ein Glattdecker, wurde nach der Längsspantenbauweise in vollgeschweißter Ausführung gefertigt. Die Hauptabmessungen waren mit L/B/T = 47,25/6,60/1,91 m festgelegt, womit das Schiff eine Vollverdrängung von 283 t erreichte. Als Antriebsmaschinen waren bei diesem Objekt noch zwei 12-Zylinder-V-Motoren vom Typ 12 KVD 20/21 A mit je 992 kW Leistung eingebaut. An Artilleriebewaffnung hatte das Schiff vorerst eine 25-mm-Doppellafette 2-M-3 auf dem Vorschiff.

Das »Null-Schiff« lief am 6. Juni 1968 vom Stapel und wurde am 30. Dezem-

Küsten-Minenabwehrschiff

S 24

Torpedofangboot LIBBEN während der Ausbildung mit TS-Booten

Ein Hochsee-Minenabwehrschiff als Schulfahrzeug
MAW-Schiff mit ausgebrachtem Räumgerät

ber desselben Jahres in Dienst gestellt. Noch während der technischen Erprobung des ersten Schiffes begann der Bau der Serienschiffe nach einem bereits überarbeiteten Projekt. Die Schiffe wiesen nochmals veränderte Hauptabmessungen auf. Die Hauptantriebsanlage besteht bei den Serienschiffen aus zwei sowjetischen 12-Zylinder-Zweitakt-V-Motoren, die auf moderne Verstellpropeller gekuppelt sind. Die rationell gestalteten Aufbauten beherbergen den Hauptbefehlsstand mit Fahrstand »Brücke innen« und »Brükke außen«, die Mannschaftsmesse, die Kombüse sowie verschiedene andere technische Räume. Das lange Arbeitsdeck ist nach achtern mit einem festen Schanzkleid versehen. Hier waren die schwere Räumwinde montiert und die verschiedenen Räumausrüstungen gestaut. Die 25-mm-Doppellafette ist wie beim »Null-Schiff« auf dem Vorschiff installiert. Die letzten Schiffe (Minenabwehrschiffe)* dieser Bauausführung wurden 1970 in Dienst gestellt.

Ebenfalls 1970 begann der Bau einer 2. Serie dieses Schiffstyps, bei der die Hauptabmessungen nochmals vergrößert wurden. Es konnten die Unterbringungsmöglichkeiten verschiedener technischer Ausrüstungen verbessert und die Artilleriebewaffnung durch zwei zusätzlich auf dem Bootsdeck aufgestellte 25-mm-Doppellafetten verstärkt werden. Für die zwei mit sehr ähnlicher Silhouette, aber mit unterschiedlicher Länge gefertigten Schiffsserien bürgerte sich damals bald die inoffizielle Bezeichnung »MSR-kurz« und »MSR-lang« ein.

Die in Dienst gestellten MAW-Schiffe beider Bauausführungen erhielten Schiffsnamen nach Kreisstädten der DDR. Alle Besatzungskollektive nahmen im Verlaufe der Zeit Verbindung zu »ihren« Kreisstädten auf, mit denen sie Patenschaftsverträge zur gegenseitigen Unterstützung der FDJ- und Kulturarbeit abschlossen. Nicht selten empfangen die Besatzungen Gäste ihrer Patenstadt, die ihrerseits Delegationen der Besatzungen einladen.

* Bezeichnung nach der 1985 eingeführten Klassifizierung

Der größte Teil der kurzen MAW-Schiffe wurde der Grenzbrigade-Küste übergeben, wo sie zur Grenzsicherung fahren. Die langen MAW-Schiffe dagegen sind in der Volksmarine in Sicherungseinheiten zur Minenabwehr im Einsatz. Wie auch auf anderen Kampfschiffen zeichnen für den sicheren nautischen und technischen Einsatz der Schiffe das GA I- und GA V-Personal verantwortlich, beim Minenräumeinsatz allerdings sind die Sperrmaate und Sperrgasten des GA III die Hauptakteure des Geschehens. Ihre Kenntnisse und praktischen Fertigkeiten, verbunden mit einer gehörigen Kondition, entscheiden mit, wie präzis eine befohlene Räumaufgabe erfüllt wird. Trotz mechanischer Hilfsmittel – die Schiffe verfügen am Heck über kleine hydraulische Lastaufnahmemittel – ist das Ausbringen und Einholen der verschiedenen Minenräumgeräte stets mit hohem körperlichem Einsatz verbunden. Als Minenräumgeräte kommen verschiedene Ausführungen zum Räumen von Kontakt- und Fernzündungsminen zum Einsatz, darunter auch sogenannte Hohlstäbe (gegen magnetische Fernzündungsminen) so-

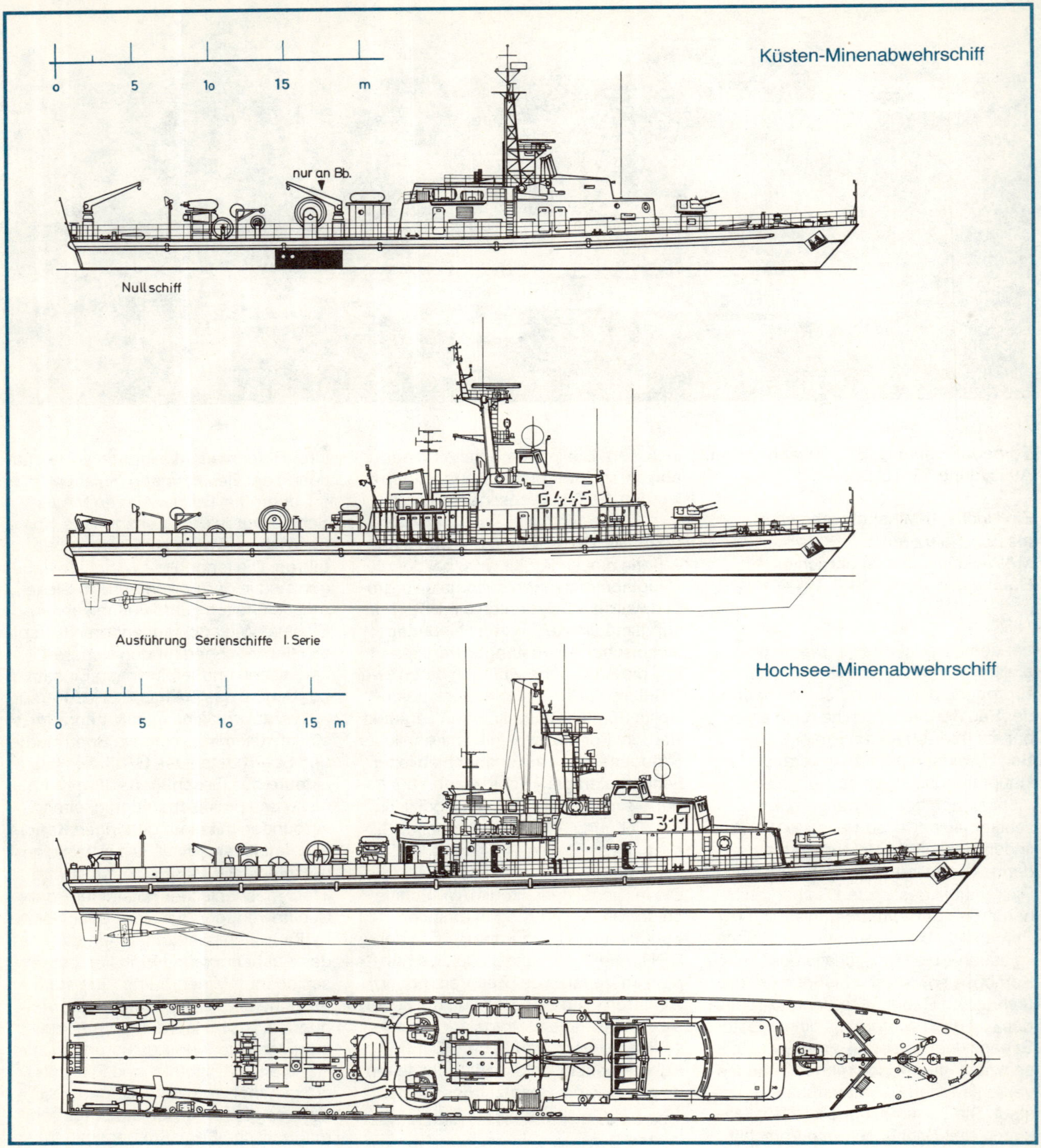
Küsten-Minenabwehrschiff
0 5 1o 15 m
nur an Bb.
Nullschiff
Ausführung Serienschiffe I. Serie
Hochsee-Minenabwehrschiff
0 5 1o 15 m

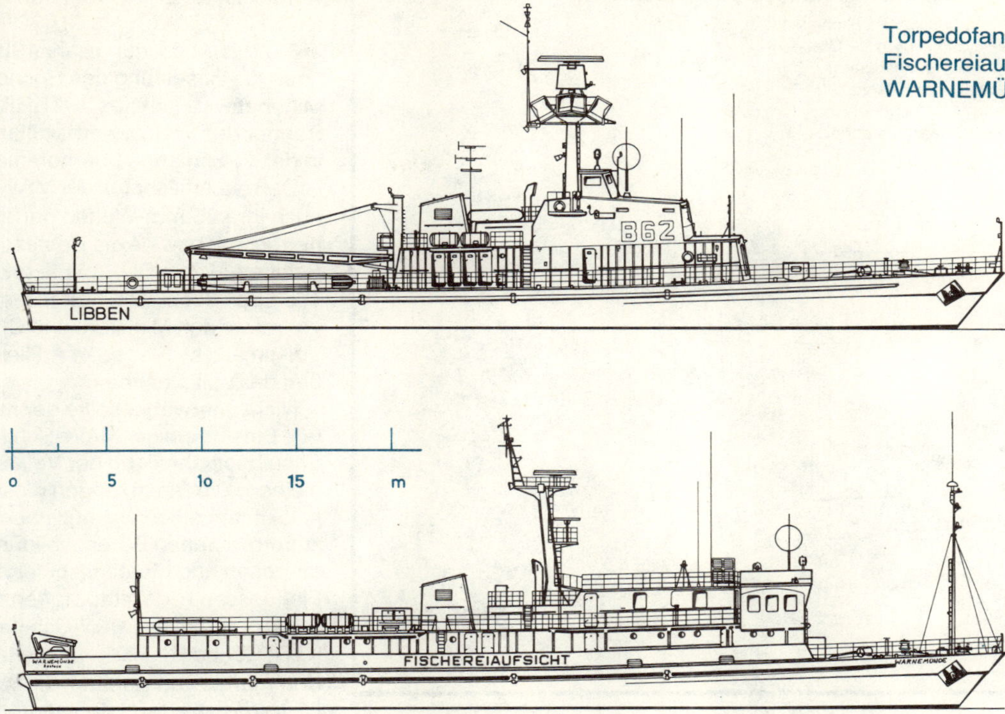

Torpedofangboot oben,
Fischereiaufsichtsschiff
WARNEMÜNDE unten

Technische Angaben	Küsten-Minenabwehrschiff	Hochsee-Minenabwehrschiff
Verdrängung, Standard:	327 t	414 t
Länge ü. a.:	52,0 m	56,73 m
Breite auf Spant:	6,7 m	7,50 m
Tiefgang:	2,4 m	2,35 m
Antrieb:	2 DM »40 DM«	2 DM »40 DM«
Leistung:	2942 kW	2942 kW
Bewaffnung:	2 × 25 mm Minen	6 × 25 mm Minen

wie akustische Räumgeräte. Die ehemalige Bezeichnung »Minensuch- und -räumschiff« hatte dieser Typ u. a. auch erhalten, weil er mit einer hydroakustischen Station zum Minenorten ausgerüstet ist.
Nach der bewährten Konstruktion dieses Projektes wurden auch einige Fahrzeuge gebaut, die als Modifikation mit einer veränderten Ausrüstung für andere Aufgaben zum Einsatz kommen. So unter anderem zwei Torpedofangboote, die am 30. März 1971 in Dienst gestellt wurden. Später erhielten diese Boote die Namen LIBBEN und STRELASUND. Durch eine besondere Mastkonstruktion mit einem großen Radar-Reflektor ausgerüstet, können diese Fahrzeuge auch als Zielschiffe zum Training von Torpedo- und Raketenangriffen eingesetzt werden. Zum Aufnehmen verschossener Übungstorpedos haben die Boote im Achterschiff eine Heckaufschleppe, über die mit einer Winde die Torpedos an Deck gezogen werden können. Zur Torpedoübernahme und -abgabe steht außerdem hinter den Aufbauten ein hydraulischer Bordwippkran.

Als weitere artverwandte Fahrzeuge wurden die zwei Vermessungsschiffe KOMET und METEOR gebaut. Ebenfalls noch zu den MAW-Schiffen gehören vom Grundprojekt her die Motoryacht OSTSEELAND sowie das Vermessungsschiff des SHD CARL FR. GAUSS, die im weiteren noch näher besprochen werden.

Bestandteile eines Minenräumgerätes für Ankertauminen

1 – Räumwinsch; 2 – Zugmesser; 3 – Sliphaken; 4 – Leinenklemme; 5 – Räumleinen; 6 – Drachenleine; 7 – Kreuzplatte (Verbindungsplatte); 8 – Tiefenscherdrachen; 9 – Wirbelschäkel; 10 – Räumleinenstander; 11 – Schneidapparat; 12 – Scherdrachen; 13 – Schwimmstander; 14 – Schwimmkörper

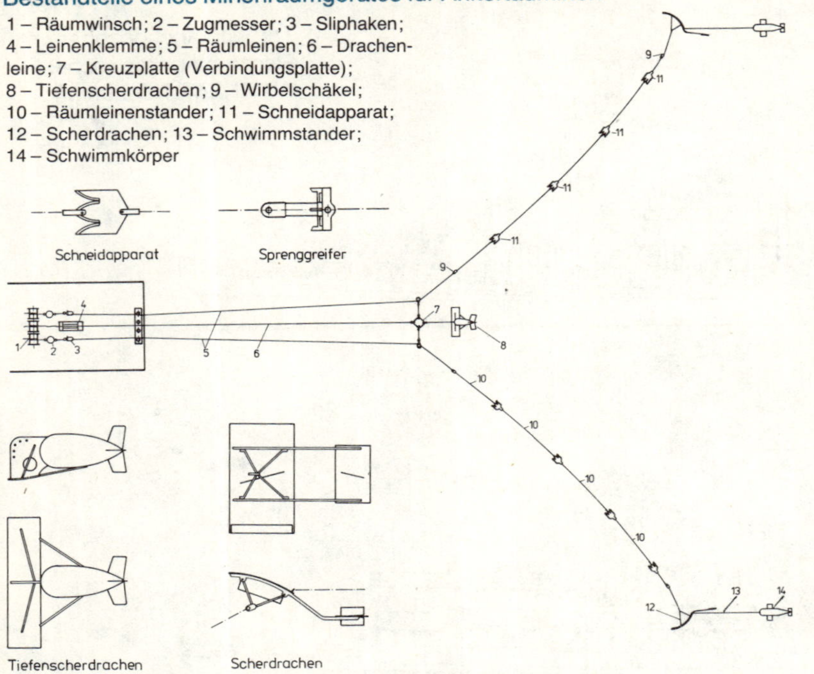

Eine Reihe herausragender Leistungen und Aktivitäten der MAW-Schiffs-Besatzungen sind inzwischen in die Tradition der Volksmarine eingegangen, wozu u. a. auch die vorbildliche Erfüllung des Vorpostendienstes gehört. Das MAW-Schiff GREIFSWALD machte von sich reden, als es nach Abschluß des Manövers »Waffenbrüderschaft 70« alle Besatzungen und Einheiten der Volksmarine aus Anlaß des 25. Jahrestages der Gründung der SED aufrief, sich der Aktion »Salut 25 – jederzeit gefechtsbereit« anzuschließen. Ebenfalls zur Tradition der MAW-Schiffe zählt die wiederholte Teilnahme am Treffen von Kampfschiffen der verbündeten Ostseeflotten anläßlich der jährlich stattfindenden Haffwoche in Ueckermünde. Bei diesem Volksfest, zu dem das Patenschiff UECKERMÜNDE natürlich besonders herzlich begrüßt wird, kommt es zu freundschaftlichen Begegnungen der teilnehmenden Besatzungen auch mit der Bevölkerung und Tausenden Urlaubern der Stadt am Kleinen Oderhaff.

Zu einem besonderen Höhepunkt gestaltete sich für die Besatzungen der MAW-Schiffe STRALSUND, ANKLAM und KAMENZ Anfang August 1976 der Flottenbesuch in der finnischen Hauptstadt Helsinki. Durch ihr korrektes und vorbildliches Auftreten im Katajanokka-Hafen und bei Stadtbesichtigungen leisteten die beteiligten Besatzungen einen nicht unwesentlichen Beitrag zur Festigung der freundschaftlichen Beziehungen zwischen der DDR und der Republik Finnland.

Ende 1977 rief die Besatzung des MAW-Schiffes TANGERHÜTTE unter der Losung »Soldatenbekenntnis 78! Für unser sozialistisches Vaterland – wachsam und gefechtsbereit!« alle Armeeangehörigen der NVA zum sozialistischen Wettbewerb im Ausbildungsjahr 1977/78 auf. Die Besatzung des Schiffes bewährte sich als Wettbewerbsinitiator und errang den Bestentitel.

Für das Ausbildungsjahr 1986/87 hatte die Besatzung des Hochsee-Minenabwehrschiffes JÜTERBOG das Banner des Wettbewerbsinitiators in der Volksmarine übernommen.

Daß die Artilleristen der MAW-Schiffe auch ihre 25-mm-Waffen perfekt beherrschen, bewies die Besatzung des Schiffes ALTENBURG. Sie erkämpfte 1983 den begehrten Pokal des Stellvertreters des Ministers und Chefs der Volksmarine »Sieger im Artillerieschießen der Volksmarine«.

Nicht unerwähnt sollte der mehrjährige Einsatz einiger MAW-Schiffe in der Schulbootsabteilung der Volksmarine bleiben. Die Besatzungen dieser Schiffe leisteten einen wesentlichen Beitrag zur praxisnahen Bordausbildung der Matrosen und Maatenschüler an der Flottenschule »Walter Steffens«.

1985 liefen die MAW-Schiffe RIESA, KYRITZ und RATHENOW unter dem Kommando von Kapitän zur See *Dr. Karnowka* die Hafenstädte Stockholm und Helsinki an.

Zwischenzeitlich haben auch zwei MAW-Schiffe die Flagge gewechselt. Ein Schiff wurde am 19. August 1977 ohne Bewaffnung der GST übergeben und nach einem Umbau in der Neptunwerft als Motorschulschiff ERNST THÄLMANN an der Marineschule der GST »August Lütgens« in Greifswald wieder in Dienst gestellt. Das zweite Schiff ging an das Fischereiaufsichtsamt der DDR und versieht nach einem Umbau als Fischereiaufsichtsschiff WARNEMÜNDE mit Heimathafen Rostock seinen Dienst.

Die Ausrüstungen der MAW-Schiffe wurden im Verlaufe ihrer Indiensthaltung modernisiert. Durch eine gewissenhafte Wartung, verbunden mit Maßnahmen zur planmäßigen Instandsetzung, schaffen die Besatzungen und die beteiligten Werften alle Vorraussetzungen zur Aufrechterhaltung einer ständigen Gefechtsbereitschaft.

Schiffe im Grenzdienst

Zur unmittelbaren Sicherung der Staatsgrenze Nord (Küste) der DDR wurde auf Grundlage eines Ministerratsbeschlusses vom 7. Januar 1950 die Grenzpolizei gebildet. Die formierten Einheiten mit jungen Freiwilligen hatten ab 1. April 1950 bereit zu sein, im Zusammenwirken mit sowjetischen Einheiten den Schutz der Staatsgrenze im Küstenbereich zu gewährleisten.

Am 12. Mai 1950 erließ dazu der damalige Chef der Deutschen Volkspolizei vorläufige Festlegungen über die Hoheitsgewässer der DDR mit einer Ausdehnung von drei Seemeilen (Dreimeilenzone) bis zur endgültigen Regelung durch eine Verordnung der Regierung der DDR.

Zur Erfüllung ihrer Aufgaben erhielt die Grenzpolizei ab 1950 nacheinander 14 sogenannte Streckenboote und neun Hafenboote. Ebenfalls 1950 begann der VEB Yachtwerft Berlin schnelle Kontrollboote zu bauen, von denen 16 Fahrzeuge bis 1951 übergeben wurden. Diese auch als »S-Boote« bezeichneten Fahrzeuge waren flachbordige Motorboote mit Fahrraum und Plicht. Auf dem Vorschiff konnte in einem Stegpivot das schwere MG »Maxim« montiert werden. Angetrieben wurden die Boote durch einen »Maybach«-Motor mit 220 kW Leistung, womit sie eine Geschwindigkeit von 20 sm/h erreichten. Dazu kamen zwei ältere, zu Grenzkuttern umgebaute Fischkutter aus Holz. Die Landeinheiten der Grenzpolizei im Küstengebiet bekamen aufgrund der Länge der Grenzabschnitte und der noch fehlenden Transportmittel 150 »Dienst-Reitpferde« zugeführt.

Eine wesentliche Verbesserung der Aufgabenerfüllung erbrachten die am 15. Juni 1952 an die Deutsche Grenzpolizei übergebenen acht KS-Boote, darunter das erste von der Yachtwerft Berlin gebaute Boot mit der Bau-Nr. »50/1« (G 121). Diese ersten KS-Boote erhielten die Bord-Nr. G 111, G 112, G 121, G 122, G 131, G 132, G 141, G 142.

1954 kamen zwei weitere, nach dem Projekt »Zollkreuzer« gebaute Fahrzeuge hinzu. Als Antriebsmaschinen hatten sie ehemalige französische Panzermotoren. Diese Boote mit einer Wasserverdrängung von etwa 65 t waren ebenfalls mit einem MG »Maxim« bewaffnet und bildeten die Vorläufer der späteren Reedeschutzboote des Typs »Delphin«.

Grenzkontrollboot, auch »S-Boot« genannt, im Einsatz – 1951

KS-Boot der damaligen Deutschen Grenzpolizei in der Urversion mit offener Brücke und »Flak-38« – 1952

Am 20. September 1955 schlossen die UdSSR und die DDR einen Staatsvertrag ab, der der Deutschen Demokratischen Republik die volle Verantwortung für die allseitige Bewachung und Kontrolle ihrer Grenze übertrug. Die Beschaffenheit der Küste der DDR mit einer Gesamtlänge von 1470 km (davon sind 340 km Außenküste und 1130 km Bodden- und Haffküste), den ausgedehnten Buchten, Bodden, Inseln und Halbinseln erforderte von den land- und seeseitigen Grenzeinheiten erhöhte Anstrengungen zum zuverlässigen Schutz der Staatsgrenze. Zur Verbesserung der Führung und der Organisation des Grenzschutzes wurde ab 1957 die Grenzbrigade gebildet. Deren schwimmende Einheiten erhielten durch die Übergabe von zwölf ehemaligen Reedeschutzbooten Typ »Delphin« der Seestreitkräfte weitere Verstärkung. Alle Strecken- und Kurierboote wurden bis zu diesem Zeitraum außer Dienst gestellt und abgebrochen bzw. anderen Bedarfsträgern übergeben. Bis 1962 übernahm die Grenzbrigade weitere zwölf KS-Boote, so daß insgesamt 20 Fahrzeuge dieses Typs zur Verfügung standen. Ab 1. Februar 1962 erhielten die Boote der Grenzeinheiten eine neue Dienstflagge und die Angehörigen der Grenzbrigade Mützenbänder mit der Aufschrift »Grenzbrigade Küste«. Bis Jahresende 1962 übernahm die Grenzbrigade-Küste dann auch die zwölf ehemaligen Reedeschutzboote des Typs »Tümmler«.

In Würdigung der bisherigen Leistungen beim zuverlässigen Schutz der Staatsgrenze der DDR wurde auf Beschluß des Ministerrates der DDR der Grenzbrigade-Küste am 1. März 1963 die Truppenfahne verliehen. In einem Tagesbefehl würdigte der Minister für Nationale Verteidigung, Armeegeneral *Heinz Hoffmann*, die hohe Einsatzbereitschaft der Angehörigen der Grenzbrigade-Küste und sprach die Erwartung aus, daß alle Einheiten auch weiterhin ihre ganze Kraft zum Schutz der sozialistischen Errungenschaften der DDR einsetzen. Zum Andenken an die revolutionären Traditionen der deutschen Arbeiterklasse wurde der Kaserne des Stabes der Grenzbrigade-Küste am 7. Oktober 1964 der Name »Fiete Schulze« verliehen. Dies war zugleich eine Würdigung des kampferfüllten Lebens des Hamburger Arbeiterfunktionärs, der zusammen mit *Ernst Thälmann* 1920 der KPD beigetreten war. Nazi-Schergen verurteilten ihn 1935 nach zweijähriger Untersuchungshaft zum Tode und richteten ihn hin.
Wie bereits erwähnt, erhielt die Grenz-

brigade-Küste zwei der TS-Boote des Typs »Forelle« am 13. August 1963. Diese Boote ohne Torpedobewaffnung nutzte sie bis zu ihrer Außerdienststellung am 10. Oktober 1965 als Grenzsicherungsfahrzeuge. Auch neun ehemalige R-Boote des Typs »Schwalbe« befanden sich von 1964 bis 1971 im Bestand der Grenzbrigade-Küste. Am 27. August 1965 übernahm die Grenzbrigade außerdem sieben 21-Meter-Kutter des Typs »SAS«. Diese ehemaligen Stahl-Fischkutter wurden 1967 modernisiert und umgebaut. Sie erhielten u. a. eine Funkmeßanlage KSA 5 und neue Funkgeräte. Als äußerst robuste Fahrzeuge stehen diese Kutter seit mehr als 20 Jahren im Grenzdienst.

Modernisiertes KS-Boot der Grenzbrigade-Küste

Von 1965 bis 1967 übergab die Volksmarine auch zwölf der ehemaligen U-Jäger vom Projekt »201 M« der Grenzbrigade-Küste.

Hinzu kamen am 18. Oktober 1968 drei ehemalige TS-Boote des Projektes »183«, die, ebenfalls ohne Torpedobewaffnung, mit geschlossenem Brükkenfahrstand und geringfügig umgebaut, als schnelle Grenzboote eingesetzt wurden.

KS-Boot als Grenzsicherungsfahrzeug

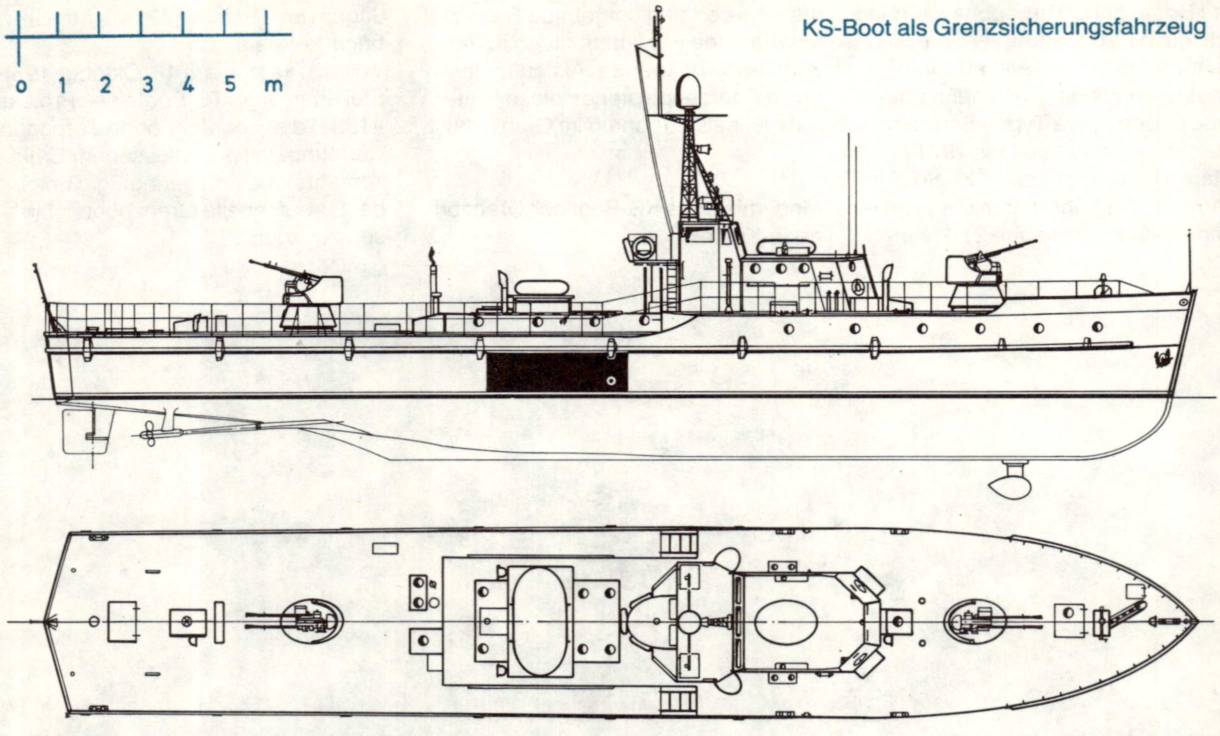

Grenzfahrzeug Typ »SAS«-Kutter

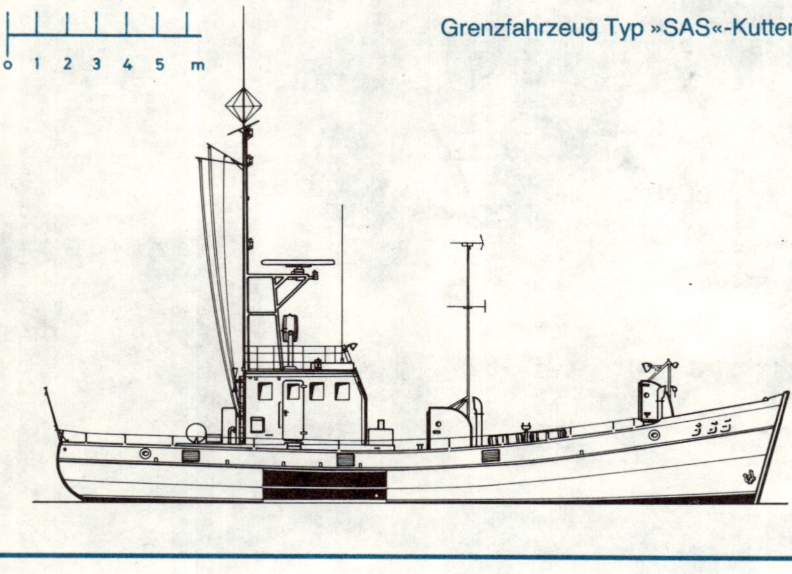

Technische Angaben	Kutter »SAS«
Verdrängung, voll:	90 t
Länge ü. a.:	21,0 m
Breite auf Spant:	5,5 m
Antrieb:	1 DM »4 NVD 36«
Leistung:	110 kW
Geschwindigkeit:	11 sm/h

Ein »Delphin« als Grenzsicherungsfahrzeug – 1963
Ein U-Boot-Jäger »201 M« der Grenzbrigade-Küste

G-42

G64

Als Ersatz für die inzwischen außer Dienst gestellten Boote der Typen »Tümmler« und »Delphin« wurden ab 1971 zehn neuerbaute Grenzboote des Projektes »GB-23« zugeführt. Die im VEB Yachtwerft Berlin gebauten Boote waren aus Stahl in Querspantbauweise und das aufgesetzte Deckshaus aus Leichtmetall hergestellt. Die Hauptantriebsmaschinen sind 6-Zylinder-Viertakt-Dieselmotoren. Die letzten drei Boote dieses Projektes nahmen am 24. März 1972 ihren Dienst auf.
Ab 1971 übernahm die Grenzbrigade-Küste auch den Großteil der »MSR-kurz«. Mit der »Zweiten Durchführungsverordnung« zum Gesetz über die Staatsgrenze der DDR (Grenzverordnung) erweiterte die DDR mit Wirkung vom 1. Januar 1985 ihre Territorialgewässer, bis auf einige besondere Festlegungen, auf zwölf Seemeilen, woraus neue Aufgaben für die Grenzsicherungsorgane der DDR erwachsen. Im engen Zusammenwirken mit den Kräften der Volksmarine gewährleisten die Angehörigen der Grenzbrigade-Küste mit hoher Einsatzbereitschaft die Sicherung und den Schutz der Seegrenze der DDR. 1985 wurde der Brigade der Ehrenname »Fiete Schulze« verliehen und damit der 1935 von den Faschisten ermordete KPD-Funktionär geehrt.

Grenzfahrzeug »SAS«-Kutter in einem Stützpunkt
Grenzboot Projekt »GB-23« ▶

Technische Angaben	**Grenzboot »GB-23«**
Länge ü. a.:	23,13 m
Länge zwischen den Loten:	20,97 m
Breite auf Spant:	4,58 m
Tiefgang:	1,50 m
Antrieb:	2 DM »6 VD 18/15«
Leistung:	365 kW

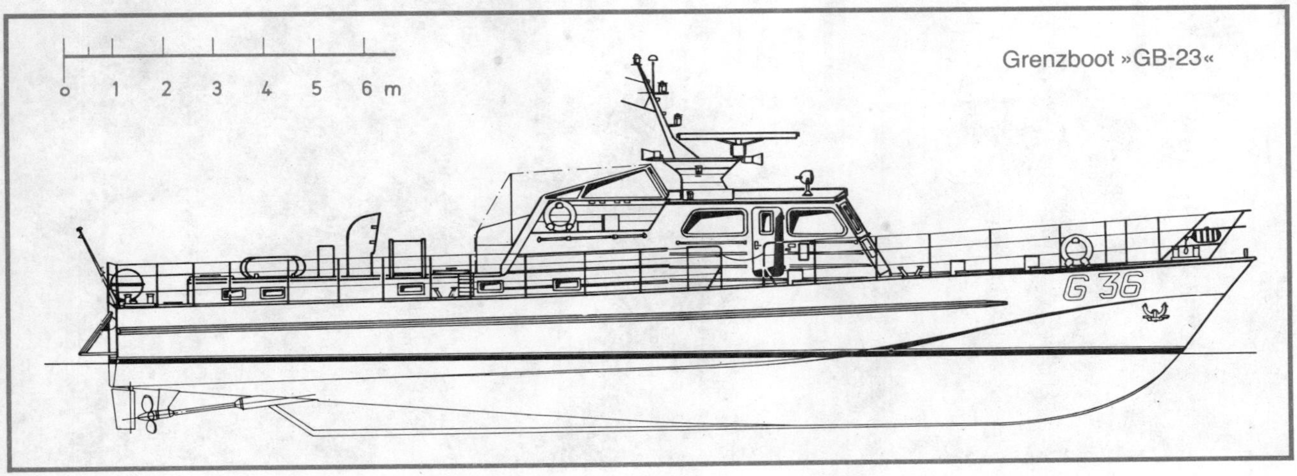

Grenzboot »GB-23«

Die grundlegende Erhöhung der Kampfkraft und Gefechtsbereitschaft der Volksmarine

An der Schwelle eines neuen Jahrzehnts, im Juni 1971, fand der VIII. Parteitag der SED statt. Die Parteitagsdelegierten zogen kritisch Bilanz und beschlossen die Strategie und Taktik zur Gestaltung der entwickelten sozialistischen Gesellschaft in der DDR, formulierten die Hauptaufgabe und das sozialpolitische Programm. Auf dem Parteitag wurde hervorgehoben, daß die DDR für alle Zeiten ein fester, unverrückbarer Bestandteil der sozialistischen Staatengemeinschaft ist und es wurde die unlösliche Verbundenheit mit der Sowjetunion als Grundbedingung für die Verwirklichung der Lebensinteressen der Arbeiterklasse und aller Werktätigen bekräftigt. Die Gestaltung der entwickelten sozialistischen Gesellschaft in der DDR und das Erfordernis des sicheren bewaffneten Schutzes stellten höhere Ansprüche an die führende Rolle der Arbeiterpartei, an die Initiative und Verantwortung

Genosse *Erich Honecker* besucht am 21. Juli 1971 Einheiten der Volksmarine

jedes einzelnen Bürgers in Zivil und Uniform.

Die internationale Lage jener Zeit verlangte in der Wachsamkeit gegenüber den Umtrieben des internationalen Imperialismus nicht nachzulassen. Die Friedensoffensive der UdSSR und der anderen Staaten der sozialistischen Gemeinschaft leitete zwar eine gewisse Entspannung in den Beziehungen zwischen Staaten unterschiedlicher Gesellschaftsordnung ein, nichtsdestoweniger hielten reaktionäre Kreise in den imperialistischen Ländern unvermindert an einer aggressiven, antikommunistischen und antisowjetischen Politik fest.

Der Imperialismus zog alle Register der psychologischen Kriegführung und der antikommunistischen Beeinflussung. Er verstärkte den wissenschaftlich-technischen Aufwand zum Ausbau seines Offensivpotentials. Die Bundeswehr der BRD setzte die Ende der 60er Jahre eingeleitete Reorganisation fort, um den Übergang von der Friedens- zur Kriegsstruktur zu vereinfachen. Durch Kriegsübungen der NATO in unmittelbarer Nähe der Grenzen der sozialistischen Länder entstanden mehrfach gefährliche Situationen.

Wenn in den ersten zehn Monaten des Jahres 1970 360 Schiffe und Boote von NATO-Flotten bei Handlungen in den Operationszonen der verbündeten Ostseeflotten festgestellt wurden, so waren es im Vergleichszeitraum des Jahres 1971 bereits 440 Einheiten. Die weitere Eskalation des NATO-Kriegschiffeinsatzes in der Ostsee zeigte sich schließlich u. a. in der Tatsache, daß vom Dezember 1974 bis einschließlich November 1975 1518 Flugzeuge und 610 Schiffseinheiten zu

Delegiertenkonferenz der Parteiorganisationen der Volksmarine zur Vorbereitung des VIII. Parteitages der SED

Mit ausgetauschten Mützen – ein Erinnerungsfoto der Waffenbrüder

Aufklärungs- und Ausbildungsmaßnahmen sowie bei Übungen bzw. Manövern über und auf dem Ostseeschauplatz handelten.

Angesichts der weiter zunehmenden Aggressivität des Imperialismus, der mit allen Mitteln das sich herausbildende militärstrategische Gleichgewicht zwischen den USA und der UdSSR, zwischen der NATO und den Staaten des Warschauer Vertrages beseitigen und die Lage zu seinen Gunsten zu verändern trachtete, beschloß der VIII. Parteitag der SED, die Landesverteidigung planmäßig zu vervollkommnen. Er betonte, jeder Fortschritt zugunsten des Sozialismus hinge von der Geschlossenheit und militärischen Macht des sozialistischen Bündnisses ab. Es galt, klassenbewußte Kämpfer zu erziehen, die das sozialistische Militärwesen meistern, die moderne Schiffe und Boote, Nachrichten-, Führungs-, Waffen- und Versorgungstechnik beherrschen können.

Unter der Losung »Was der VIII. Parteitag beschloß, wird sein« unternahmen die Volksmarine-Angehörigen große Anstrengungen, um ihren spezifischen Beitrag zur Vervollkommnung der Landesverteidigung zu leisten und den gestellten militärischen Aufgaben gerecht zu werden. Das bewiesen sie in den Folgejahren nicht nur im täglichen Gefechtsdienst, sondern besonders auch bei solchen Übungen wie »Val 74«, »Val 77« und »Waffenbrüderschaft 80«.

Der IX. Parteitag der SED (18. bis 22. Mai 1976) präzisierte den militärischen Klassenauftrag. Er orientierte besonders auf die Notwendigkeit einer noch engeren und festeren Waffenbrüderschaft mit der ruhmreichen Sowjetarmee. Der NVA wurde u. a. die Aufgabe des Schutzes des Festlandsockels und der Territorialgewässer der DDR gestellt. Eingeordnet in diesen Gesamtrahmen, erfüllte die Volksmarine ihren militärischen Klassenauftrag im Prozeß der weiteren Stärkung und Vereinheitlichung der verbündeten sozialistischen Ostseeflotten. Sie entsprach damit der von der Partei der Arbeiterklasse gegebenen Orientierung zur ständigen Stärkung der modernen sozialistischen Landesverteidigung. Dabei nutzte sie die Vorzüge, die sich aus der weiteren Gestaltung der entwickelten sozialistischen Gesellschaft in der DDR ergaben. Um die sozialistischen Ostseeanliegerstaaten zuverlässig militärisch zu schützen, gestalteten die verbündeten Flotten den gemeinsamen Gefechtsdienst noch wirksamer. Damit leistete die Volksmarine einen wichtigen Beitrag zur Erfüllung der Beschlüsse des VIII. und des IX. Parteitages der SED. Auch im Bereich der politisch-ideologischen Erziehung und der militärischen Ausbildung konnte die Volksmarine auf eine erfolgreiche Entwicklung verweisen.

Die Periode der 70er Jahre war für die Volksmarine auch gekennzeichnet durch die fortschreitende Einführung von elektronischen Mitteln vielfältiger Art und Bestimmung, der Methoden des funkelektronischen Kampfes sowie die schrittweise Einführung modernster Kampftechnik.

Die Volksmarine leistete ihren Beitrag dazu, daß die verbündeten sozialistischen Flotten in ihrer Verantwortungszone stets bereit und in der Lage waren, der verstärkten Angriffsfähigkeit der NATO-Flotten, insbesondere der BRD-Marine, mit der notwendigen Stärke und Entschlossenheit entgegenzutreten und ihnen die Aussichtslosigkeit seeseitiger Offensivhandlungen gegen die sozialistischen Ostseeanliegerstaaten unmißverständlich vor Augen zu führen.

Im Ergebnis der Anstrengungen der Angehörigen der Volksmarine wurde die personelle und technische Befähigung der Verbände, Truppenteile, Einheiten und Einrichtungen, eine höhere Stufe der Gefechtsbereitschaft in der befohlenen Zeit herzustellen, Gefechtsaufgaben unter schwierigen Lagebedingungen zu lösen und in der

Anflug eines »Starfighter« F 104 G der BRD-Marine auf MAW-Schiffe der Volksmarine

Ein sowjetisches Luftkissenfahrzeug landet Kräfte der Marineinfanterie der Baltischen Flotte an

Verantwortungszone der Volksmarine günstige operative Bedingungen aufrechtzuerhalten, stabilisiert und vervollkommnet.

Voller Stolz nahmen die Angehörigen der Volksmarine 1974 den Karl-Marx-Orden von der Partei- und Staatsführung als hohe Wertschätzung ihrer hervorragenden Leistungen entgegen.

Die verstärkte Zusammenarbeit der verbündeten sozialistischen Ostseeflotten wirkte sich auf alle Gebiete des militärischen und politischen Lebens aus. Das gab dem Stellvertreter des Ministers und Chef der Volksmarine, Admiral *Wilhelm Ehm*, auf der XI. Delegiertenkonferenz der Parteiorganisationen der SED in der NVA (14. und 15. Februar 1979) Anlaß zu sagen: »Wir können der Delegiertenkonferenz berichten, daß auch die Volksmarine ihren Beitrag zur Erfüllung des vom IX. Parteitag gestellten militärischen Klassenauftrags bisher ehrenvoll erbrachte. Unter der Führung der Partei der Arbeiterklasse wurden im engen Zusammenwirken mit Truppenteilen der anderen Teilstreitkräfte und in fester Waffenbrüderschaft mit der Baltischen Flotte der UdSSR und der Polnischen Seekriegsflotte die Seegrenze, das Küstenvorfeld und der Festlandsockel unserer Republik zuverlässig militärisch gesichert.«*

Die rückwärtigen Dienste der Volksmarine gewährleisteten stets die Sicherstellung der Schiffskräfte. Sie erreichten dies durch eine größere Komplexität und Mobilität und durch die weitestmögliche Ausdehnung der Handlungen der rückwärtigen Sicherstellung auf See. Dies zeigte sich u. a. zur Kommandostabsübung der rückwärtigen Dienste der Volksmarine »Oberlicht 76«.

Verstärkt nutzte die Volksmarine die Erkenntnisse der sowjetischen Seekriegsflotte. Dies schlug sich besonders auch im Inhalt der Vorschriften, Anleitungen und Instruktionen nieder.

Ein wesentlicher Beitrag zur Festigung der Waffenbrüderschaft und des Zusammengehörigkeitsbewußtseins waren zahlreiche gemeinsame politische und militärische Maßnahmen. Es sei hier u. a. die vielfältige Zusammenarbeit auf dem Gebiet der Ausbildung, bei Flotten- und Freundschaftsbesuchen und Navigationsbelehrungsfahrten erwähnt.

Ein Kriterium für den erreichten Stand der Stärkung und der weiteren Vereinheitlichung der verbündeten sozialistischen Ostseeflotten bildeten die von ihnen in den 70er Jahren durchgeführten gemeinsamen Übungen. Die bedeutendsten waren die Kommandostabsübung »Baltika 72« unter Leitung des Oberbefehlshabers der sowjetischen Seekriegsflotte, Flottenadmiral *S. G. Gorschkow*, die Kommandostabsübungen »Val 74« unter Leitung des Oberkommandierenden der Vereinten Streitkräfte der Teilnehmerstaaten des Warschauer Vertrages, Marschall der Sowjetunion *I. I. Jakubowski*, und »Val 77« unter Leitung des Oberkommandierenden der Streitkräfte der Teilnehmerstaaten des Warschauer Vertrages, Marschall der Sowjetunion *V. G. Kulikow*.

Die Ergebnisse zeigten anschaulich, daß die bewaffneten Kräfte der Teilnehmerstaaten in der Lage waren, unter allen Bedingungen in kürzester Zeit zu Kampfhandlungen überzugehen.

Zu einem Höhepunkt und einem bedeutsamen militärischen Examen wurde das gemeinsame Manöver »Waffenbrüderschaft 80«, das im September in der DDR und auf der Ostsee unter Leitung von Armeegeneral *Heinz Hoffmann* stattfand. An ihm nahmen zum zweiten Mal nach dem Manöver 1970 Streitkräfte aus allen sieben Teilnehmerstaaten des Warschauer Vertrages, darunter Schiffsverbände und Marinefliegerkräfte der Baltischen Flotte, der Seekriegsflotte der VR Polen und der Volksmarine, teil. Die Manöverhandlungen der verbündeten sozialistischen Ostseeflotten führte der Chef der Volksmarine, Admiral *Ehm*. Die Handlungen der Flottenkräfte in See waren in den Gesamtrahmen des gemeinsamen Handelns zur Abwehr der Aggression eines Gegners eingeordnet. Stoßkräfte »vernichteten« im Zusammenwirken mit Marinefliegern angreifende »gegnerische« Überwasserkräfte, U-Jagdschiffe bekämpften wirkungsvoll U-Boote, und Minenabwehrschiffe sicherten im Räumgebiet die Verbände. Erstmalig handelten dabei moderne Minenräum-Hubschrauber der Baltischen Flotte mit den Minenabwehrschiffen zusammen. Die Abwehr einer Seelandung des »Gegners« und besonders die Seelandung eigener Kräfte demonstrierten eindrucksvoll den erreichten hohen Grad des geschlossenen Handelns der teilnehmenden Land-, Luft- und Seestreitkräfte der Sowjetunion, der Volksrepublik Polen und der DDR. Erstmalig setzte dabei die Baltische Flotte im Manöver modernste Luftkissenschiffe ein.

Die Volksmarine der NVA stellte beim Manöver »Waffenbrüderschaft 80« unter Beweis, daß sie sich unter Führung der SED und in enger Zusammenarbeit mit den sozialistischen Bruderflotten in den 70er Jahren zu einer ausgewogenen Teilstreitkraft der NVA und zu einem anerkannten Partner der Baltischen Flotte der UdSSR und der Polnischen Seekriegsflotte entwickelt hatte.

* Parteiarbeiter, Sonderheft XI. Delegiertenkonferenz. Berlin, 1979, S. 77

Seeleute mit Pilotenhelm

Anfang der 70er Jahre wurde auf der Grundlage aller bisher mit den LTS-Booten gesammelten Erfahrungen mit dem Bau Kleiner Torpedoschnellboote (KTS-Boote) begonnen. Bei dem vom VEB Peenewerft Wolgast entwickelten Bootstyp sollten trotz größerer Hauptabmessungen die wichtigsten Kampfeigenschaften dieser kleinsten, aber auch schnellsten Torpedoträger der Volksmarine erhalten bleiben oder sogar noch verbessert werden. So entstand auf den Reißbrettern der Projektanten wiederum ein äußerst schnittiger Bootstyp, der mit einer leistungsstarken Antriebsanlage hohe Geschwindigkeiten, verbunden mit guten Manövriereigenschaften, gewährleistete. Der relativ flache Bootskörper sowie besondere konstruktive Maßnahmen erbrachten eine sehr geringe Reflexionsfläche, so daß die Boote durch Funkmeßstationen schwer auszumachen sind. Gegenüber den LTS-Booten konnten aufgrund der größeren Wasserverdrängung die wetterbedingten Einsatzkriterien (Wind/See) verbessert werden. Besondere schweißtechnische Verfahren gewährleisten darüber hinaus die erforderliche hohe Festigkeit besonders des hochbelasteten Vorschiffbereiches.

Nach dem Bau und der Erprobung einiger Versuchsboote durch die Peenewerft Wolgast wurde ab Frühjahr 1972 auf Beschluß des Kombinates Schiffbau die Serienfertigung der Bootskörper und einiger Ausrüstungen vom VEB Schiffswerft Rechlin übernommen. Rechliner Schiffbauer lernten in Wolgast die ersten Produktionserfahrungen kennen, so daß ab Ende 1972 bereits der Musterbau eingerichtet werden konnte. Anfang 1973 begann dann die Fertigung der ersten drei Bootskörper. Neben einer Reihe neuer Technologien mußte dem neu eingeführten WIG-Schweißverfahren besondere Aufmerksamkeit geschenkt werden, war doch für die Röntgenprüfungen der Schweißnähte nur die Note »sehr gut« zugelassen. Nachdem anfängliche Schwierigkeiten überwunden waren, gewährleisteten die Rechliner Schiffbauer den Serienbau der Bootskörper. Ihnen gebührt Dank und Anerkennung für die außergewöhnlichen Leistungen bei dem sicherlich nicht im-

KTS-Boot in voller Fahrt

KTS-Boot in Transportvariante

Kommandantenplatz in der Kanzel eines KTS-Bootes

mer einfachen Bau dieser Spezialfahrzeuge. Nach Überführung der Bootskörper auf dem Landweg rüstete der VEB Peenewerft Wolgast die Boote nach einem mit der Rechliner Werft abgestimmten Taktsystem aus.

Die Serienausführung der KTS-Boote (Torpedoschnellboot)* unterscheidet sich grundsätzlich von den früher gebauten Leichten Torpedoschnellbooten. Lediglich die Bootskörper sind nach den gleichen Grundsätzen gebaut: Leichtmetallausführung, vollgeschweißt und Gleitboot. Die Antriebs-

* Bezeichnung nach der 1985 eingeführten Klassifizierung

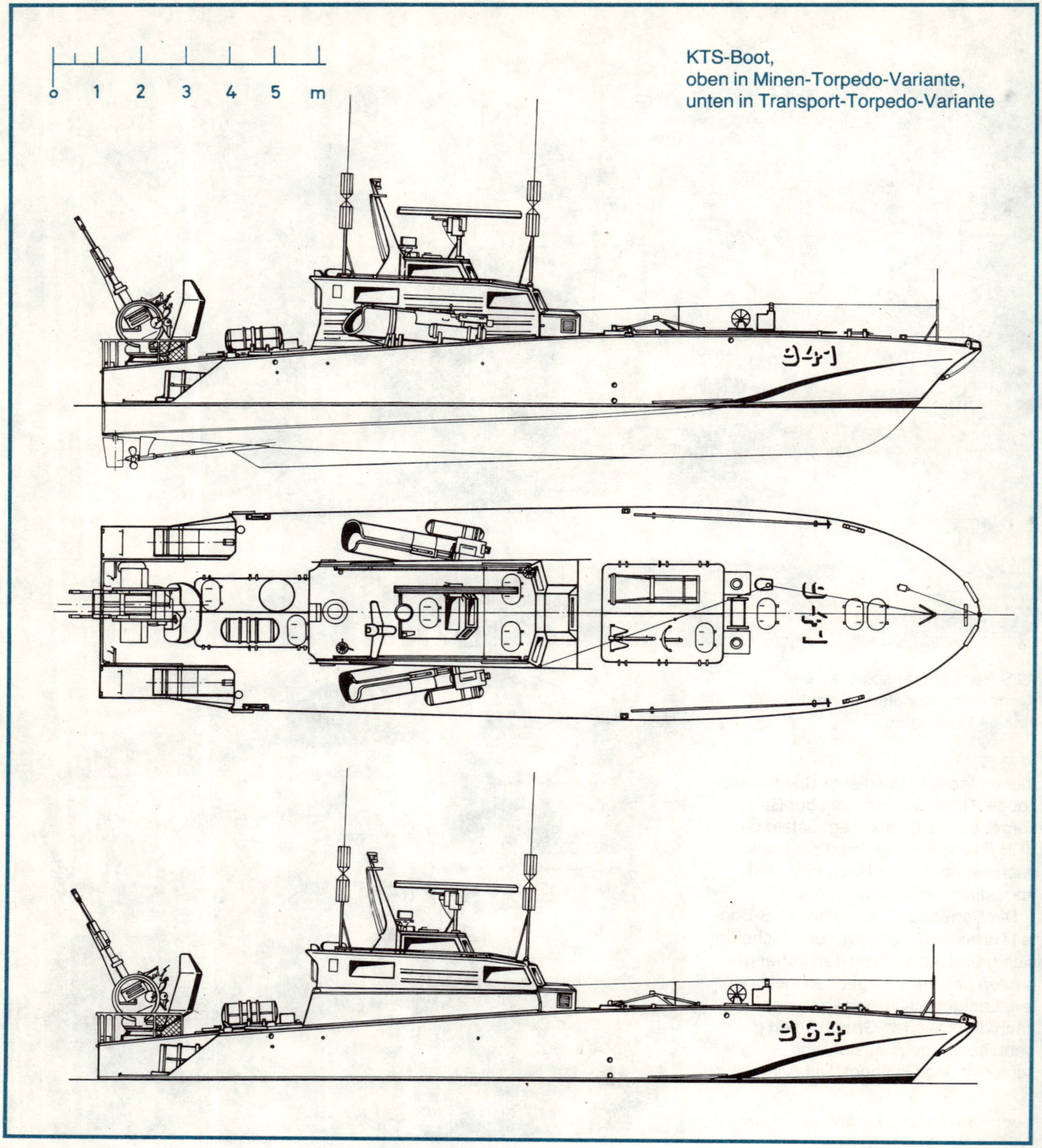

KTS-Boot,
oben in Minen-Torpedo-Variante,
unten in Transport-Torpedo-Variante

Technische Angaben	Kleines Torpedo-schnellboot
Verdrängung:	28 t
Länge ü. a.:	18,96 m
Breite:	4,50 m
Antrieb:	3 DM »M 50 F3« bis »7«
Leistung:	2647 kW
Bewaffnung:	2 × 533-mm-TR, 2 × 23-mm-Flak, Minen

anlage besteht aus drei bewährten sowjetischen Schnelläufer-Motoren. Zwei Motoren sind vor dem Aufbau und ein Motor dahinter im Bootskörper aufgestellt. Diese »Maschinenräume« sind über Luken oder über je zwei große Montageklappen zugänglich. Die beiden Torpedorohre sind in den Bootskörper eingebaut; lediglich der hintere Teil ist in den seitlich abgesetzten Taschen nur wenig über der Wasserlinie sichtbar. Wie bei den LTS-Booten werden die Torpedos nach achtern, mit dem Gefechtskopf in Fahrtrichtung des Bootes mit Druckluft ausgestoßen. An Oberdeck ist neben dem Aufbau je Bordseite noch ein Minenausstoßbehälter aufgesetzt, an dessen Stelle jedoch auch eine Sitzreihe mit seitlichem Schanzkleid zum Transport von Spezialkommandos oder Kampfschwimmern montiert werden kann.

Zur Selbstverteidigung erhielt dieser Bootstyp achtern ein 23-mm-Zwillingsgeschütz des Typs ZSU-23/2, das auch z. B. die Landstreitkräfte als Vierlingswaffe in der Selbstfahrlafette »Schilka« einsetzen. Zum Schutz für den Artilleriegasten gegen den Fahrtwind bzw. gegen überkommende See ist die Waffe mit einem Wetterschild versehen. In dem etwas nach achtern versetzten Aufbau sind erhöht die Kommandantenkanzel und vorn und achtern die Gefechtsstationen des Obersteuermanns, des Motorenmeisters und des Elektrikergasten eingerichtet. Alle Bedien- und Überwachungselemente der Maschinenanlage faßt ein zentrales Fahrpult zusammen. Die Boote haben funkelektronische Anlagen, die ihren Einsatz bei beliebiger Sicht gewährleisten. Die Nachrichtenverbindung garantieren mehrere UKW- und KW-Stationen. Der Lärm, besonders der der Antriebsmaschinen, ließ sich bei diesem kleinen Bootstyp nur ungenügend eindämmen, so daß dem Schallschutz der Besatzung besondere Aufmerksamkeit gewidmet wurde. Das führte u. a. zur Ausrüstung mit Spezialhelmen, so daß die KTS-Boots-Fahrer von Besuchern oftmals für »MiG«-Piloten gehalten werden. Da das Besatzungskollektiv auf seinen Gefechtsstationen untereinander keinen Sichtkontakt hat, sind in diesen Helmen auch die Kopfhörer für eine Befehlsübermittlungsanlage (BÜ-Anlage) eingebaut. Die Boote dieses Projektes wurden von den Truppenteilen »Fritz Globig« und »Karl Baier« übernommen.

Das Versuchsboot präsentierte sich der Öffentlichkeit erstmalig auf der Flottenparade anläßlich des 25. Jahrestages der DDR. Unter seiner damaligen Bord-Nr. V 11 eröffnete dieses neue Erzeugnis des DDR-Schiffbaus den Vorbeimarsch der zu dieser Zeit noch im Dienst befindlichen LTS-Boote.

In den folgenden Jahren demonstrierten die neu ausgerüsteten Einheiten wiederholt ihre hohe Meisterschaft. Ständig wird das Zusammenwirken mit anderen Schiffskräften weiterentwickelt. Dabei führt der Kommandeur des Truppenteils die stets in Gruppen angreifenden Boote entweder von einem KTS-Boot oder von einem ihm unterstellten großen Torpedoschnellboot. Die größere Autonomie (Seeausdauer) der Boote gestattet bei Flottenübungen auch das Verlegen in Stützpunkte der befreundeten Flotten. Verlegen die KTS-Boote kurzzeitig in nichteingerichtete Stützpunkte, so betreut eine Versorgungsgruppe der rückwärtigen Dienste die Besatzungen. Nicht zuletzt verfügen die Boote für kurze Erholungspausen während des Einsatzes über einen kleinen, eingerichteten Ruheraum.

Für hervorragende Leistungen in der politischen und Gefechtsausbildung erhielt der Truppenteil »Karl Baier« 1978 den Titel Vorbildlicher Truppenteil. Perfektes Beherrschen der Technik demonstrierten alle beteiligten KTS-Boots-Kollektive auch während des Manövers »Waffenbrüderschaft 80«. 1981 wurde der Truppenteil »Karl Baier« mit dem Kampforden für Verdienste um Volk und Vaterland in Bronze ausgezeichnet. Dem Truppenteil »Fritz Globig« verlieh 1982 das Präsidium der Gesellschaft für Deutsch-Sowjetische Freundschaft für Verdienste bei der Festigung der Waffenbrüderschaft ein Ehrenbanner.

Während der Flottenübung »Sojus 83« waren die KTS-Boote des Truppenteils »Karl Baier« an einer taktischen Landung beteiligt, bei der sie unter komplizierten meteorologischen Bedingungen eine Spezialeinheit als Sturmlandungstruppe überführten und sicher absetzten.

1984 wurden die ersten Serienboote nach Erreichung ihrer Nutzungsgrenze außer Dienst gestellt und zur Rohstoffrückgewinnung abgebrochen.

Auf »Großer Fahrt«

Ein untrennbarer Bestandteil der Seestreitkräfte der NVA waren und sind die militärischen Lehreinrichtungen. Sie bilden klassenbewußte Matrosen, Unteroffiziere, Fähnriche und Offiziere aus. In den Jahren ihres Wirkens schaffen die Lehreinrichtungen der Seestreitkräfte/Volksmarine wichtige Voraussetzungen, um den seeseitigen Schutz der Errungenschaften des ersten Arbeiter-und-Bauern-Staates auf deutschem Boden zu gewährleisten. Unter der Führung der Sozialistischen Einheitspartei Deutschlands unternehmen die Lehroffiziere und Ausbilder seit je große Anstrengungen, die ständige Einheit von Erziehung und Ausbildung zu gewährleisten. Einen besonderen Schwerpunkt war dabei die Herausbildung eines sozialistischen Offizierskorps, das einerseits durch eine taktische, nautische und technische Ausbildung zur Führung von Kampfschiffen und -booten befähigt und andererseits den Anforderungen eines sozialistischen Erziehers zur Formung von Kampfkollektiven gerecht werden mußte. Bei der Auswahl der Kader achtete die Arbeiterklasse von Anfang an darauf, ihr treu ergebene Söhne auf den Beruf eines Offiziers in der NVA vorzubereiten. Dabei wurden und werden die bitteren Lehren in der Geschichte berücksichtigt. Ein für allemal wurde auch mit dem blinden Kadavergehorsam der früheren deutschen Armeen gebrochen. Im Erziehungsprozeß junger sozialistischer Offiziere setzt die Partei der Arbeiterklasse das Prinzip durch, daß trotz strenger, bewußter Disziplin stets der Mensch und seine Würde im Mittelpunkt sozialistischer Verteidigungsanstrengungen stehen. Auf der Grundlage des Marxismus-Leninismus, verbunden mit einer ständig zunehmenden mathematischen, physikalischen und spezialtechnischen Ausbildung, werden alle Voraussetzungen geschaffen, daß die Absolventen der Offizierslehreinrichtung den erteilten Klassenauftrag stets zuverlässig erfüllen.

Die erste »Seepolizeischule« zur Heranbildung von Offizieren, Unteroffizieren und Mannschaften öffnete im August 1950 in Parow bei Stralsund ihre Tore. Ab Januar 1952 wurde die Offiziersausbildung an der am 1. Dezember 1951 gegründeten »Seepolizei-Offiziersschule« fortgesetzt. Diese Schule, mit deren Führung der damalige Seepolizei-Kommandeur *Nordin* beauftragt wurde, war auf dem traditionsreichen Gelände der »Schwedenschanze« in Stralsund eingerichtet worden. Der erste Offizierslehrgang beendete im Dezember 1952 erfolgreich seine Ausbildung. Ab 1952/53 übernahm die »Ingenieur- und Nachrichtenoffizierslehranstalt« in Kühlungsborn die Ausbildung von Ingenieur- und Nachrichtenoffizieren. Die Stralsunder Offiziersschule wurde in »Seeoffizierslehranstalt« umbenannt. Nach der Gründung der Nationalen Volksarmee entstand im zweiten Halbjahr 1956 die »Seeoffiziersschule« mit Standort Stralsund. Das bildete die Voraussetzung für eine effektivere, den wachsenden Anforderungen der Landesverteidigung entsprechende Ausbildung. Ein Höhepunkt bei der Formierung dieser Lehreinrichtung der Seestreitkräfte war die Verleihung der Truppenfahne am 6. Oktober 1956 durch das Präsidium des Ministerrates der DDR. Unter Führung der Partei leisteten viele Offiziersschüler in den FDJ-Grundeinheiten, Lehroffiziere und Laboranten im Rahmen der Neuererbewegung wertvolle Beiträge zur ständigen Vervollkommnung der Lehrkabinette und Ausbildungsräume.

Für eine praxisverbundene Bordausbildung übernahm die Seeoffiziersschule im November 1957 das Dampfschulschiff ERNST THÄLMANN. Bis zu seiner Außerdienststellung legte das Schiff 5500 sm im Interesse der Offiziersschülerausbildung zurück, wobei es die Häfen Leningrad, Tallinn, Riga und Gdynia angelaufen hatte. Zur seemännischen Ausbildung standen der Offiziersschule Ruder- und Segelkutter des Typs »K 10« und zwei Hochseesegelyachten »S 80« und »S 150« zur Verfügung. Darüber hinaus absolvierten einige Lehreinheiten ein seemännisches Praktikum auf dem Segelschulschiff WILHELM PIECK der GST.
Am 1. Juli 1963 erfolgte nach der Zusammenlegung der Flottenschule Parow mit der Seeoffiziersschule die Umbenennung in »Seeoffiziersschule der Volksmarine«. In Würdigung der bisherigen Erfüllung des militärischen Klassenauftrages erhielt die Offiziersschule am 1. März 1964 den Namen »Karl Liebknecht«. Seitdem sind Leben und Wirken dieses hervorragenden Führers der deutschen und internationalen Arbeiterbewegung Vorbild für alle Angehörigen der Lehreinrichtung im Kampf um hohe Leistungen auf allen Gebieten der Ausbildung. In Verwirklichung eines Beschlusses des Politbüros des Zentalkomitees der SED erhielt die Lehreinrichtung mit Wirkung vom 4. Januar 1971 den Status einer Offiziershochschule. Damit begann ein neuer Abschnitt in Lehre und Forschung, der den wachsenden Anforderungen einer sozialistischen Seeoffiziersausbildung gerecht wurde. Die engen Kontakte zur Höheren Offiziersschule »M. W. Frunse« in Leningrad und zur Höheren Offiziersschule »Hel-

den der Westerplatte« in Gdynia vertieften und festigten zugleich die Waffenbrüderschaftsbeziehungen. In Würdigung ihrer hervorragenden Verdienste bei der Erziehung und Ausbildung von Militärkadern erhielt die Offiziershochschule »Karl Liebknecht« am 4. Februar 1974 den Vaterländischen Verdienstorden in Gold.

Zur Verbesserung der praxisbezogenen Ausbildung der Offiziersschüler

Ausbildung junger Seepolizisten im Motorenkabinett einer Lehreinrichtung Anfang der 50er Jahre

Waffenunterricht an Schiffsgeschützen in der Flottenschule (v. l. n. r.: 100-mm-, 37-mm- und 85-mm-Geschütz)

und für Fahrten in entferntere Seegebiete, stellte die Volksmarine ein neues Motorschulschiff am 6. Juli 1976 unter dem Namen WILHELM PIECK feierlich in Dienst. Auf der Nord-Werft in Gdansk erbaut, entspricht das Fahrzeug weitestgehend den zwei polnischen Schulschiffen WODNIK und GRYF. Auch die sowjetische Seekriegsflotte erhielt einige dieser Fahrzeuge in einer

Das Segelschulschiff WILHELM PIECK der GST wurde auch zur seemännischen Ausbildung von Offiziersschülern genutzt
Das Motorschulschiff WILHELM PIECK der Volksmarine im Atlantik – 1984

etwas modifizierten Version, von denen die LUGA bereits wiederholt in Rostock weilte.

Der Schiffskörper des Schulschiffes ist als Backdecker ausgelegt und durch zehn Schotte in elf wasserdichte Abteilungen unterteilt. In den Aufbauten sind der Hauptbefehlsstand (Brücke), verschiedene technische Räume und Lehrkabinette eingerichtet. Zu den letzteren zählen u. a. ein Navigationskabinett mit 16 Arbeitsplätzen, ein meteorologisches Kabinett, eine Bibliothek sowie andere Ausbildungsräume. Die Offiziersschüler sind in je einem 26-, 21- und 16-Mann-Deck untergebracht. Zur Versorgung der Stammbesatzung und der Kursanten steht außer der Kombüse und den jeweiligen Messen auch eine Bordbäckerei zur Verfügung. Sanitäranlagen, eine Klimaanlage, Wäscherei und Arztstation sind weitere Einrichtungen für das Fahrtgebiet »Unbegrenzte Fahrt«.

Zur funkelektronischen Ausrüstung des Schiffes gehören zwei DDR-Funkmeßstationen vom Typ »TSR 333«, eine Kreiselkompaßanlage des Typs »Pirs«, eine Funkmeß-Feuerleitanlage für die Artillerie sowie verschiedene Funk-Sende-und-Empfangsanlagen. Das Schiff ist mit vier Artilleriegeschützen in Doppellafetten bewaffnet. Zur Rettungsausrüstung gehören automatisch aufblasbare Rettungsflöße »RF 12«, ein Motordingi und ein Kutter.

Motorschulschiff WILHELM PIECK

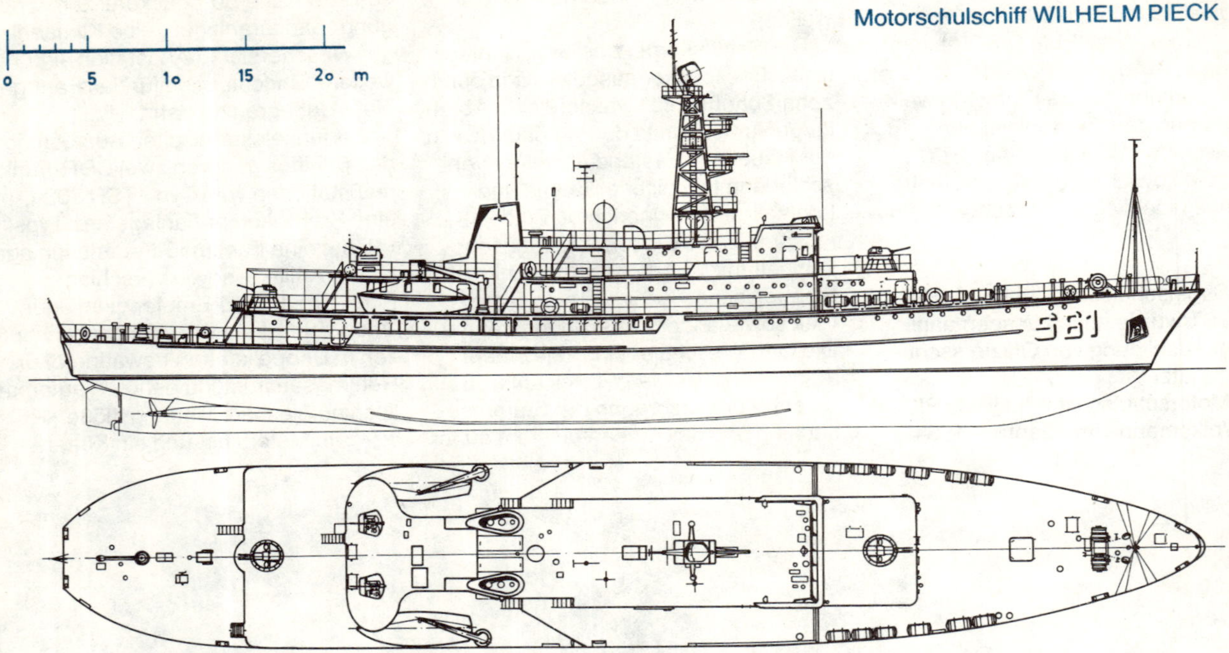

Technische Angaben	**Schulschiff WILHELM PIECK**
Verdrängung, voll:	1750 t
Länge ü. a.:	72 m
Breite:	12 m
Tiefgang:	4 m
Antrieb:	2 DM »6 TD 48«
Leistung:	2640 kW
Geschwindigkeit:	17 sm/h
Bewaffnung:	4 × 30 mm 4 × 25 mm

Als Hauptantriebsmaschinen verfügt das Schulschiff über zwei 6-Zylinder-Dieselmotoren der polnischen Firma »Chiegielski-Sulzer«. Die Versorgung mit Elektroenergie übernehmen drei Diesel-Generatorsätze mit je 198 kW Leistung. Weitere Hilfsaggregate sind ein Dampfkessel Vx 710 (1985 gegen DDR-Kessel ausgetauscht), zwei Seewasserverdampfer, Bilgenwasserentöler sowie verschiedene Pumpen und Verdichter. Den Vortrieb stellen zwei Verstellpropeller (»Zameck-Liaaen«) mit Brückenfernsteuerung sicher.

Nach einigen Ausbildungsfahrten in die Ostsee ging es im Sommer 1978 auf die erste große Fahrt. In einem 7000 sm langen sechswöchigen Seetörn befuhr das Schiff dabei den Atlantik und das Europäische Nordmeer. Erstmalig wurde Murmansk von einem Schiff der Volksmarine angelaufen und der Rotbanner-Nordflotte der UdSSR ein Besuch abgestattet. 1979 und 1981 führten Ausbildungsfahrten das Schiff in das Mittelmeer und in das Schwarze Meer. Sewastopol, Varna, Constanta und Split waren die Zielhäfen der Reise. Vom 13. bis 16. Juli 1983 lief die WILHELM PIECK im Rahmen eines Ausbildungstörns mit Offiziersschülern den Hafen von Turku zu einem offiziellen Flottenbesuch in der Republik Finnland an. Erneut in das Mittelmeer mit Kurs Sewastopol ging es 1984 und 1987. Auf diesen Reisen stattete die Besatzung erstmalig auch den Häfen Tripolis, Piräus und Latakia Freundschaftsbesuche ab. Gemeinsam mit dem Hochseeversorger KÜHLUNG legte die WILHELM PIECK auf diesen Ausbildungsfahrten über 20 500 sm zurück.

Insgesamt absolvierte das Schulschiff bisher 30 Ausbildungsfahrten, auf denen es mehr als 130 000 sm zurücklegte. Neben der Vermittlung von nautisch-seemännischen Kenntnissen sowie der praktischen Bordausbildung zum Seeoffizier wurden mit diesen Ausbildungsfahrten auch ein hervorragender Beitrag zur Vertiefung und Festigung der Waffenbrüderschaft zwischen den sozialistischen Flotten geleistet und freundschaftliche Kontakte zu anderen Staaten geknüpft.

Klar zur Anlandung

Zur ständigen Gewährleistung des Einsatzes von Landungskräften wurden der Volksmarine ab Mitte 1976 neue Landungsschiffe zugeführt. Diese Landungsschiffe vom Typ »Hoyerswerda« (Mittleres Landungsschiff)* sind eine Neuentwicklung des VEB Peenewerft Wolgast, bei der neue konstruktive Lösungen und moderne Waffen und funkelektronische Ausrüstungen zum Einsatz gelangten. Der Schiffskörper ist wiederum als Glattdecker ausgeführt, wobei durch die Wahl einer mehrteiligen Bugklappe mit Landerampe eine optimale Vorschiffskonstruktion gewährleistet werden konnte. Ein minimaler vorderer Tiefgang garantiert, daß die zum Einsatz kommende Rad- und Kettentechnik der Landstreitkräfte auch an nichteingerichteten Küstenabschnitten zügig an oder von Bord gelangt. Darüber hinaus ist beim Be- und Entladen auch die Nutzung des Pontonparks PMP der Marinepioniere der Volksmarine gegeben.

Im Oberdeck ist ähnlich wie beim Landungsschiff »Robbe« eine absenkbare Rampe eingelassen, über die leichtere Technik aus dem Laderaum an Oberdeck genommen und hier verzurrt werden kann. In den vergleichsweise zur »Robbe« wesentlich größeren Aufbauten sind der Hauptbefehlsstand (Brücke), verschiedene technische Räume sowie Kombüse, Kammern und Messen untergebracht.

Als Artilleriebewaffnung verfügen die Schiffe über je zwei vollautomatische 57-mm- und 30-mm-Doppellafetten. Ebenfalls zur Artilleriebewaffnung gehören die mehrrohrigen reaktiven Geschoßwerfer, mit denen sowohl Land- als auch Seeziele bekämpft werden können. Bei den Nachfolgern der legendären »Katjuschas« handelt es sich um bewährte Waffensysteme der Landstreitkräfte, die für den Einsatz auf Kampfschiffen zu einer Marineversion mit Nachladeeinrichtung modifiziert wurden. Weiterhin sind die Landungsschiffe auch zum Minenlegen eingerichtet. Die funkelektronische Ausrüstung der Schiffe gewährleistet die Navigation, die Luft- und Seeraumbeobachtung, den Waffeneinsatz sowie die Nachrichtenverbindungen. Ein moderner Doppelpfahlmast, dessen Rohrteile aus GFP-Material gefertigt sind, nimmt die Funkmeßantennen auf.

Als Hauptantriebsmaschinen sind zwei sowjetische 16-Zylinder-Gegenkolben-Dieselmotoren eingesetzt (Zweitakter), die nach der Konstruktionsform als Doppelreihen-H-Motor bezeichnet werden. Bei diesem Motor arbeiten zwei parallel angeordnete Zylinderreihen mit insgesamt vier Kurbelwellen auf einen gemeinsamen Antriebsflansch. Zum Maschinengefechtsabschnitt gehören auch hier Diesel-Generatorsätze, Verdichter und Pumpen, das E-Werk und diverse andere Hilfsaggregate. Haupt- und Hilfsmaschinen werden von einem modern eingerichteten Maschinenleitstand eingesetzt und überwacht.

Die in Dienst gestellten Einheiten dieser Serie übernahmen die Traditionsnamen der Landungsschiffe des Typs »Robbe«. Der überwiegende Teil der Offiziere und Unteroffiziere verfügte bereits über große Erfahrungen beim Einsatz von Landungsschiffen, so daß nach dem »Einfahren« der zum Teil neu aufgefüllten Besatzungen die volle Einsatzbereitschaft in relativ kurzer Zeit

* Bezeichnung nach der 1985 eingeführten Klassifizierung

Der Maschinenraum eines Landungsschiffes

hergestellt werden konnte. Da sich das Prinzip der Beladung und Anlandung nicht wesentlich von dem der älteren Landungsschiffe unterschied, war auch hier ein reibungsloser Übergang auf den neuen Schiffstyp gewährleistet. Das schließt natürlich nicht aus, daß die Teilnahme an einer Seelandung für neue Panzer- und SPW-Besatzungen sicherlich ein Höhepunkt ist, bei dem sie mit neuen Anforderungen und einer ungewohnten Umgebung konfrontiert werden. Dazu kommen die physischen Belastungen, besonders bei längeren Marschfahrten oder beim Liegen in Bereitschaftsräumen bei mittlerem Seegang. Mannhaft gilt es dann Erscheinungen der Seekrankheit zu überwinden, gegen die aber auch Besatzungsangehörige der Landungsschiffe nicht gefeit sind. Eine Selbstverständlichkeit ist die vorbildliche Betreuung der eingeschifften mot. Schützen, Panzer- und SPW-Fahrer, wozu die Versorgung mit heißen oder kalten Getränken und auch ein »voller Schlag« aus der Schiffskombüse gehörten. Speziell für die an Bord genommenen Landungstruppen ist auf den Schiffen auch ein Ruheraum eingerichtet, in dem bei längerem Aufenthalt in See in zünftigen Kojen auch mal eine »Mütze voll Schlaf« genommen werden kann. Spätestens beim Eintreffen im Konzentrierungsraum werden die »Waffenbrüder« jedoch unsanft durch die Alarmanlage der Schiffe aus den Kojen gerissen, denn dann hat ein feststehender Algorithmus abzulaufen, der das schnelle Anlanden der kampfbereiten Truppen und ihrer Technik gewährleistet.

Bei Manövern, oft in Dwarslinie oder in Staffeln mit sowjetischen und polnischen Landungsschiffen laufend oder im Zusammenwirken mit Luftkissenlandungsschiffen der Baltischen Flotte und Luftlandetruppen mit Marinehubschraubern handelnd, demonstrieren die Besatzungen der Landungsschiffe der Volksmarine hohes fachliches Können, Mut und Entschlossenheit. Bis zu solchen Höhepunkten haben die Besatzungskollektive auch das scharfe Schießen mit der Bordartillerie und den Geschoßwerfern zu trainieren. Für das Schießen mit Geschoßwerfern, zur

Landungsschiff während der technischen Erprobung

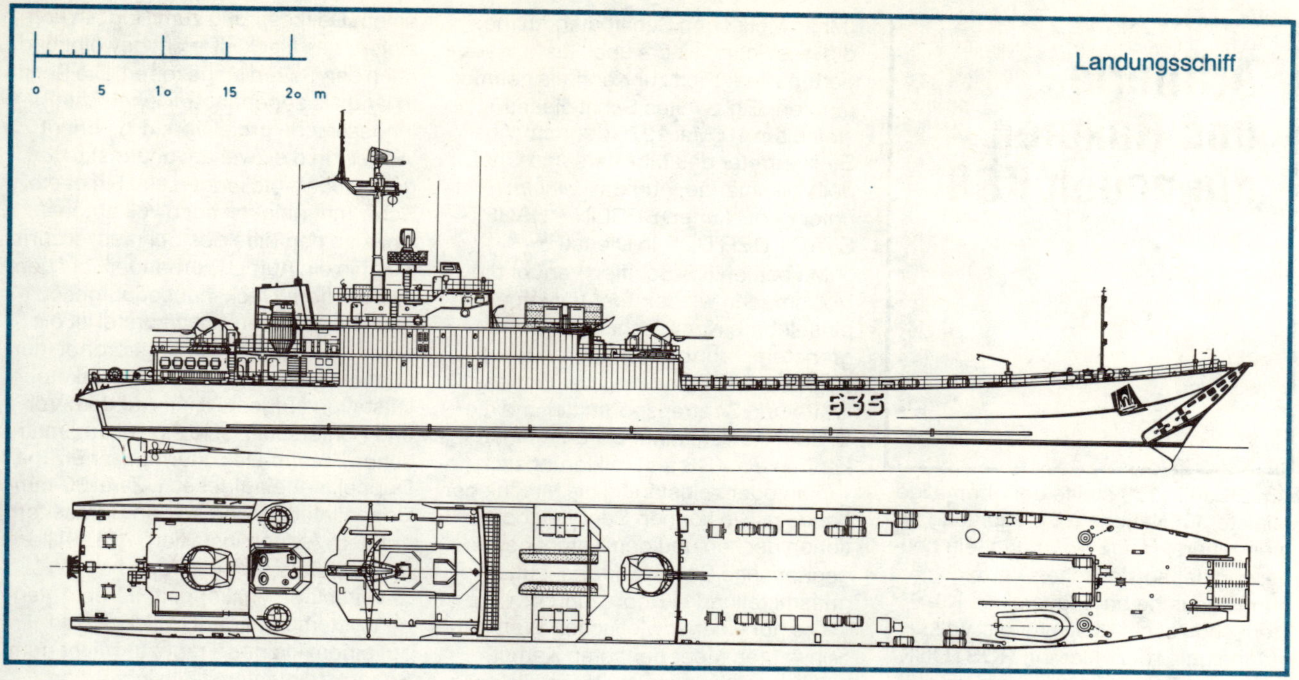

Technische Angaben	**Landungsschiff »Hoyerswerda«**
Verdrängung, normal:	1744t
Länge ü. a.:	90,70m
Breite ü. a.:	11,12m
Antrieb:	2DM »61 B«
Leistung:	9000kW
Bewaffnung:	4 × 57mm 4 × 30mm Geschoßwerfer Minen

wirksamen Feuerunterstützung während einer Seelandung stellt der Chef des zuständigen Verbandes einen Wanderpokal »Sieger im Werferschießen« bereit. Im Rahmen des sozialistischen Wettbewerbs unternehmen die Besatzungen der am Schießen beteiligten Schiffe alljährlich große Anstrengungen, um den begehrten Pokal nach Möglichkeit für ständig in ihren Besitz zu bringen. Dabei geht es nicht nur um den berühmten »Knopfdruck« zum Start der Werfergeschosse, sondern dazu gehören umfangreiche Kenntnisse der Besatzungen zur Technik, taktisches und nautisches Geschick der Schiffsführung sowie der technische Zustand der Waffen und Geräte. Beim Werferschießen 1981, an dem die Schiffe GRIMMEN, LÜBBEN, NEUBRANDENBURG und ANKLAM beteiligt waren, errang die ANKLAM den 1. Platz und damit den begehrten Pokal. Die Besatzung des Landungsschiffes LÜBBEN erkämpfte zwischenzeitlich mehrmals diesen Pokal, so auch 1984. Ein weiterer Höhepunkt ist die Teilnahme am Wettstreit um den Pokal »Sieger im Artillerieschießen der Volksmarine«, wobei zur Teilnahme an diesem Wettstreit erst einmal der Siegertitel im jeweiligen Verband errungen werden muß. Auch bei diesem Wettstreit belegten Landungsschiffe wiederholt vordere Plätze.

Für das Ausbildungsjahr 1982/83 ging vom Landungsschiff EISENHÜTTENSTADT die Initiative zur Führung des sozialistischen Wettbewerbs in der Volksmarine aus. Das Ausbildungsjahr verlangte erst recht vom Besatzungskollektiv alles ab, da die Besatzungen der GRIMMEN und der ANKLAM dem Wettbewerbsinitiator dicht auf die Fersen rückten. Letztlich dienen alle Aktivitäten im sozialistischen Wettbewerb, so auch der Kampf um den Titel Bestes Schiff, der Zielstellung, höchste Ergebnisse in der politischen und Gefechtsausbildung zu erreichen und damit eine ständig hohe Gefechtsbereitschaft zu gewährleisten. Prüfsteine sind wiederholt die Flottenmanöver und Übungen der verbündeten sozialistischen Ostseeflotten, bei denen alle befohlenen Handlungen vorbildlich und mit hoher Einsatzbereitschaft erfüllt werden.

Artillerie und Raketen – die neuen KSS

Am 25. Juli 1978 stellte der ehemalige Minister für Nationale Verteidigung, Armeegeneral *Heinz Hoffmann*, ein neues, von der sowjetischen Verteidigungsindustrie bereitgestelltes Küstenschutzschiff (KSS) für die Volksmarine unter dem Namen ROSTOCK feierlich in Dienst (Küstenschutzschiff 2. Ranges)*.

Die Ausgewogenheit der Bewaffnung, die Leistungsparameter der gesamten technischen Ausrüstung sowie die moderne Schiffsarchitektur sind erneuter Beweis der Leistungsfähigkeit der sowjetischen Schiffbauindustrie, die westliche Militärs und Rüstungsexperten wiederholt zur Kenntnis nehmen mußten. Ein zweites Schiff dieses Typs stellte am 10. Mai 1979 der damalige Stellvertreter des Ministers und Chef der Volksmarine, Admiral *Wilhelm Ehm*, unter dem Namen BERLIN – HAUPTSTADT DER DDR in Dienst.

Mit beiden KS-Schiffen verfügt die Volksmarine wieder über universell einsetzbare Kampfschiffe mit unbegrenztem Fahrtbereich, deren Hauptaufgaben die Sicherung der Flottenkräfte und Seetransportmittel und die U-Boot-Abwehr sind. Darüber hinaus können die KSS als Aufklärungsschiffe wirken oder selbständig als Minenleger handeln. Sie können Seelandeoperationen decken und den Kampf gegen gegnerische Seestreitkräfte, Luftangriffsmittel und U-Boote führen.

Die auf einer sowjetischen Werft am Schwarzen Meer gebauten Kampfschiffe stellten eine Weiterentwicklung der früheren KS-Schiffe dar, wobei die Waffen und die funkelektronische Ausrüstung sowie auch die Antriebsanlage eine völlig neue Qualität erreichen. Der Schiffskörper ist als Glattdecker mit einem Deckssprung zum Bug hin konzipiert, das Heck ist leicht gewölbt und nach den Seiten eingezogen. Die Schiffe sind als sogenannte »Zwei-Abteilungsschiffe« projektiert, d. h., dringt Wasser in die zwei am ungünstigsten gelegenen Abteilungen ein, bleibt die Schwimmfähigkeit noch voll erhalten. Etwa ab der Mitte des Schiffes ist zum Bug hin ein Aufbau vorhanden, auf dem zwei weitere Deckshäuser aufgesetzt sind. Im achteren Schiffsdrittel ist ein separates Deckshaus angeordnet, auf dem mit einem Unterbau die Raketenleitstation aufgestellt ist. Auf dem Vor- und Achterschiff ist je ein vollautomatisches 76-mm-Decksturmgeschütz mit Doppellafette aufgesetzt. Zwei 30-mm-Doppellafetten sind an den Bordseiten auf dem Aufbau installiert. Alle Artilleriegeschütze sind mit Funkmeß-Waffenleitanlagen gekoppelt, deren Antennensysteme auf dem Peildeck bzw. auf einem kleinen Trapezturm vor dem Schornstein aufgestellt sind. An der Vorderseite des Aufbaus stehen zwei reaktive Wasserbombenwerfer mit vollautomatischer Nachladeeinrichtung. Die Werfer können in Höhe und Seite durch Fernbedienung gerichtet werden. Der Starter für die Luftabwehrraketen ist einfahrbar im achteren Deckshaus angeordnet.

Zur funkelektronischen Ausrüstung

* Bezeichnung nach der 1985 eingeführten Klassifizierung

Das KSS BERLIN – HAUPTSTADT DER DDR auf Ausbildungsfahrt

Fla-Raketenstarter auf einem KSS-2. Ranges

gehören neben den bereits erwähnten Funkmeß-Waffenleitanlagen Funkmeßstationen für die See- und Luftraumbeobachtung, hydroakustische Anlagen für die Ortung von Unterwasserzielen sowie verschiedene Funkanlagen. Zu den Funkmeßanlagen gehören weiterhin Anlagen zur elektronischen Freund-Feind-Kennung (FFK) und für den funkelektronischen Kampf (FEK).

Die kombinierte Antriebsanlage besteht aus Dieselmotoren und Gasturbinen, auch als CODAG-Anlage bezeichnet. Auf den beiden Außenwellen ist je ein 18-Zylinder-Zweitakt-Gegenkolbenmotor Typ 68B gekoppelt, während die Mittelwelle von einer Schiffsgasturbine über ein Untersetzungsgetriebe angetrieben wird. Letztere wird erst bei erforderlichen hohen Fahrstufen des Schiffes zum Dieselmotorenantrieb zugeschaltet. Das gesamte Antriebssystem ist mit BMSR-Technik ausgestattet, so daß die verschiedenen Antriebsvarianten weitestgehend automatisch eingesetzt werden. Zur Ausrüstung des Maschinengefechtsabschnittes gehören weiterhin umfangreiche Anlagen und Aggregate zur Energieversorgung, zum Brandschutz sowie zur Aufrechterhaltung der Kampf- und Standkraft des Schiffes. Damit die Krängung durch Seegang gemindert wird, sind die Schiffe mit einer Schlingerdämpfungsanlage mit einziehbaren Flossen (Flossenstabilisierung) ausgestattet.

Die Ausbildung der DDR-Besatzungen in einer sowjetischen Ausbildungsbasis einschließlich eines umfangreichen Bordpraktikums auf dem sowjetischen Schwesterschiff DELPHIN, sowie die Übernahme der Schiffe in der DDR gestalteten sich wiederum zu Höhepunkten in der Festigung der Waffenbrüderschaft. Sowohl zur schnellen Übernahme der Schiffe als auch bei der Instandsetzung und Instandhaltung leisteten erfahrene sowjetische Spezialisten und Besatzungen wertvolle Hilfe.

Heute gehören die KS-Schiffe längst zum gewohnten Bild bei Übungen und Manövern der verbündeten Flotten. Wiederholt waren die Schiffe an gemeinsamen Ausbildungsfahrten mit der sowjetischen und polnischen Seekriegsflotte bis in das Europäische Nordmeer und in den Atlantik beteiligt. So 1984 das KSS BERLIN, das gemeinsam mit den sowjetischen UAW-Schiffen NEUKROTIMY und BODRY sowie dem polnischen Raketenzerstörer WARSZAWA eine Fahrt ins Europäische Nordmeer unternahm und dabei auch den sowjetischen Hafen Murmansk anlief. Fahrt – das heißt in solchen Fällen die Erfüllung der verschiedensten Gefechtsaufgaben, wie Seezielschießen, U-Boot-Abwehr, Verbandsfahren sowie Versorgung der Schiffe in See – und das bei einer Fahrstrecke von rund 5000 Seemeilen. Auch bei diesen Fernfahrten geht es um Bestleistungen im Wettstreit der Besatzungskollektive untereinander, wobei dem Sieger für verschiedene Ausbildungsaufgaben ein Pokal des Chefs des gemeinsamen Verbandes

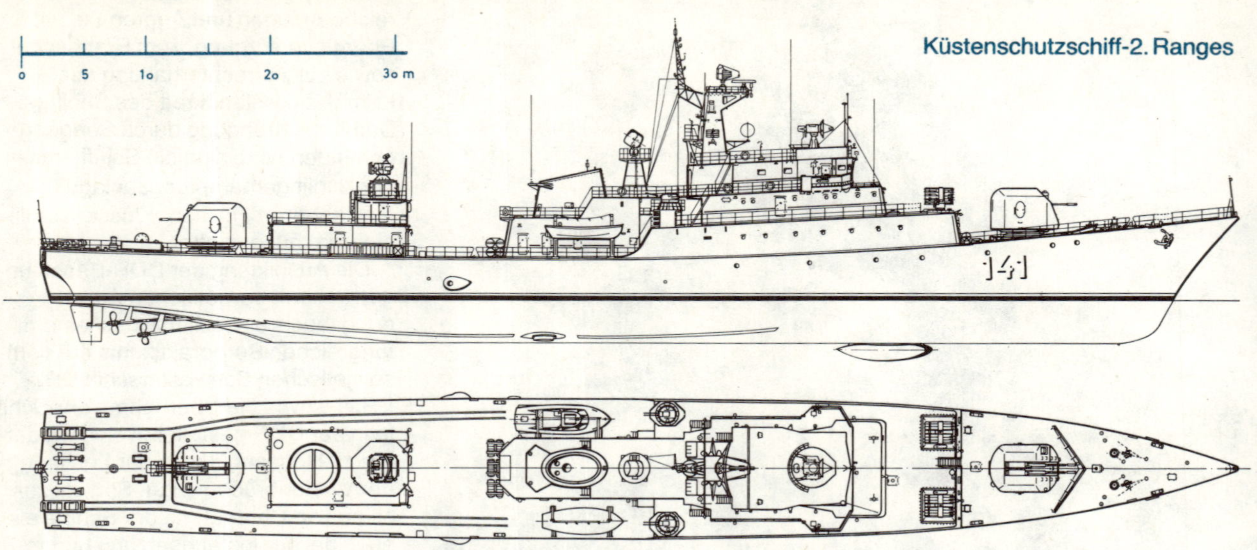

winkt. Die Besatzung des KSS ROSTOCK eroberte 1985 und 1986 den Pokal für die beste Leistung bei der U-Boot-Abwehr und konnte als Bestes Schiff ausgezeichnet werden. Bei diesem wichtigen Abschnitt der Gefechtsausbildung entscheidet eine sowjetische U-Boot-Besatzung, die mit ihrem Boot die Gegnerdarstellung übernimmt, über den taktisch und technisch richtigen Einsatz des jeweiligen Schiffes zur Suche und Vernichtung des angenommenen Gegners.

Beide KS-Schiffe waren zwischendurch auch an mehreren Flottenbesuchen und Visiten in der UdSSR, in der VR Polen und in Finnland beteiligt, bei denen bisher Leningrad, Riga, Tallinn, Gdynia und Helsinki die Zielhäfen waren.

Für das Ausbildungsjahr 1983/84 hatte die Besatzung des KSS BERLIN alle Kollektive der Volksmarine zum sozialistischen Wettbewerb aufgerufen. Ein besonderes Datum in der Chronik der Volksmarine und im Bordbuch der KSS BERLIN ist der 24. Juli 1984. An diesem Tag besuchten der Generalsekretär des ZK der SED, Genosse *Erich Honecker*, der damalige Minister für Nationale Verteidigung, Armeegeneral *Heinz Hoffmann* und der Sekretär des ZK der SED, *Günter Mittag*, die Volksmarine. Vom Stellvertreter des Ministers und Chef der Volksmarine, Admiral *Wilhelm Ehm*, im Stützpunkt Saßnitz empfangen, begaben sich die Gäste anschließend an Bord des KSS BERLIN und gingen in See. Hier verfolgten sie die Vorführungen verschiedener Schiffskräfte und Kräfte der Marineflieger. Die Besatzungen der beteiligten UAW-, MAW- und Landungsschiffe demonstrierten den hohen Stand ihrer Gefechtsbereitschaft. An dem Ereignis waren ebenfalls sowjetische Marineflieger und Flieger des Jagdfliegergeschwaders »Heinrich Rau« sowie TS-, KTS-Boote und Kampfschwimmer beteiligt. Die exakt und dynamisch vorgetragenen Elemente der Gefechtsausbildung gaben ein eindrucksvolles Bild von der hohen Leistungsbereitschaft der Besatzungen der Kampfschiffe und der Piloten der Marineflieger. In seiner Widmung auf ein Erinnerungsfoto schrieb Genosse Erich Honecker: »Dank und Anerkennung für die während meines Besuches der Volksmarine der DDR gezeigte Kampf- und Gefechtsbereitschaft«. Der Besuch war für alle Beteiligten Ansporn zu weiteren Anstrengungen bei der Gewährleistung einer ständigen Gefechtsbereitschaft. Ein drittes Schiff wurde am 28. Januar 1986 unter dem Namen HALLE in Dienst gestellt.

Technische Angaben	**KS-Schiff-2. Ranges**
Verdrängung, Standard:	1440 t
Verdrängung, voll:	1600 t
Länge ü. a.:	96,40 m
Breite ü. a.:	12,55 m
Tiefgang:	3,48 m
Antrieb:	2 DM 1 GT
Leistung:	25750 kW
Geschwindigkeit:	30 sm/h
Bewaffnung:	2 × SLR 4 × 76 mm 4 × 30 mm 2 reaktive Wasserbombenwerfer Minen

Schiffe in Weiß

Die bisher dargestellte technische Entwicklung der Volksmarine wäre unvollständig, würde man nicht zwei Schiffe erwähnen, die ihre Aufgabenstellung zwar direkt vom Sekretariat des Ministerrates der DDR oder des Rates des Bezirkes Rostock erhalten, für deren sicheren nautischen und technischen Einsatz jedoch die Volksmarine verantwortlich zeichnet. Es sind als »Motoryacht« klassifizierte Fahrzeuge.

Die erste Motoryacht lief mit der Bau-Nr. »582« im VEB Warnow-Werft Warnemünde am 28. Januar 1961 vom Stapel. Das Schiff erhielt die Klasse »DSRK KM I Eis 4« und den Namen OSTSEELAND.

Der Schiffskörper ist als Glattdecker mit eingezogenem Spiegelheck und ausfallendem Vorschiff ausgeführt. Im durchgehenden Deckshaus mit Vorbau sind Gästekabinen, ein Salon und ein Speiseraum eingerichtet. Die Antriebsanlage bestand ursprünglich aus einem Hauptmotor Typ 6 KVD 43 I/K vom Dieselmotorenwerk Rostock und zwei Hilfsdieselmotoren 4 NVD 26 mit je 75 kW Leistung. Während einer Modernisierung im Jahre 1981 erhielt das Schiff eine neue Hauptmaschine. Die Hilfsdiesel wurden 1984 gegen zwei Diesel-Generatorsätze mit Motor 4 VD 21/15-2 mit je 90 kW Leistung ausgetauscht. Zur nautischen Ausrüstung gehören u. a. eine Magnetkompaßanlage, Echolot, Funkpeiler, Decca-Funkmeßanlage Typ D-202 und Funkanlagen.

Im Verlaufe seiner nunmehr 25jährigen Geschichte erfüllte das Schiff die vielfältigsten Aufgaben einer Staatsyacht. Das Einsatzgebiet war überwiegend das Küstenvorfeld der DDR. Eine Fahrt im August 1966 führte die Yacht auch nach Riga. Im Gästebuch des Schiffes findet man u. a. die Eintragungen vom Genossen *Janos Kadar* – 1. Sekretär des ZK der USAP, *Jacques Duclos* – früherer Generalsekretär der FKP, sowie des sowjetischen Schriftstellers *Michail Scholochow* und des sowjetischen Kosmonauten, Oberst *Pawel Beljajew*. Für seine langjährige hervorragende Einsatzbereitschaft erhielten Schiff und Besatzung die Verdienstmedaille der NVA in Gold, die

Die OSTSEELAND II auslaufend Warnemünde

Motoryacht OSTSEELAND II

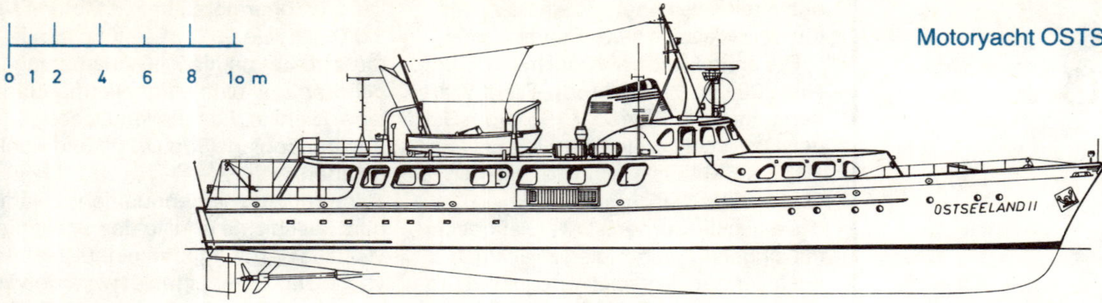

Motoryacht OSTSEELAND

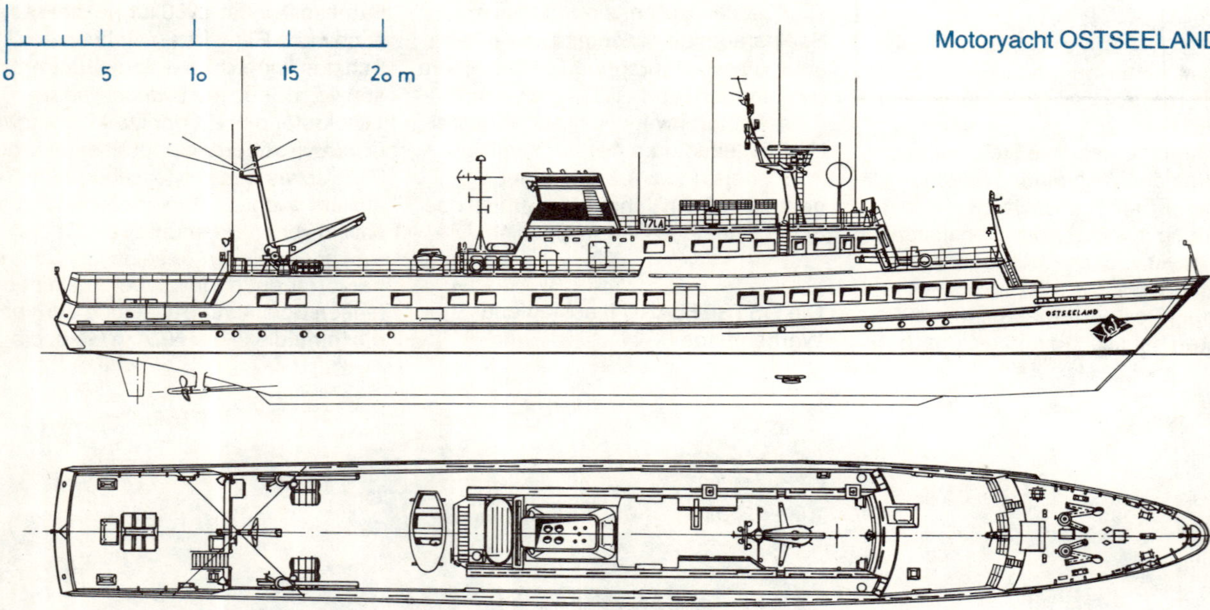

Technische Angaben	Motoryacht OSTSEELAND II	Motoryacht OSTSEELAND
Verdrängung:	342 t	623 t
Länge ü. a.:	40,56 m	60,90 m
Breite ü. a.:	7,95 m	7,77 m
Tiefgang:	2,51 m	3,36 m
Antrieb:	1 DM »8 NVD 48 A-20«	2 DM »40 DM«
Leistung:	970 kW	3677 kW
Geschwindigkeit:	13 sm/h	16 sm/h
Reichweite:	2800 sm	1000 sm

Artur-Becker-Medaille in Silber und andere staatliche Auszeichnungen.

Ende der 60er Jahre wurde der Auftrag zum Bau einer neuen Motoryacht vergeben, auf der noch bessere Voraussetzungen zur Betreuung in- und ausländischer Gäste geschaffen werden sollten und die zugleich die gestiegene Leistungsfähigkeit des DDR-Schiffbaues repräsentieren würde. Die Yacht, auf der Grundlage des »MSR-lang« entworfen, übernahm eine Reihe bewährter Konstruktionen des Schiffskörpers, der Maschinenanlage und anderer technischer Ausrüstungen. Das Schiff erhielt ein unterbrochenes Zwischendeck. Der Schiffskörper ist nach der Längsspantbauweise konstruiert und durch acht Schotte in neun Abteilungen unterteilt. Im Bereich der Wasserlinie ist die Außenhaut mit einer Eisverstärkung in Form eines dickeren Plattenganges versehen. In dem geräumigen Aufbautenkomplex sind Gästekabinen und verschiedene Gesellschaftsräume eingerichtet. Als Hauptantriebsanlage sind sowjetische 12-Zylinder-V-Motoren eingebaut. Die Verstellpropeller haben Ein- und Zweihebelbedienung. Fünf Diesel-Generatorsätze mit dem Motor 6 VD 14,5/12-1 (je 60 kW) übernehmen die Versorgung des Schiffes mit Elektroenergie. Zur Gewährleistung einer ausreichenden Stabilität wurden dem Schiff ein Ballastkiel und zwei Schlingerkiele angebaut. Zur Dämpfung der Rollbewegungen im Seegang verfügt die Yacht über eine aktive Schlingerdämpfungsanlage mit einer Stabilisierungsflosse je Bordseite. Für die Navigation und die Nachrichtenverbindungen hat das Schiff eine umfangreiche funkelektronische Ausrüstung.

Die neue Motoryacht baute der VEB Peenewerft Wolgast 1970/71. Das Fahrzeug ist ebenfalls nach den Vorschriften der DSRK gebaut und erhielt die Klasse DSRK KM II Eis 4/1/. Unter dem Namen OSTSEELAND wurde es am 1. Juli 1971 feierlich in Dienst gestellt. Zur Unterscheidung der gleichnamigen Motoryachten war das 1960 gebaute Schiff bereits am 4. April 1971 in OSTSEELAND II umbenannt worden. Seit diesem Zeitpunkt bekommt es auch die Aufgabenstellung zum Einsatz vom Rat des Bezirkes Rostock.

Ein erster Höhepunkt der neuen OSTSEELAND war eine Fahrt kurz nach der Indienststellung am 8. Juli 1971, bei der als Gast der Generalsekretär des Zentralkomitees der SED, Genosse *Erich Honecker*, an Bord weilte. Weitere Höhepunkte waren die Einsätze im Jahre 1972 mit dem Ersten Sekretär des Zentralkomitees der KPČ, Genossen *Gustáv Husák*, an Bord. Nicht selten war die OSTSEELAND mit Gästen als Beobachter bei Flottenübungen oder Vorführungen von Elementen der Gefechtsausbildung in See. So auch am 17. September 1976, wo den in der DDR akkreditierten Militärattachés Kampftechnik in See vorgeführt wurde.

Unter dem Kommando ihres langjährigen Kommandanten, Fregattenkapitän *Haubold*, erfüllte die Motoryacht stets zuverlässig alle übertragenen Aufgaben. Schiff und Besatzung wurden für ihre hohen Leistungen mit der Verdienstmedaille der NVA in Gold und der Artur-Becker-Medaille in Bronze ausgezeichnet.

Ein Kapitänleutnant im Cockpit

Die zunehmend erweiterten und immer komplizierter werdenden Aufgaben machten es Anfang der 60er Jahre erforderlich, in die Struktur der Volksmarine Hubschrauberkräfte aufzunehmen.

Im Vordergrund standen zunächst vor allem Aufklärungs-, Seenotrettungs- und Transportaufgaben.

1959 handelten erstmals zwei Hubschrauber der Luftstreitkräfte/Luftverteidigung im Interesse der Seestreitkräfte in Küstennähe. Im März 1960 verlegten dann zwei Maschinen des Typs »Mi-4« (Bord-Nr. 574 und 769) an die Küste, die aber noch den Luftstreitkräften der NVA unterstellt blieben. Am 4. November 1960 eröffnete eine Kette »Mi-4« die Ehrenparade der Seestreitkräfte anläßlich der Verleihung des Namens »Volksmarine«. Die offizielle Übergabe der zwei bereits an der Küste stationierten Helikopter an die Volksmarine fand dann im September 1962 statt. Dieser 15. September ist die eigentliche Geburtsstunde der Marinefliegerkräfte, wenn auch die einzig verfügbare Kette nur aus zwei Hubschraubern bestand. In diese Zeit fällt auch die Ausbildung der Hubschrauberbesatzungen zur Seenotrettung. Bewährte Hilfe leisteten dabei die Genossen der Marinefliegerkräfte der Baltischen Flotte. 1963 kamen dann weitere zwei Maschinen vom Typ »Mi-4 A« mit den Bord-Nr. 761 und 746 hinzu.

Die Hubschrauber des Typs »Mi-4 A« waren vor allem Transporthubschrauber. Sie trugen in einer Bodenwanne ein vom Bordmechaniker zu bedienendes 12,7-mm-MG.

Am 1. Mai 1963 wurde die selbständige Hubschrauberstaffel der Volksmarine gebildet. Sie bestand aus vier Maschinen. Dieser Tag gilt als offizielles Datum der Bildung von Marinefliegerkräften der DDR. Mit der Zuführung weiterer Hubschrauber des Typs »Mi-4 M« ab 1965 rückten verstärkt Seeaufklärungs- und UAW-Aufgaben in den Mittelpunkt. Die »Mi-4 M« entsprach im Grundaufbau der »Mi-4 A«.

Hubschrauber Typ »Mi-4 A« der Marineflieger der Volksmarine

Eine »Mi-8« vom Marinehubschraubergeschwader »Kurt Barthel« wird aufgetankt

Sie war jedoch nicht mit einem MG ausgerüstet, dafür besaß sie unterhalb des Bugs eine Funkmeßstation. Außerdem verfügte der Hubschrauber »Mi-4 M« über ein Magnetortungsgerät sowie über die Möglichkeit, hydroakustische Funkbojen und Wasserbomben einzusetzen. Im Zusammenwirken mit der Baltischen Flotte und Einheiten der Volksmarine erreichten die Hubschrauberbesatzungen ausgezeichnete Ergebnisse. Das zeigte sich 1966 beim ersten U-Jagdabschnitt genauso wie bei der Teilnahme an der Übung »Taifun« 1967.

Ein wichtiger Höhepunkt in der Entwicklung des Marineflieger-Truppenteils war am 1. März 1969 die Verleihung der Truppenfahne.

Nach der Umbenennung 1971 in U-Jagd-Hubschrauberstaffel erfolgte 1974 die Ausrüstung mit dem Hubschrauber vom Typ »Mi-8«.

Beim ersten Schießen mit ungelenkten Raketen erreichten die gerade ausgebildeten Kampfkollektive 1975 die Note »ausgezeichnet«.

Der Turbinenhubschrauber »Mi-8« wird zur Suche, Verfolgung und Bekämpfung von U-Booten oder für den Seenotrettungsdienst sowie für Aufklärungs-, Transport- und Kurierflüge eingesetzt. Die Ausrüstung besteht aus Bomben, Raketen und einem Maschinengewehr sowie hydroakustischen Ortungsgeräten und Funkbojen sowie einem Funkmeßgerät.

Am 1. Dezember 1976 wurde die Staffel in ein Hubschraubergeschwader umstrukturiert. Damit erhöhte sich die Verantwortung bei der Sicherung des Küstenvorfeldes der DDR, und die Aufgaben, die diesem jungen Geschwader der Volksmarine gestellt wurden, nahmen an Umfang zu.

Viele komplizierte Situationen hatten

Schwimmfähiger UAW-Hubschrauber »Mi-14 PL« der Volksmarine

die Besatzungen, das fliegertechnische Personal und die sicherstellenden Kräfte des Marineflieger-Truppenteils in der Vergangenheit zu lösen. 1972, 1976 und 1979 wurden sie für beispielhaften Kollektiveinsatz als Vorbildlicher Truppenteil ausgezeichnet. Am 1. Mai 1976 verlieh ihnen der Minister für Nationale Verteidigung die Ehrenurkunde für hervorragende Leistungen im sozialistischen Wettbewerb zu Ehren des IX. Parteitages der SED, und am 25. Oktober 1977 bekam das Geschwader das Artur-Becker-Ehrenbanner.

Ob im Gefechtsdienst oder bei Rettungsflügen, immer gaben die Marineflieger ihr Bestes zur Erfüllung der gestellten Aufgaben. Nicht nur die Bewohner der Insel Rügen haben z. B. den heldenhaften Einsatz der Hubschrauberbesatzungen im Winter 1978/79 noch in Erinnerung.

Die Besatzungen der Marinehubschrauber und mit ihnen das Bodenpersonal und die sicherstellenden Kräfte des Geschwaders waren pausenlos im Einsatz. In der 1. Etappe (vom 31. Dezember 1978 bis zum 5. Januar 1979) flogen sie 36 Einsätze mit 152 Starts. Dabei wurden 118 Personen transportiert, abgeschnittene Ortschaften mit Lebensmitteln versorgt, 13 Rettungsflüge durchgeführt und acht schwangere Frauen nach Stralsund geflogen. In Stralsund landeten sie unter komplizierten meteorologischen Bedingungen auf dem Parkplatz unmittelbar neben dem Krankenhaus. Auf diese Weise wurde auch Frau Hoge Hilfe geleistet, die am 2. Januar 1979 ihrer Tochter Bettina das Leben schenkte. Bettina ist heute das Patenkind des Marinehubschraubergeschwaders und besucht in Begleitung ihrer Eltern zu Jahrestagen und anderen Höhepunkten »ihre Flieger«. Als dann der Winter nochmals zuschlug, standen auch die Marineflieger wieder in vorderster Front. In der Zeit vom 15. Februar bis zum 19. Februar 1979 waren es 83 Einsätze mit 320 Starts und insgesamt 110 Flugstunden, um z. B. 408 Schichtarbeiter zum Kernkraftwerk Nord »Bruno Leuschner« oder 24 schwangere Frauen in die Kliniken zu fliegen. Zweifellos werden alle Frauen, die in jenen Tagen niederkamen, an den Flug in die Klinik ihr Leben lang denken. Auch die Väter, Bürgermeister und Hunderte Helfer, die die Landeplätze für die Hubschrauber markierten oder vom Schnee räumten, werden sich dieser Tage im Januar und Februar erneut erinnern, wenn irgendwann einmal ein Helikopter der NVA über ihnen brummend seine Kreise zieht.

Den ständig gewachsenen Aufgaben der Marineflieger trug Anfang der 80er Jahre ein neuer Hubschrauber des Typs »Mi-14 PL« Rechnung, der in das Geschwader eingeführt wurde. Erneut hieß es lernen, bis auch diese hochmoderne Kampftechnik sicher beherrscht wurde.

Dem Marinehubschraubergeschwader, das inzwischen den Namen »Kurt Barthel« trägt, verlieh für seine hervorragenden Leistungen zur Gewährleistung von Kampfkraft und Gefechtsbereitschaft anläßlich des 35. Jahrestages der DDR der Vorsitzende des Staatsrates den Vaterländischen Verdienstorden in Gold. Der damalige Stellvertreter des Ministers und Chef der Volksmarine, Admiral a. D. *Wilhelm Ehm*, der während eines militärischen Zeremoniells diese hohe Auszeichnung überreichte, sagte in seiner Ansprache, daß auch die Marineflieger wie alle Angehörigen der Volksmarine ihr Soldatenwort gehalten und alle Aufgaben in Ehren erfüllt haben.

Technische Angaben	**»Mi-4«**	**»Mi-8«**	**»Mi-14 PL«**
Länge ü. a.:	25,15 m	25,28 m	25,30 m
Rotorkreisdurchmesser:	21,0 m	21,29 m	21,30 m
Geschwindigkeit (max):	185 km/h	250 km/h	230 km/h
Reichweite:	600 km	620 km	800 km
Triebwerk:	1 Kolbenmotor »ASch-82 W«	2 Turbinen »TW2-117A«	2 Turbinen »TW3-117M«
Leistung:	1250 kW	2210 kW	2250 kW

Die Stärkung der Volksmarine in fester Kampfgemeinschaft mit den sozialistischen Bruderflotten im Ostseeraum

Die rapide zunehmende Kriegsgefahr zu Beginn der 80er Jahre, eingeleitet durch das Einschwenken der USA auf eine Konfrontations- und Kreuzzugspolitik gegenüber den sozialistischen Staaten und durch rücksichtsloses Streben nach militärischer Überlegenheit, veranlaßte die Angehörigen der Volksmarine, größere Anstrengungen zur Erhöhung von Kampfkraft und Gefechtsbereitschaft zu unternehmen. Die Entwicklung auf dem Seeschauplatz machte allen Matrosen, Maaten, Fähnrichen und Offizieren der Volksmarine deutlich, daß die weiter komplizierter werdende Klassenauseinandersetzung jeden einzelnen anging und von der Volksmarine insgesamt einen größeren Beitrag am kollektiven militärischen Schutz des Sozialismus forderte.

Das veränderte strategische Konzept der NATO ausgangs der 70er Jahre begann sich in der Ostsee durch verstärkte aggressive Aktionen der NATO-Flotten abzuzeichnen.

So bewegten sich innerhalb von drei Monaten des Jahres 1980 245 Kriegsschiffe und 490 Flugzeuge der NATO vor der DDR-Küste. Am 12. August 1980 lief erstmalig der Verband der »Ständigen NATO-Einsatzflotte Atlantik« in die östliche Ostsee ein. Dabei machte dieser Verband den provokatorischen Anspruch des imperialistischen Militärpaktes auf die uneingeschränkte Nutzung der Ostsee für Seekriegsübungen deutlich, indem er vor den Küsten sozialistischer Staaten seine Bewaffnung im scharfen Schuß erprobte. Dabei blieb es nicht. In mehr als 20 Fällen übten im selben Jahr vor der Küste der DDR Kriegsschiffe und Flugzeuge der NATO, insbesondere der BRD-Marine, den Einsatz ihrer Waffen. Dabei griffen BRD-Marineflieger in wenigen Seemeilen Entfernung vor der DDR-Küste Seezielscheiben mit Bomben und ungelenkten Raketen an. Im Seekriegsmanöver »Baltic Operation 85«, an dem Kriegsschiffe und Kampfflugzeuge aus fünf NATO-Staaten beteiligt waren, handelte auch das mit atomaren Marschflugkörpern »Tomahawk« ausgerüstete US-Amerikanische Schlachtschiff IOWA erstmals in der Ostsee.

Diese das friedliche Leben der Völker gefährdende Entwicklung in der Nähe der Territorialgewässer, Wirtschaftszonen und Hafenansteuerungen sozialistischer Staaten ließ die unter den Bedingungen der 80er Jahre gewachsene Verantwortung der sozialistischen Flotten für den Schutz der sozialistischen Heimat und die Sicherung des Friedens deutlich werden.

Auf dem X. Parteitag der SED (11. bis 16. April 1981), an dem auch elf Delegierte der Volksmarine teilnahmen, schätzte *Erich Honecker* in seinem Bericht an den Parteitag ein, daß u. a. auch die Nationale Volksarmee den Auftrag des IX. Parteitages ehrenvoll erfüllt habe, und formulierte im weiteren: »Für unsere Nationale Volksarmee und die Schutz- und Sicherheitsorgane ist es auch bei der Weiterführung der sozialistischen Revolution Klassenauftrag, die sozialistische Ordnung und das friedliche Leben der Bürger der DDR und aller Staaten der sozialistischen Gemeinschaft gegen jegliche Angriffe der aggressiven Kräfte des Imperialismus zu schützen, die Souveränität der DDR, ihre territoriale Integrität, die Unverletzlichkeit ihrer Grenzen und ihre staatliche Sicherheit zu gewährleisten. Schulter an Schulter mit den Waffenbrüdern der Sowjetunion und der anderen sozialistischen Bruderländer müssen sie jederzeit bereit und fähig sein, diesen Auftrag zu erfüllen.«*

Wie für die ganze Nationale Volksarmee ergab sich daraus für die Angehörigen der Volksmarine die Aufgabe, kontinuierlich die Kampfkraft und Gefechtsbereitschaft der Verbände, Truppenteile und Einheiten weiter zu erhöhen, um damit zum sicheren Schutz

* Bericht des Zentralkomitees der SED an den X. Parteitag. Berlin, 1981, S. 126f.

der DDR und der Staaten des Warschauer Vertrages beizutragen. Sie nahmen die Losung »Kampfposition X. Parteitag – Für hohe Gefechtsbereitschaft! Alles zum Wohle des Volkes!« zum Anlaß, die Anstrengungen zu steigern, um die Effektivität und Qualität der Ausbildung meßbar zu erhöhen, die marxistisch-leninistischen Kenntnisse zu vertiefen und die moderne Führungs-, Kampf- und Versorgungstechnik meisterhaft zu beherrschen.

Die auf dem X. Parteitag der SED beschlossene Wirtschaftsstrategie hat zum Ziel, das materielle und kulturelle Leben des Volkes auf der Basis eines hohen Entwicklungstempos der sozialistischen Produktion, der Erhöhung der Effektivität, des wissenschaftlich-technischen Fortschritts und des Wachstums der Arbeitsproduktivität zu steigern. Diese auf die umfassende Stärkung der DDR gerichtete Linie, die dem Wohle des Volkes und der Erhaltung des Friedens dient, wird, wie überall in der NVA, auch in der Volksmarine zum Gegenstand eigener Aktivitäten gemacht. Aus einer langen Ehrenliste von vorbildlichen Leistungen unserer Flotte, die das bekräftigen, seien nur zwei Beispiele genannt. Die Besatzung des MSR-Schiffes ALTENBURG löste im Gefechtsdienst sämtliche Begleitaufgaben und erfüllte ihre Räum- und Artillerieschießaufgaben mit der Note »sehr gut«. Hervorragende Resultate erzielte auch das Kollektiv des KSS BERLIN – HAUPTSTADT DER DDR, als es bei Luftabwehrübungen die anfliegenden Luftziele jeweils mit der ersten Rakete vernichtete.

Unter der Führung der Partei der Arbeiterklasse und dank der großen Anstrengungen des ganzen werktätigen Volkes entwickelte sich die Volksmarine im Zeitraum seit Beginn der 80er Jahre dynamisch weiter. Manöver und Übungen bestätigten die wachsende Fähigkeit ihrer Verbände, Truppenteile und Einheiten, komplizierte Gefechtsaufgaben mit modernster Technik zu meistern.

Die Entwicklung der Volksmarine seit

Der langjährige Oberkommandierende der Sowjetischen Seekriegsflotte, Flottenadmiral der Sowjetunion *S. G. Gorschkow*, besichtigt am 2. September 1980 neue Kampftechnik der Volksmarine

Kampfappell nach Beendigung des Manövers »Waffenbrüderschaft 80«

Der damalige Minister für Nationale Verteidigung der DDR, Armeegeneral *Heinz Hoffmann*, besucht am 2. September 1981 den VEB Peenewerft Wolgast

Beginn der 80er Jahre ist weiter gekennzeichnet durch Neuzuführungen, Umrüstungen und Modernisierungen von Technik und Bewaffnung. Mit der Indienststellung der ersten Kleinen Raketenschiffe vom Typ »Albin Köbis« begann Ende 1984 die Einführung einer neuen Generation von Überwasserstoßkräften, die sich durch effektiveren Waffeneinsatz und verbesserte Führungsmöglichkeiten auszeichnen.

Höhepunkte im Ringen um einen weiteren Zuwachs an Gefechtsbereitschaft waren die Übungen »Sojus 81«, »Val 81«, »Herbstwind 82«, »Polygon 83«, »Sojus 83«, »Okean 83«, »Herbstwind 84«, »Herbstwind 85«,

Der Generalsekretär des ZK der SED, Genosse *Erich Honecker*, überzeugt sich im Juli 1984 an Bord des KSS BERLIN – HAUPTSTADT DER DDR von der Einsatzbereitschaft der Volksmarine

»Start 86« und »Synchron 87« sowie Übungen des vereinten Geschwaders der verbündeten Ostseeflotten. Die gemeinsame Geschwaderfahrt wurde 1981 erstmalig in Verantwortung der Volksmarine vorbereitet und durchgeführt.

Neue Wege in der taktischen Ausbildung haben dazu beigetragen, reale, gefechtsnahe Lagebedingungen zu schaffen, die die Führung von Gefechtshandlungen am Tage und in der Nacht unter hoher Anspannung der Kräfte fordern. Die Ausbildungsmaßnahmen werden im Hafen umfassend vorbereitet und in See als Komplex mit höchstmöglichem Kräftebestand und umfangreicher Sicherstellung effektiv durchgeführt.

Die rückwärtigen Dienste der Volksmarine stellen die ständig hohe Gefechtsbereitschaft der Flottenkräfte sowie die schnelle Wiederherstellung ihrer Kampffähigkeit nach jedem Einsatz sicher.

Es ergibt sich immer mehr die Forderung, Kampfschiffe und -boote auf

See, also unmittelbar in den Handlungsgebieten, rückwärtig sicherzustellen. Damit wird einerseits die Ausbildungszeit voll genutzt, und andererseits ist es für die Volksmarine eine militärökonomisch sehr effektive Methode. Neue leistungsfähigere Gefechtsversorger und Hochseeversorger kommen dieser Forderung nach.

Die gemeinsame Aufgabenerfüllung bei Übungen, gemeinsame Ausbildungsmaßnahmen und enge persönliche Kontakte zu unseren Waffenbrüdern erwiesen sich dabei als wertvolle Bestandteile der täglichen Erziehung und Ausbildung der Angehörigen der Volksmarine.

Eine große Bedeutung bei der Lösung der gemeinsamen Gefechtsaufgaben durch die verbündeten sozialistischen Ostseeflotten hat das Training von Elementen des Zusammenwirkens der Kräfte. Dieses Zusammenwirken wird im Verlauf von Maßnahmen der operativen und Gefechtsausbildung planmäßig und systematisch durchgearbeitet. Unter diesen Maßnahmen nehmen die in den letzten Jahren durchgeführten Übungen der vereinten Geschwader sowie des gemeinsamen Räumverbandes einen besonderen Platz ein. Entsprechend dem Plan der gemeinsamen Maßnahmen der Vereinten Streitkräfte der Teilnehmerstaaten des Warschauer Vertrages wurde im Mai/Juni 1983 unter Leitung des Oberkommandierenden der Vereinten Streitkräfte, Marschall der Sowjetunion *V. G. Kulikow*, die Kommandostabsübung »Sojus 83« durchgearbeitet.

Im Verlaufe der Handlungen kamen Kampfschiffe und -boote, Hilfsschiffe sowie Fliegerkräfte der verbündeten Ostseeflotten zum Einsatz. Das Zusammenwirken der Stoßkräfte demonstrierte ihren hohen Ausbildungsstand. Die UAW-Kräfte bewiesen erneut, daß UAW-Schiffs- und -Fliegerkräfte der verbündeten Ostseeflotten sowohl national als auch international im Koalitionsbestand erfolgreich gemeinsame Handlungen zur Suche und Verfolgung gegnerischer U-Boote im Ostseeraum führen können.

Die Kommandostabsübung »Okean 83« im September unter Leitung des Oberbefehlshabers der Seekriegsflotte der UdSSR, Flottenadmiral der Sowjetunion *S. G. Gorschkow*, bildete einen weiteren Höhepunkt. Besondere Aufmerksamkeit galt dabei u. a. dem Schutz der Zivilschiffahrt.

Die Übungen der vereinten Geschwader und des gemeinsamen Räumverbandes sowie die zentralen Waffenabschnitte bewähren sich als neue Formen der Gefechtsausbildung. Sie sind Ausdruck eines hohen Ausbildungsstandes aller teilnehmenden Kräfte. Diese Übungen gestatten es, eine große Anzahl von Aufgaben der Gefechtsausbildung im Koalitionsbestand zu trainieren.

So bewiesen die Besatzungen der drei KSS-2. Ranges ROSTOCK, BERLIN – HAUPTSTADT DER DDR und HALLE ständig hohes Können und errangen mehrmals den Pokal »Bestes Kampfschiff« des Geschwaders. Die Küstenraketentruppen erzielten seit 1982 beim Gefechtsschießen stets ausgezeichnete Ergebnisse.

Wie überall in der NVA war es bei der Vorbereitung des XI. Parteitages der SED auch in der Volksmarine gelungen, Masseninitiativen auf Schwerpunktaufgaben zu lenken, die Einheit von Wettbewerb und Gefechtsausbildung zu verwirklichen und die Bestenbewegung qualitativ und quantitativ zu entfalten.

Die Vorbereitung des 30. Jahrestages der Nationalen Volksarmee gestaltete sich zu einem weiteren Höhepunkt auf dem Wege zum XI. Parteitag. In Würdigung ihrer hervorragenden Verdienste bei der Ausbildung und Erziehung junger Nachwuchskader wurde die Flottenschule »Walter Steffens« mit dem Karl-Marx-Orden ausgezeichnet.

Anläßlich des XI. Parteitages der SED im April 1986 bekannten sich die

Klarmachen eines Minen-Räumgerätes während der Übung »Herbstwind«

Angehörigen der Seestreitkräfte der NVA unter der Losung »Soldatentat XI. Parteitag. Jederzeit gefechtsbereit für Frieden und Sozialismus« zur Politik der Sozialistischen Einheitspartei Deutschlands, sie bekundeten ihr Vertrauen und die Entschlossenheit, bei deren Verwirklichung tatkräftig und initiativreich mitzuwirken.

Nachdrücklich unterstützte der Parteitag die neuen sowjetischen Initiativen zur schrittweisen, kontrollierten Reduzierung der nuklearen und konventionellen Rüstungen. Zugleich mußte er aber konstatieren, daß bestimmte Führungskräfte der USA und der NATO ihre Kriegsvorbereitungen forciert weiterbetreiben und die Menschheit der Gefahr eines nuklearen Krieges aussetzen.

Nach der erneuten Modernisierung ihrer sieben Zerstörer, der Indienststellung von sechs Fregatten des Typs »Bremen«, der Zuführung von 40 Raketenschnellbooten sowie der qualitativen Erneuerung des größten Teils der Marinefliegerkräfte verfügt die Marine der BRD über rund 200 Seezielraketen tragende Einheiten. Die erklärten Hauptangriffsziele der Marine-Kampfflugzeuge des Typs »Tornado« liegen in der Tiefe des Ostseeraumes.

Der XI. Parteitag der SED stellte den Waffenträgern der DDR die Aufgabe, auch weiterhin die Kampfkraft und Gefechtsbereitschaft zu vervollkommnen, um auch künftig unter allen Bedingungen in der Lage zu sein, ihren Klassenauftrag zu erfüllen. »Es ist der Sinn des Soldatseins im Sozialismus«, so hieß es im Rechenschaftsbericht des ZK an den Parteitag, »den Frieden zu erhalten, zu verhindern, daß die Waffen sprechen.«*

Eingedenk dieser hohen Verantwortung gaben die Parteimitglieder in der Volksmarine und mit ihnen die meisten Parteilosen das Versprechen ab, auf Soldatenart den Klassenauftrag zur allseitigen Stärkung der DDR mit höchsten Ergebnissen bei der steten Steigerung der Kampfkraft zu erfüllen. Sie wissen um ihre hohe friedenspolitische Verantwortung. Es geht ihnen vor allem darum, alle Möglichkeiten der Erziehung und der Gefechtsausbildung auszuschöpfen, um die politische Standfestigkeit und die militärische Meisterschaft weiter zu festigen und die Technik und Bewaffnung in kürzester Zeit so zu beherrschen, daß ihre Gefechtsmöglichkeiten voll zur Wirkung kommen. Diese Leistung zählt, wenn es darum geht, den Krieg ein für allemal aus dem Leben der Menschheit zu verbannen, wie es die 4. ZK-Tagung der SED im Juni 1987 als Auftrag der sozialistischen Streitkräfte auf der Grundlage der Militärdoktrin der Teilnehmerstaaten des Warschauer Vertrages erneut formuliert hat.

Offizieller Besuch eines Schiffsverbandes der Baltischen Flotte in Rostock – April 1987

Unter dem Befehl von erfahrenen, militärisch hochgebildeten und der Partei treu ergebenen Kommandeuren kann die Volksmarine als Teilstreitkraft der NVA auf eine gute Bilanz verweisen. Sie ist Teil der bewaffneten Macht der Arbeiterklasse, eng verbunden mit dem Volk, ein Waffenträger des sozialistischen deutschen Staates. Ihr militärischer Auftrag ist Bestandteil der weltweiten Friedenssicherung, er war und ist zutiefst gerecht.

Mit Herz und Verstand, mit allem Wissen und Können schützen die Angehörigen der Volksmarine an der Seite der Klassen- und Waffenbrüder in den verbündeten Armeen und Flotten zuverlässig das sozialistische Vaterland und den Frieden.

* Bericht des ZK der SED an den XI. Parteitag, Berlin 1986, S. 80

Torpedo contra U-Boot

In allen NATO-Flotten, vornehmlich in der Bundesmarine der BRD, werden seit längerer Zeit große Anstrengungen unternommen, die mit dieselelektrischen Aggregaten angetriebenen U-Boote zu einem schlagkräftigen Angriffsmittel weiterzuentwickeln. Wesentliche Merkmale dieser Kampfwerterhöhung sind vor allem die verbesserte Ausrüstung der U-Boote mit elektronischen Ortungsmitteln und Waffenleitanlagen sowie die erhebliche Vergrößerung der Unterwasserfahrstrekke. Neuartige komplexe technische Lösungen gewährleisten, daß nicht mehr der Überwassermarsch, sondern die Tauchfahrt der Normalzustand der U-Boote der BRD-Marine ist. Damit sollen prinzipiell bessere Möglichkeiten zur gedeckten Entfaltung und zum überraschenden Einsatz der U-Boote gegeben sein als vergleichsweise zur Zeit des zweiten Weltkrieges. Große Aufmerksamkeit soll man der Reduzierung der Schallabstrahlung gewidmet haben, so daß einschließlich der amagnetischen Bauweise der BRD-U-Boote die Ortungswahrscheinlichkeit weiter reduziert würde. Mit der Einführung drahtgelenkter Torpedos und elektronischer Waffenleitanlagen sowie neuartiger Seeminen erhoffen NATO-Marineexperten eine wesentliche Verbesserung der Waffenwirkung der U-Boote. Seit einigen Jahren wird verstärkt an der Einführung von Flügelraketen als Bewaffnung für herkömmliche U-Boote gearbeitet. Mit diesen aus Torpedorohren in Unterwasserlage zu startenden Raketen erhalten die U-Boote völlig neue Gefechtseigenschaften. Nach den 24 in Dienst gestellten U-Booten der Bundesmarine (sechs Boote des Typs »205« und 18 Boote des Typs »206«), die speziell für den Ostseeeinsatz konzipiert sind, entsteht auf den Reißbrettern bereits ein neuer, wesentlich größerer U-Boot-Typ, der als »Nordmeerklasse 211« bezeichnet wird. Auch die norwegischen und dänischen Seestreitkräfte modernisieren mit Unterstützung der BRD ihre herkömmliche U-Boot-Waffe. Bereits am 30. September 1982 unterzeichnete Norwegen einen Vertrag zum Bau von vorerst sechs Booten des Typs »6071« mit einer westdeutschen Werft. Zum U-Boot-Rüstungssektor wäre generell zu sagen, daß die am U-Boot-Bau beteiligten Werften der BRD seit Jahren zahlenmäßig mit Abstand die größten Hersteller in der westlichen Hemisphäre sind. Bislang bauten BRD-Werften über 100 herkömmliche U-Boote verschiedener Typen bis zu einer Größenordnung von 2000 t.

Als Konsequenz aus der erkennbaren Auf- und Umrüstung auf dem U-Boot-Rüstungssektor der NATO-Staaten fiel Ende der 70er Jahre die Entscheidung, die Volksmarine mit neuen U-Boot-Abwehrschiffen auszustatten, deren Kampfeigenschaften eine unter heutigen Bedingungen zuverlässige U-Boot-Bekämpfung gewährleisten. Gegenüber den älteren U-Jagdschiffen vom Typ »Hai« verfügt das moderne Küstenschutzschiff 3. Ranges* über eine wesentlich verbesserte UAW-Bewaffnung. Sie besteht aus modernen sowjetischen UAW-Torpedos und weitreichenden reaktiven Wasserbombenwerfern. Die zielsuchenden Torpedos erhalten die Zieldaten von einer leistungsstarken hydroakustischen Ortungsstation, die mit einer rechnergesteuerten Torpedofeuerleitanlage gekoppelt ist. Die vollautomatischen 57-mm- und 30-mm-Waffen sowie zwei Vierfachstarter für Nahbereichsluftabwehrraketen stellen gegenüber dem »Hai« ebenfalls eine bedeutend verbesserte Bewaffnung zur Bekämpfung gegnerischer See- und Luftkampfmittel dar. Darüber hinaus erbringen die vergrößerten Hauptabmessungen der Schiffe, verbunden mit einer leistungsstarken Antriebsanlage, erhöhte Einsatzkriterien, bezogen auf Wind und Seegang, sowie eine vergrößerte Seeausdauer (Autonomie).

Projektierung und Bau der Schiffe übertrug man wieder dem erfahrenen Kollektiv des VEB Peenewerft Wolgast. Am Entwurf der Schiffe und ihrer Ausrüstungen arbeiteten verschiedene Spezialisten des Ministeriums für Nationale Verteidigung und der Volksmarine mit, so daß die vielfältigsten Erfahrungen sowie neue Anforderungen bei der Konstruktion Berücksichtigung fanden. Kooperationspartner aus dem VEB Kombinat Schiffbau sowie andere Betriebe der Zulieferindustrie leisteten durch eine Reihe von Neuentwicklungen einen wesentlichen Beitrag zum Bau der Schiffe. Für die ausgezeichneten Leistungen im militärischen Schiffbau wurde der VEB Peenewerft Wolgast 1981 mit dem Kampforden für Verdienste um Volk und Vaterland in Gold ausgezeichnet.

Der Schiffskörper ist aus sowjetischem Schiffbaustahl in Längsspantenbauweise mit einem durchgehenden Oberdeck gebaut und durch Querschotte in zehn wasserdichte Abteilungen unterteilt. Auf dem Oberdeck sind ein Aufbau mit davorgesetztem Deckshaus und ein nach achtern vom Aufbau getrenntes Deckshaus angeordnet. Der Aufbau trägt zwei weitere Deckshäuser mit Brücken- und Peildeck. Auf letzterem ist ein Gittermast mit Rah und Saling aufgesetzt, auf dem die ver-

* Bezeichnung nach der 1985 eingeführten Klassifizierung

schiedenen Antennensysteme der Funk-, Funkmeß- und Freund-Feind-Kennanlagen montiert sind.

Zwei Torpedorohre für die UAW-Torpedos sind je Bordseite neben dem achteren Deckshaus mit konstantem Ausstoßwinkel zur Schiffslängsachse aufgestellt. Die reaktiven Wasserbombenwerfer sind vor der Brücke auf dem Aufbau (Werferdeck) installiert und haben eine automatische Nachladeeinrichtung. Sie sind wie auf den KS-Schiffen nach Höhe und Seite richtbar und werden über eine separate Feuerleitanlage eingesetzt. Die Schiffe verfügen darüber hinaus noch über zwei im Achterschiff unter Deck eingebaute ferngesteuerte Wasserbombenwurfanlagen für herkömmliche Wasserbomben durch Wurfluke im Spiegel. Sie stellen für die Nahbekämpfung von U-Booten nach wie vor eine wirksame Waffe dar. Die 57-mm-Waffe, mit einer Funkmeß-Waffenleitanlage gekoppelt, ist auf dem Achterschiff aufgestellt, während die 30-mm-Doppellafette mit ihrem Pivot auf dem vorderen Deckshaus steht. Die beiden Starter für Nahbereichs-Luftabwehrraketen sind auf dem Bootsdeck angeordnet.

Die Antriebsanlage besteht aus drei sowjetischen Hochleistungsdieselmotoren des Typs M 504, von denen die beiden Außenmaschinen auf Festpropeller wirken, die Mittelmaschine dagegen auf einen Verstellpropeller arbeitet. Bei den Motoren handelt es sich um eine Modifikation des Schnellbootmotors M 503 A, also auch eine sogenannte Stern-Reihenmaschine, hier allerdings mit 56 (!) Zylindern. Die Motoren verfügen über eine Brückenfernsteuerung und über moderne Betriebsüberwachungssysteme. Haupt- und Hilfsmaschinen sowie diverse andere Hilfsaggregate werden von einem Maschinenleitstand aus überwacht.

Ein KS-Schiff-3. Ranges während der Werfterprobung

Das erste Schiff dieser neuen Serie wurde am 9. April 1981 in Anwesenheit des Stellvertreters des Ministers und Chef des Hauptstabes der NVA, Generaloberst *Streletz*, mit dem Namen PARCHIM in Dienst gestellt. Die Werktätigen der Peenewerft übergaben es aus Anlaß des X. Parteitages der SED drei Monate vorfristig. Bereits zwei Tage nach der Indienststellung nahm das Besatzungskollektiv ein Wettbewerbsprogramm für das 2. Ausbildungshalb-

Im Maschinenraum eines KS-Schiffes 3. Ranges

Werferschießen mit reaktiven Wasserbomben im Übungsgebiet

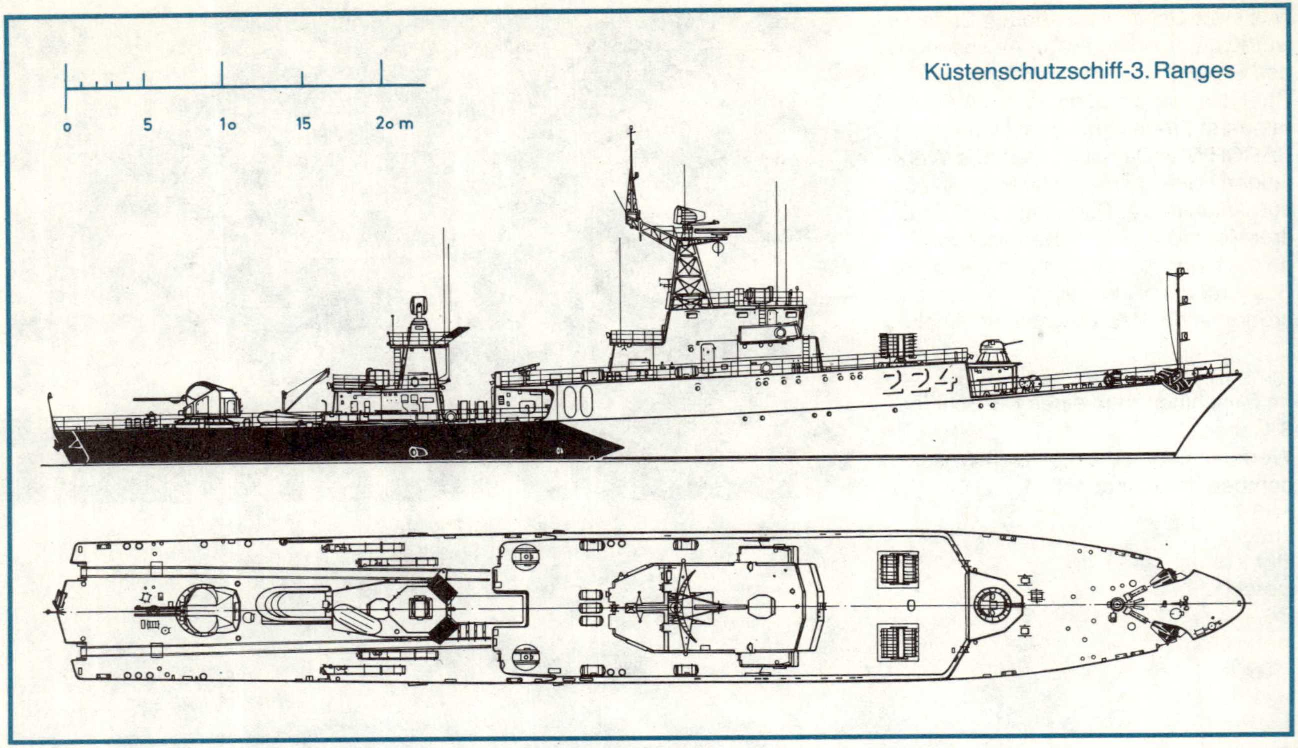

jahr an, in dem jedes Besatzungsmitglied zusätzliche Verpflichtungen zur Meisterung der modernen Kampftechnik übernahm, um so in kürzester Zeit die volle Gefechtsbereitschaft des Schiffes zu gewährleisten. Heute verfügen die Besatzungen der nacheinander in Dienst gestellten Schiffe bereits über große Erfahrungen in der U-Boot-Abwehr. Wiederholt demonstrierten sie ihre Meisterschaft bei den UAW-Ausbildungsabschnitten, zu denen in bewährter Weise sowjetische oder polnische U-Boote die Zieldarstellung übernahmen.

Höhepunkte des Zusammenwirkens mit UAW-Kräften der verbündeten sozialistischen Ostseeflotten sind das Handeln in gemeinsamen U-Boot-Such-Schlaggruppen. Gleiches trifft für das Zusammenwirken mit anderen Schiffsgruppierungen und UAW-Hubschraubern der Marinefliegerkräfte zu.

Küstenschutzschiffe-3. Ranges waren auch an Flottenbesuchen und Visiten in befreundeten Ländern beteiligt. Bereits 1981 weilte die PARCHIM vom 24. bis 28. Juli anläßlich des Tages der Sowjetischen Seekriegsflotte in Leningrad und lag hier am 26. Juli über die Toppen geflaggt im Paradeverband auf der Newa vor Anker. Die PARCHIM war 1984 ebenfalls zum offiziellen Flottenbesuch anläßlich des 40. Jahrestages der Befreiung des polnischen Volkes vom faschistischen Joch. Bei dieser 10. offiziellen Volksmarine-Visite im benachbarten Bruderland, wo aus gleichem Anlaß auch der sowjetische Raketenkreuzer GROSNY und das große UAW-Schiff SWIREPI anwesend waren, ehrten die Besatzungen der Volksmarine das Andenken der bei der Befreiung Polens gefallenen sowjetischen und polnischen Soldaten, Flieger und Matrosen mit einer Kranzniederlegung am Grabmal der Sowjetarmee und am Denkmal für die Helden der Westerplatte.

Auch die weiteren in Dienst gestellten KS-Schiffe waren an gemeinsamen Manövern und Übungen beteiligt, so u. a. bei »Sojus 83« und den Geschwaderfahrten 1985 und 1987. Für das Ausbildungsjahr 1985/86 rief die Besatzung des KSS BERGEN die Angehörigen der Volksmarine zum sozialistischen Wettbewerb auf. Auf einer Zusammenkunft Ende 1986 erklärte *Ernst Timm*, Mitglied des ZK und 1. Sekretär der Bezirksleitung Rostock der SED: »Es ist eine großartige Sache, zu erleben, mit welchen Ergebnissen die Besatzung des KSS BERGEN in diesem Ausbildungsjahr durch ihr engagiertes Wirken dazu beiträgt, Kampfkraft und Gefechtsbereitschaft zu steigern, um jederzeit Frieden und Sozialismus zu schützen«.

Die rückwärtigen Dienste zur See

Um den ständig wachsenden Anforderungen einer allseitigen Sicherstellung der Kampfeinheiten der Volksmarine gerecht zu werden, stellte Ende der 70er Jahre die DDR-Werftindustrie eine neue Generation von Hilfsschiffen für die rückwärtigen Dienste der Volksmarine bereit. Der hohe Stand der Gefechtsbereitschaft der Flottenkräfte erforderte in weit größerem Maße als früher die allseitige Versorgung der Kampfschiffe und -boote auf See, also unmittelbar in ihren Handlungsgebieten, sicherzustellen. Die Ausrüstung der Hilfsschiffe mit modernen Übergabeeinrichtungen soll zugleich eine zügige Versorgung der Kampfschiffe mit festen und flüssigen Gütern unter Gefechtsbedingungen gewährleisten und darüber hinaus die Ausnutzung der zur Verfügung stehenden Ausbildungszeit für die Besatzungen der Kampfschiffe in See verbessern. Nicht zuletzt hat die Volksmarine auch bereit zu sein, Versorgungs- und Transportaufgaben für andere Teilstreitkräfte der NVA zu erfüllen.

Versorgung von Kampfschiffen in See heißt unter heutigen Bedingungen eine komplexe Sicherstellung einschließlich der Hilfeleistung bei der Instandsetzung beschädigter Kampfschiffe unter Gefechtsbedingungen. Aufgaben, die in früheren Zeiten gesondert Marinetanker, Proviant- und Munitionstransporter übernahmen, werden heute von universell ausgerüsteten Versorgern mit Bunker- und Staukapazität erfüllt. Gegenüber den früheren Hilfsschiffen stellen diese Fahrzeuge eine völlig neue Qualität dar, zumal bei einigen Versorgungsgütern analog der zivilen Schiffahrt moderne Transporttechnologien wie z. B. Paletten und Container in Anwendung kommen. Die neue Generation der Flotten- oder Hochseeversorger verfügt über moderne funkelektronische Schiffsführungsmittel, Nachrichtenanlagen und ist zum Teil mit modernen Waffensystemen zur Selbstverteidigung ausgerüstet. Speziell in der Volksmarine wurden neue, moderne schwimmende Stützpunkte mit Eigenantrieb eingeführt, die außer der täglichen Versorgung und Sicherstellung von Kampfschiffseinheiten auch ähnliche Aufgaben wie die Versorger übernehmen können.

Unter den genannten Bedingungen wurden ab 1978 im VEB Peenewerft Wolgast zwei Gefechtsversorger (Hochseeversorger) auf der Grundlage des Projektes der mittleren Landungsschiffe konstruiert und gebaut. Hauptabmessungen, Schiffskörper, Laderaum und Bugklappe sowie die Antriebsanlage entsprechen im wesentlichen denen der Landungsschiffe. Die Ausrüstung und zum Teil die Einrichtung der Schiffe wurden entsprechend ihrer Aufgabe modifiziert. Äußerliches Hauptmerkmal ist der hydraulische Schiffswippkran 2 Hy SWK 8 mit einer Tragfähigkeit von 80 kN. Zur Übernahme und Übergabe von festen Versorgungsgütern in See oder in Basierungspunkten mit dem Bordkran sind im Oberdeck dieser Schiffe Ladeluken eingelassen. Im Laderaum können außer Fahrzeugen aller Art auch Paletten und Container gestaut werden. Die Beibehaltung der Grundkonzeption der Landungsschiffe gestattet sowohl die Versorgung von Schiffen in See als auch die Anlandung von Nachschubgütern und speziellen Ausrüstungen an nicht eingerichteten Küstenabschnitten.

Darüber hinaus kann dieser Typ ebenfalls Rad- und Kettentechnik anlanden. Die Bewaffnung der Gefechtsversorger mit zwei 57-mm-Doppellafetten ist analog den Landungsschiffen. An Stelle der zwei 30-mm-Zwillingsgeschütze sind bei diesen Fahrzeugen auf dem Vorschiff zwei 25-mm-Doppellafetten des Typs 2-M-3 aufgestellt. Zusätzliche Ausrüstungen sind Großraumfender, Motorschlauchboot und Arbeitsboot sowie Einrichtungen zur Übergabe flüssiger Güter wie Kraft- und Schmierstoffe, Trinkwasser und Kondensat.

Das erste Schiff wurde unter dem Namen NORDPERD am 3. Oktober 1979 feierlich in Dienst gestellt. Das Schwesterschiff erhielt den Namen SÜDPERD, der Tag seiner Indienststellung war der 26. Februar 1980. Schon bald erhielten die Schiffe vielfältige Aufgaben zur Versorgung von Flottenkräften und zum Transport militärischer Güter. Der Hochseeversorger NORDPERD begleitete im Juli 1981 die ROSTOCK und die PARCHIM zu einem Flottenbesuch nach Leningrad. Beide Schiffe waren bereits an längeren Ausbildungsfahrten eines gemeinsamen Hilfsschiffsverbandes der verbündeten Flotten beteiligt. Der Transport spezieller Güter und Ausrüstungen führte die Schiffe wiederholt in Häfen oder Stützpunkte der sozialistischen Bruderländer im Ostseeraum. Im Rahmen ihrer Gefechtsausbildung sowie bei Versorgungsaufgaben eigneten sich die Besatzungskollektive der Gefechtsversorger inzwischen umfangreiche Erfahrungen an. Durch realisierte Neuerervorschläge aus den Reihen der Besatzungen konnten die Versorgungsmöglichkeiten der Schiffe verbessert werden.

Ebenfalls Ende der 70er Jahre erhielt der VEB Schiffswerft »Neptun« Ro-

E36

E61

Der Hochseeversorger SÜDPERD, eine Modifikation des Landungsschiffes

Brückenwache auf dem Hochseeversorger KÜHLUNG

stock einen Projektierungsauftrag für einen neuen Hochseeversorger für die Volksmarine.

Die Kiellegung des ersten Schiffes für das Fahrtgebiet »Unbegrenzte Fahrt« fand am 14. Dezember 1981 statt, der Stapellauf am 27. Februar 1982 in Anwesenheit des Stellvertreters des Chefs der Volksmarine und Chefs der Rückwärtigen Dienste, Konteradmiral *H. Hofmann*. Taufpatin des Schiffes – es erhielt den Namen DARSS – mit traditionellem Sektflaschenwurf war die Genossin *Ursula Eichler*, eine verdienstvolle Zivilbeschäftigte der Volksmarine. In seiner Taufansprache dankte der Chef der Rückwärtigen Dienste allen am Bau des Schiffes beteiligten Werftangehörigen für ihre ausgezeichneten Leistungen, mit denen sie einen weiteren Höhepunkt in der langjährigen, traditionell guten Zusammenarbeit zwischen der Neptun-Werft und der Volksmarine schufen.

Die Schiffe sind als Backdecker mit achtern angeordneter Maschinenanlage ausgeführt. Der Schiffkörper hat zwei Decks, das Vorschiff ist mit einem Bugwulst versehen. In dem achtern angeordneten Deckshaus befinden sich Brücke, Unterkunfts- und Versorgungsräume sowie technische Räume. Zwischen den Ladeluken ist der gleiche hydraulische 80-kN-Bordwippkran aufgestellt, mit dem auch die Gefechtsversorger ausgerüstet sind. Außerdem verfügen die Schiffe über spezielle Übergabeausrüstungen, mit denen die Versorgung von Kampfschiffen im Querabverfahren sowie mit Kraftstoff auch achteraus möglich ist. In den Laderäumen können sowohl verschiedene Versorgungsgüter als auch Container gestaut werden. Zur Ausrüstung gehören ebenfalls Großraumfender und ein Arbeitsboot.

Der Hochseeversorger WITTOW läuft zum Versorgungspunkt

Als Antriebsmaschine ist ein sowjetischer 12-Zylinder-Zweitakt-V-Motor eingebaut. Den Vortrieb gewährleistet ein vierflügliger Verstellpropeller, der in einer festen Kortdüse läuft. Die Energieversorgung übernehmen vier Diesel-Generatorsätze mit dem Motor 6 VD 18/15 mit einer Leistung von je 130 kW. Zur Dampfversorgung der Heizungs- und Sanitäranlagen verfügen die Schiffe über einen Hilfsdampfkessel DGS 0,4. Eine Ruderanlage nach dem System »Jenckel« verleiht den Schiffen sehr gute Manövriereigenschaften. Die Hochseeversorger können mit drei 25-mm-Doppellafetten bewaffnet werden.

Dem ersten Hochseeversorger folgten inzwischen weitere Schiffe dieses Typs, die alle Namen nach Landschaften oder Orten an der Ostseeküste erhielten, wie MÖNCHGUT, WITTOW, KÜHLUNG u. a. Einige dieser Versorger handeln auch als Werkstattschiff oder als Versuchsschiff. Ihren hohen Ausbildungsstand demonstrierten die Besatzungskollektive bei mehreren Höhepunkten in der rückwärtigen Sicherstellung der Flotte. So war die DARSS im Ausbildungsjahr 1982/83 an der Sicherstellung der Kräfte des gemeinsamen Verbandes der sozialistischen Ostseeflotten »Geschwader 83« beteiligt, bei der die teilnehmenden Schiffe auch in der Nordsee und im Europäischen Nordmeer handelten. Die KÜHLUNG begleitete 1984 und 1987 das Schulschiff der Volksmarine WILHELM PIECK auf seiner Ausbildungsfahrt in das Mittelmeer und in das Schwarze Meer. Einige der Hochseeversorger waren auch an der Sicherstellung des Artillerie-, Raketen- und Werferschießens beteiligt. Einen besonderen Höhepunkt bildete für einige der beteiligten Hochseeversorger die Übung »Testat 83«, bei der u. a. neue Elemente der rückwärtigen Sicherstellung von Flottenkräften auf Herz und Nieren geprüft wurden.

Hochseeversorger Typ »Nordperd«

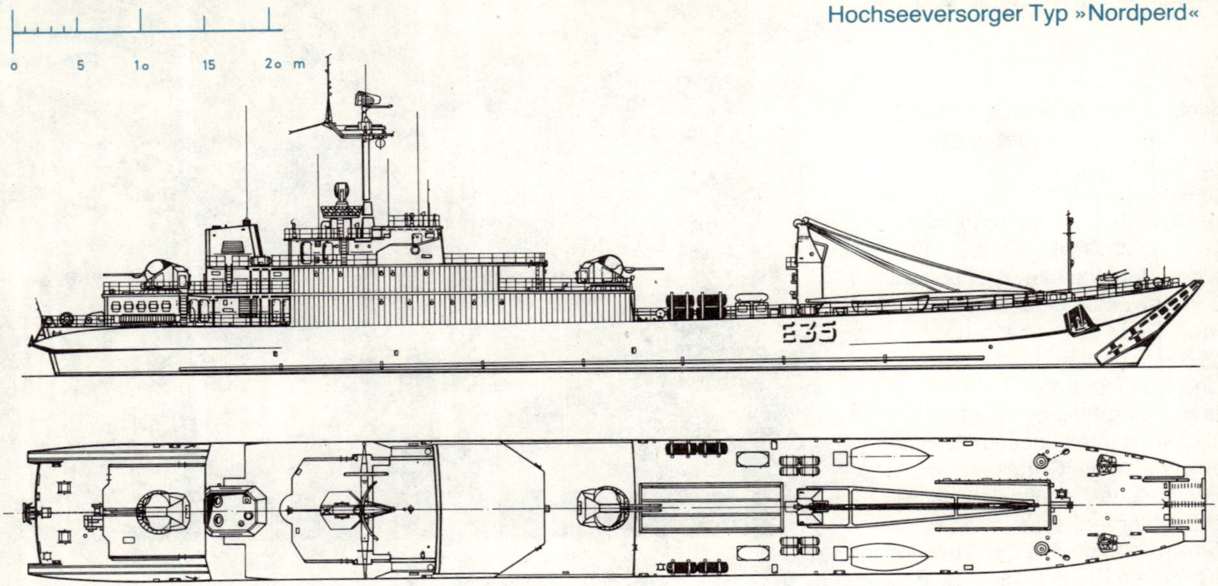

Hochseeversorger Typ »Darß«

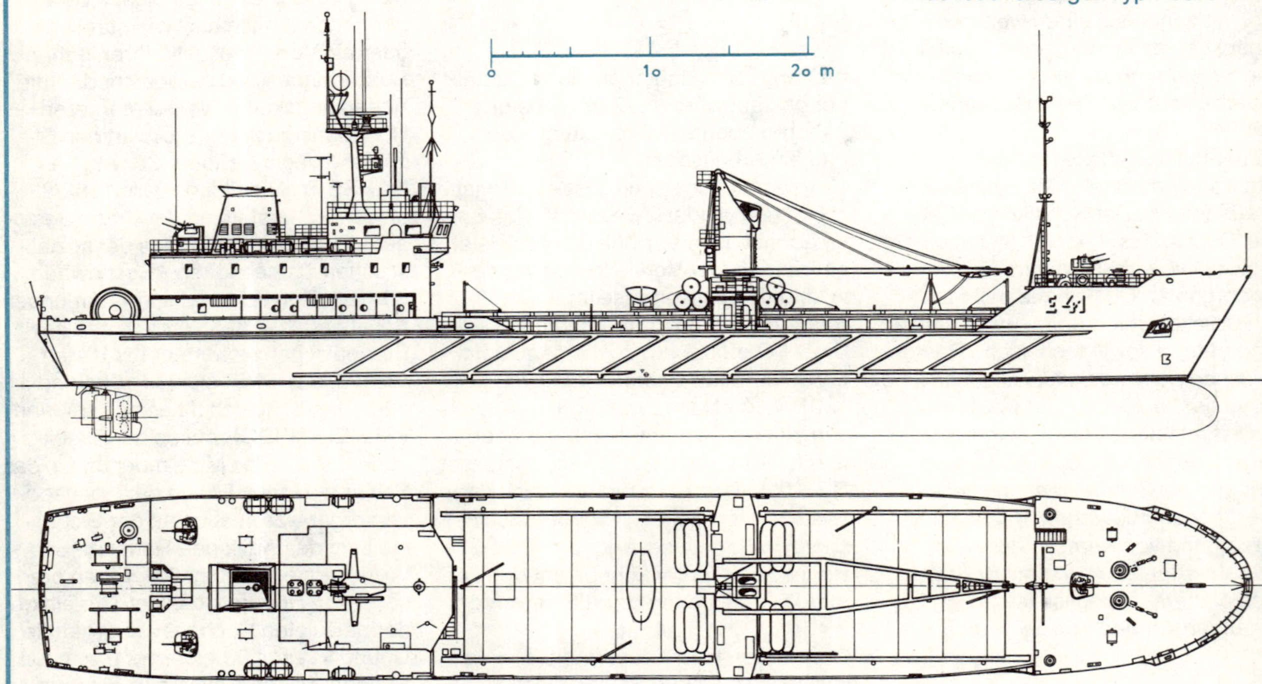

Technische Angaben	**Hochsee-versorger »Darß«**
Verdrängung, voll:	2292 t
Länge ü. a.:	76,29 m
Breite:	12,09 m
Tiefgang:	4,15 m
Antrieb:	1 DM »40 DM«
Leistung:	1470 kW
Geschwindigkeit:	12 sm/h
Bewaffnung:	6 × 25 mm

Hochseereede- und Hafenschlepper während der Abnahmefahrt in Leningrad

Im August 1983 wurde der Volksmarine ein neuer Hochseereede- und Hafenschlepper zugeführt, der mit einer leistungsstarken Antriebsanlage besonders größere Schiffe besser schleppen und bugsieren kann. Den auf einer sowjetischen Binnenwerft gebauten Schlepper übernahm die Besatzung der Volksmarine in Zusammenarbeit mit dem VEA Schiffscommerz auf einer Leningrader Werft und überführte ihn anschließend auf dem Seeweg.

Die Hauptabmessungen und die wesentlichste Ausrüstung entsprechen den bereits seit einigen Jahren beim VEB Bagger-, Bugsier- und Bergungsreederei eingesetzten Schleppern des gleichen Typs. Der Schiffskörper ist in Querspantenbauweise hergestellt und durch Querschotte in fünf wasserdichte Abteilungen untergliedert. Als Antriebsmaschinen arbeiten zwei 6-Zylinder-Zweitakt-Dieselmotoren. Den Vortrieb übernehmen Verstellpropeller mit Brückenfernsteuerung, die in schwenkbaren Ruderdüsen laufen. Der Schlepper hat eine Zugkraft von 140 kN bei 3 sm/h Fahrt. Zur Bordversorgung mit Elektroenergie dienen ein Diesel-Generatorsatz, Leistung 25 kW, und ein Wellengenerator mit ebenfalls 25 kW Leistung. Zur Leck- und Brandbekämpfung auf havarierten Schiffen verfügt der Schlepper über eine umfangreiche Lenz- und Feuerlöschausrüstung, darunter auch eine leistungsstarke Schaumfeuerlöschanlage sowie eine »Wasserkanone« (Feuerlöschlafettenrohr) mit einer Förderleistung von 220 m^3/h.

71

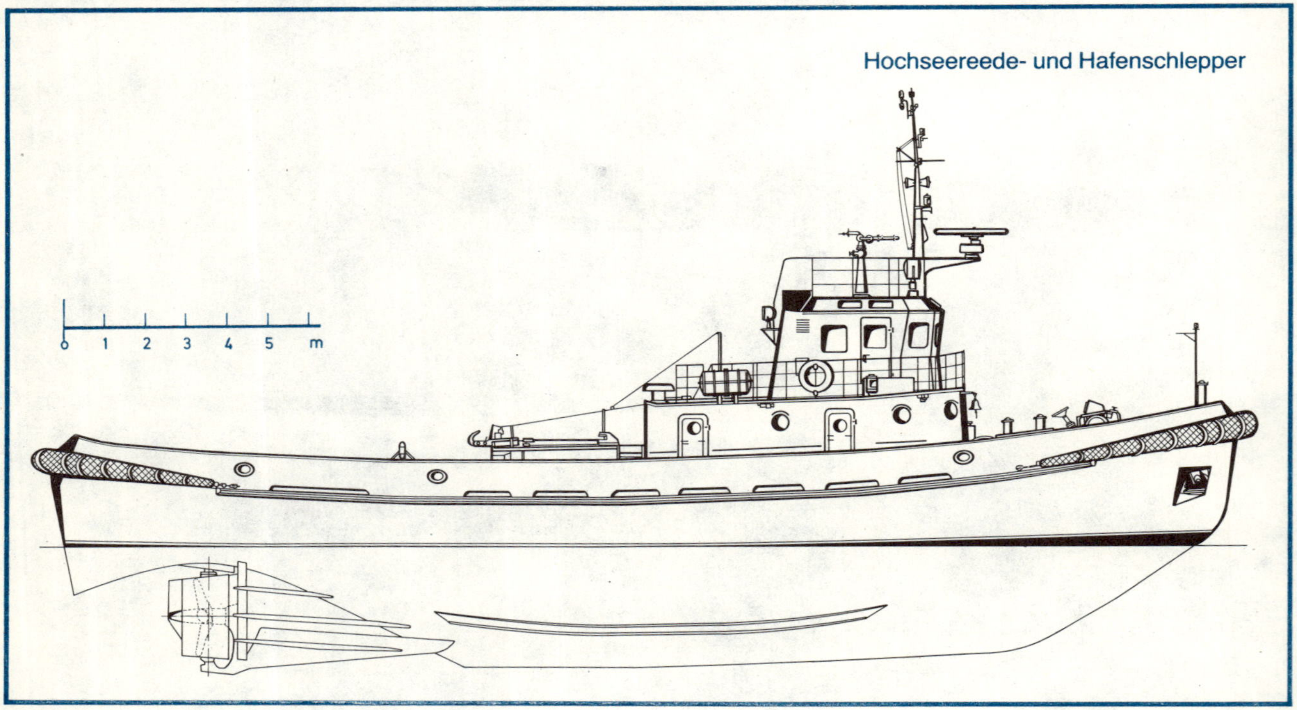
Hochseereede- und Hafenschlepper
0
1
2
3
4
5
m

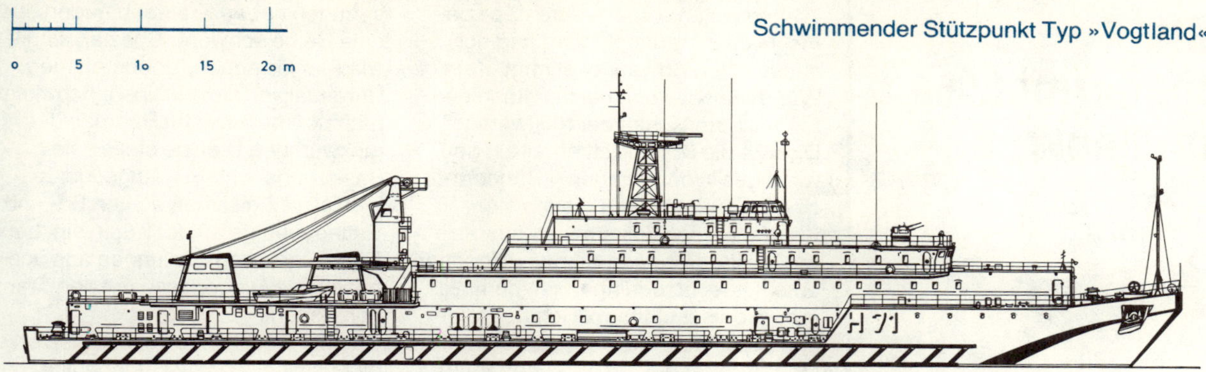

Schwimmender Stützpunkt Typ »Vogtland«

Schwimmender Stützpunkt VOGTLAND

Technische Angaben	**Schwimmender Stützpunkt »Vogtland«**
Verdrängung, voll:	2393 t
Länge ü. a.:	89,41 m
Breite ü. a.:	13,22 m
Tiefgang:	2,36 m
Antrieb:	2 DM »6 VD 18/5 AL 1«
Leistung:	694 kW
Bewaffnung:	4 × 25 mm

Technische Angaben	**Reede- und Hafenschlepper**
Verdrängung, voll:	300 t
Länge ü. a.:	29,3 m
Breite (WL):	8,3 m
Tiefgang, KWL:	3,7 m
Antrieb:	2 DM
Leistung:	882 kW
Geschwindigkeit:	11 sm/h

Als Ersatz für die älteren schwimmenden Stützpunkte erhielt die Volksmarine, beginnend ab Juni 1984, neue schwimmende Stützpunkte, die über wesentlich verbesserte Ausrüstungen und Einrichtungen zur Sicherstellung anliegender Kampfbootseinheiten verfügen. Gegenüber den früheren Stützpunkten haben diese Schiffe einen Eigenantrieb, so daß sie in der Lage sind, unter bestimmten Bedingungen selbständig zu überführen oder zu verlegen. Die Schiffe können auch einen längeren Reedebetrieb für die jeweilige Einheit allseitig sicherstellen.

Große Aufmerksamkeit wurde der Verbesserung der Dienst- und Lebensbedingungen der an Bord untergebrachten Besatzungskollektive einer Kampfbootseinheit gewidmet. So verfügen die Schiffe u. a. über eine Sauna, Bordbäckerei, verschiedene Klub- und Freizeiträume, Kino und Sportraum und ein Lazarett. Für die Einhaltung der geltenden Umweltschutzbestimmungen sind eine Müllverbrennungsanlage sowie Anlagen zur Bilgenwasserentölung und Abwasserreinigung vorgesehen. Zur Übergabe von Versorgungsgütern sind diese Schiffe ebenfalls mit dem 80-kN-Kran 2 Hy SWK 8 ausgerüstet. Zum Vortrieb des Schiffes dienen zwei 6-Zylinder-Viertakt-Dieselmotoren. Zwei Motoren vom gleichen Typ mit Generatoren gekoppelt übernehmen die Energieversorgung der Schiffe. Für Sanitär- und Wirtschaftsanlagen steht außerdem ein vollautomatischer Hilfsdampfkessel DGS 1,6 zur Verfügung. Die Schiffe sind zur Selbstverteidigung mit zwei 25-mm-Doppellafetten und Startanlagen für Nahbereichs-Luftabwehrraketen bewaffnet. Der erste schwimmende Stützpunkt, gebaut im VEB Peenewerft Wolgast, wurde im Juli 1984 unter dem Namen VOGTLAND in der Volksmarine in Dienst gestellt. Ein zweites Schiff lief am 21. Februar 1984 vom Stapel und erhielt den Namen ALTMARK. Inzwischen wurden weitere Schiffe dieses Typs in Dienst gestellt. Sie erhielten die Namen HAVELLAND, HARZ, BÖRDE und UCKERMARK.

Mit Bändermütze am Lenkrad

Die ständige Einsatzbereitschaft der Kampfschiffe und Boote sowie der Marineflieger wäre ohne eine allseitige Sicherstellung durch die Angehörigen der landseitigen rückwärtigen Dienste undenkbar.

Gegenwärtig wird das Antlitz der Technik der rückwärtigen Dienste durch einen hohen Anteil mobiler Transport-, Lager- und Werkstatteinrichtungen, durch Regelkomplexe für Waffensysteme sowie durch Spezialtechnik der Marinepioniere und der chemischen Abwehr bestimmt. Kein Wunder also, wenn bei der ständigen Einsatzbereitschaft der rückwärtigen Dienste die Militärkraftfahrer ein gewichtiges Wort mitreden. »Bändermütze am Lenkrad« – für die meisten Kraftfahrer der Volksmarine natürlich nur im übertragenen Sinne gültig, denn unter Gefechtsbedingungen dominieren Felddienstuniform, Schutzmaske und Stahlhelm! Nicht wenige der Militärkraftfahrer dienen als sogenannte »Doppel-Funktioner«. Außer dem Führen des Kraftfahrzeuges obliegen ihnen auch der Einsatz oder die Bedienung technischer Anlagen oder Spezialausrüstungen wie z. B. mobiler Hochdruckverdichter, Pumpstationen oder Autodrehkrane.

Militärkraftfahrer und Spezialeinheiten der rückwärtigen Dienste eines Verbandes der Volksmarine zur Musterung angetreten

Die Marinepioniere der Volksmarine verfügen neben Kraftfahrzeugen über eine Reihe schwerer Spezialtechnik wie Planierraupen, Überkopflader, Universalpioniermaschinen, Schwimmpfahlrammen u. a. Im Rahmen der rückwärtigen Dienste stellen sie Basierungs- und Führungspunkte pioniermäßig sicher, richten Be- und Entladepunkte an der Küste ein, bauen Deckungen und Stellungen aus und beseitigen Hindernisse auf den Transportwegen.

In der Geschichte der Marinepioniere gibt es nicht wenige Höhepunkte, bei denen die Matrosen, Maate und Offiziere ihren hohen Ausbildungsstand und ihre Einsatzbereitschaft auch unter härtesten Bedingungen unter Beweis stellten. Erinnert sei an den Brückenschlag über die Trebel im Februar 1966. Auf Bitten der staatlichen Organe bauten die Marinepioniere im Rahmen eines Ausbildungsabschnittes unter feldmäßigen Bedingungen eine 55 m lange und 4 m breite Brücke zu einer kleinen Insel nahe der Ortschaft Degelsdorf im Kreis Grimmen. Mit dieser

Brücke konnte die ortsansässige LPG »Neues Deutschland« 150 Hektar neues Weideland erschließen und damit die Futtergrundlage für rund 450 Kühe schaffen. Voller Dankbarkeit werteten die LPG-Bauern diese Unterstützung als Ausdruck der Verbundenheit zwischen der Nationalen Volksarmee und den Genossenschaftsbauern der DDR. Ähnliche Hilfeleistungen gab es wiederholt, wobei die Marinepioniere besonders bei der Beseitigung von Schäden halfen, die durch Witterungsunbilden entstanden waren.
Im Bestand der rückwärtigen Dienste handeln auch Marine-Flakbatterien, deren Bedienungen mit leichten Fla-Geschützen die Aufgaben der Truppenluftabwehr erfüllen.

Ebenfalls zu den noch mit Spezial-Kfz ausgerüsteten Einheiten der Volksmarine gehören die Küstenraketen. Diese mobilen Waffensysteme übernehmen die unmittelbare Verteidigung der Küstenabschnitte der DDR gegen von See angreifende gegnerische Kampfschiffe. Die erste Ausrüstung dieser Spezialeinheiten bestand aus sowjetischen Seezielraketen des Typs »Sopka« (Länge: 8,20 m, Durchmesser: 1,20 m, Spannweite: 4,80 m). Diese von einer schwenkbaren Rampe zu startenden Raketen verfügten über einen Funkmeß-Zielsuchkopf. Den Startvorgang stellte eine am Heck angebrachte abwerfbare Feststoffrakete sicher, den Vortrieb in der Flugphase übernahm ein normales Luftstrahltriebwerk. Mit diesem Küstenverteidigungssystem waren auch die Flotten anderer sozialistischer Bruderarmeen ausgerüstet. Eine Startrampe mit der Rakete »Sopka« ist heute im Armeemuseum der DDR in Dresden zu besichtigen. Auf der Militärparade anläßlich des 35. Jahrestages der DDR am 7. Oktober 1984 wurde ein neues Küstenver-

Rückwärtige Dienste der Volksmarine beim Ausrüsten eines RS-Bootes der sowjetischen Seestreitkräfte

teidigungssystem der Volksmarine gezeigt. Als Basisfahrzeug für die Leitstation und den Starthangar dient der sowjetische Achtrad-LKW MAZ-543, der als mobile Startrampe auch von anderen sowjetischen operativ-taktischen Raketen her bekannt ist.

Zu den sicherstellenden Einheiten gehören letztlich auch die Hafenkommandos der Volksmarine, deren Angehörige den sogenannten kleinen Schiffsverkehr in den Stützpunkten, auf den Seewasserstraßen einschließlich der jeweiligen Reede gewährleisten. Dazu zählen der Personentransport, der Transport von Ausrüstungen, Kurierfahrten, das Schleppen und Bugsieren von Kampfbooten, Schwimmtanks und anderer schwimmender Mittel. Die Hafenkommandos verfügen über verschiedene Typen von Schleppbooten und Motorbarkassen, die von der Typenentwicklung her ebenfalls über eine eigene Geschichte verfügen.

Neben einigen Verkehrsbooten, Anfang der 50er Jahre als Einzelboote für die Seepolizei gebaut (Verkehrsboot »55« vom VEB Peenewerft Wolgast), wurde vom VEB Yachtwerft Berlin eine erste Standardbarkasse Typ »MB 12« in größerer Stückzahl hergestellt.

Ab 1959 erhielten die Hafenkommandos neue Motorbarkassen des Typs »MB 13«, deren äußerst solide Bauausführung eine fast 20jährige Einsatzzeit gewährleistete. Diese Barkassen waren in Kompositbauweise hergestellt. Der Antriebsmotor, ein 6-Zylinder-Viertaktdiesel Typ 6 VD 14,5, auch EM-6-Motor genannt, arbeitete mit einer Leistung von 66 kW auch bei dem bewährten LKW Typ H 6.

Zwischenzeitlich wurden ab Herbst 1964 größere Schleppboote des Typs »Elbe« in Dienst gestellt, die besonders zu Verhol- und Schleppaufgaben genutzt werden. Die vom VEB Yachtwerft Berlin erbauten Fahrzeuge setzte auch der SHD als Vermessungsboote ein.

1973 folgten dann leistungsstärkere Schleppboote des Typs »Warnow«, ebenfalls auf der Yachtwerft Berlin gefertigt. Als Ersatz für die nacheinander außer Dienst gestellten Barkassen des Typs »MB 13« baute die Yachtwerft ab 1976 die modernen Barkassen des Typs »407«. Diese Verkehrsboote werden in einer Modifikation auch als

Schwimmkran der Volksmarine

Mobile Startrampe der Küstenrakete »Sopka«. Sie gehörte Mitte der 60er Jahre zur Ausrüstung der Volksmarine

Moderne Startrampen der Küstenverteidigung

31-413

21-604

Reedeverkehrsboot »066« vom VEB Schiffswerft Rechlin

Schulboote an der Offiziershochschule der Volksmarine und bei der GST genutzt. Neben den genannten Fahrzeugen verfügt die Volksmarine auch noch über schnelle Mehrzweckboote des Typs »066«, die der VEB Schiffswerft Rechlin entwickelt hatte. Das erste Boot dieser Serie wurde zu Ehren des VII. Parteitages der SED am 28. April 1967 an die Nationale Volksarmee übergeben. Dieser Bootstyp findet auch als Grenzsicherungsfahrzeug Verwendung.

Die Matrosen, Maate, Meister und Fähnriche der Hafenkommandos leisten als Boots- und Barkassenführer bzw. als Motorengasten einen wichtigen Beitrag zur Sicherstellung des täglichen Dienstes in den Stützpunkten der Volksmarine. Durch das Schleppen oder Verholen von Kampfbooten zu ihren Liegeplätzen erfüllen sie zugleich eine militärökonomische Aufgabe zur Senkung des Kraftstoffverbrauches.

Ältere Motorbarkasse »MB 13« der Hafenkommandos
Moderne Motorbarkasse

Technische Angaben	Schleppboot »Elbe«	Schleppboot »Warnow«	Motorbarkasse »407«
Verdrängung:	18t	25,5t	17,3t
Länge ü. a.:	14,20m	15,25m	14,55m
Breite:	3,25m	3,80m	3,97m
Tiefgang:	0,99m	0,93m	0,92m
Antrieb:	1 DM »4 NVD 21/2«	1 DM »6 VD 14,5/12-1«	1 DM »6 VD 14,5/12-1«
Leistung:	66kW	77kW	102kW

Schleppboot Typ »Elbe«

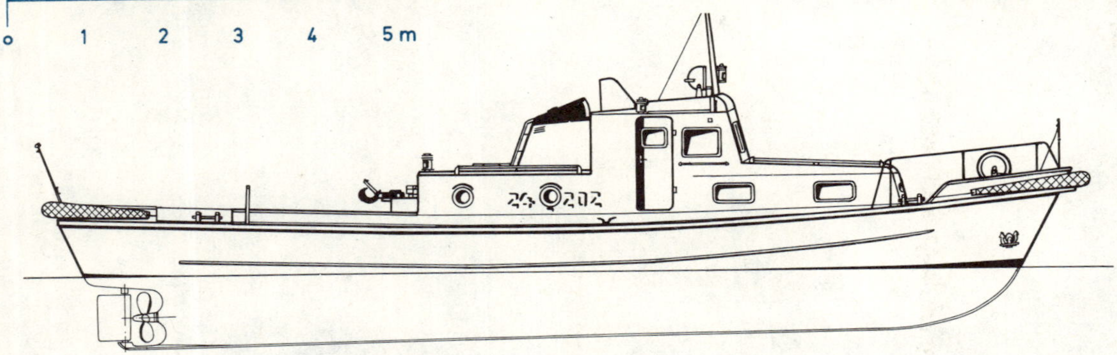

Reedeverkehrsboot »066«

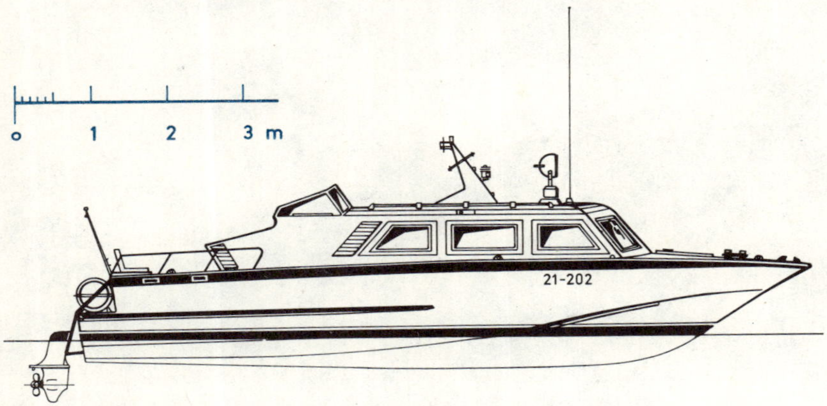

Motorbarkasse »407«

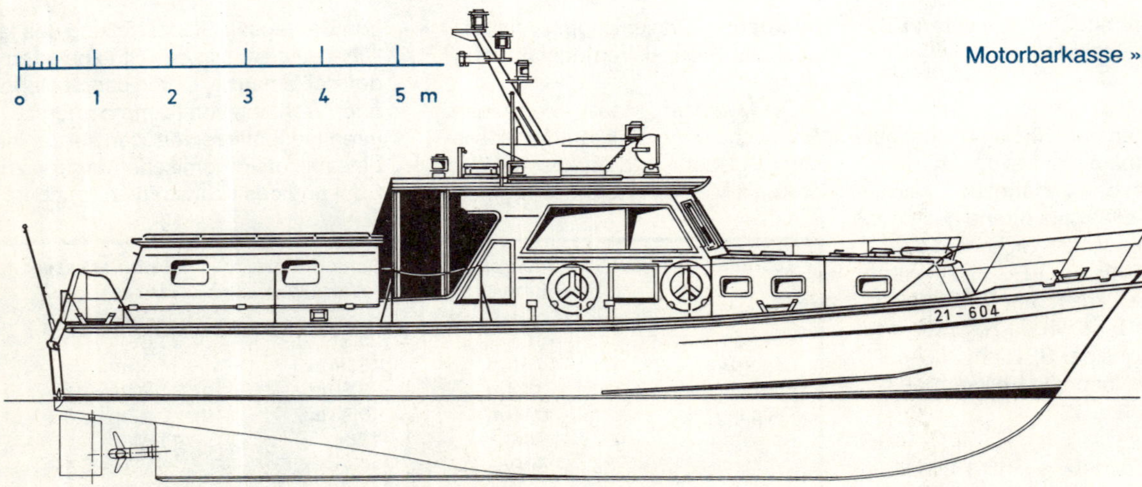

Seekarten, Tonnen und Leuchtfeuer

Die Entwicklung der Seestreitkräfte der Nationalen Volksarmee sowie des gesamten Seeverkehrs und der Hafenwirtschaft der DDR ist untrennbar mit der Geschichte des Seehydrographischen Dienstes der DDR verbunden. Die Mitarbeiter dieses Spezialdienstes schufen Anfang der 50er Jahre unter komplizierten Bedingungen die Voraussetzungen zur nautischen Sicherheit in den Küstengewässern, auf den Ansteuerungen und Seewasserstraßen der DDR. Gegründet wurde der Seehydrographische Dienst (SHD) auf der Grundlage eines Regierungsbeschlusses vom 27. Juni 1950. In diesem Beschluß heißt es u. a.: »... der Seehydrographische Dienst der DDR hat für die Schiffahrt und Fischerei der DDR und für den internationalen Schiffsverkehr Aufgaben des nautischen Dienstes zu erfüllen, den Seewetterdienst und meereskundliche und erdmagnetische Forschungen durchzuführen.«

Strukturmäßig wurde der SHD von Beginn seiner Arbeitsaufnahme der damaligen Seepolizei angegliedert. Die technische Ausrüstung in den schweren Anfangsjahren war aus heutiger Sicht mehr als bescheiden. Die wenigen bei Kriegsende vorhandenen Instrumente, Geräte und Seezeichen hatten den technischen Entwicklungsstand der 30er Jahre. Sämtliche Vermessungsunterlagen über das Küstengebiet der DDR befanden sich in der BRD. Wenige Spezialisten versuchten mit Hilfskräften eine erste technische Basis aufzubauen sowie einige Fahrzeuge für seeseitige Arbeiten flottzumachen. Es stand buchstäblich nur ein Sammelsurium aus zum Teil »uralten« Dampfern und Barkassen zur Verfügung, die weder über Hebezeuge verfügten noch über spezielle technische Ausrüstungen. Einige der bereits arbeitenden Werftbetriebe unterstützten den SHD beim Klarmachen der betagten Fahrzeuge für ihre zukünftigen Aufgaben. Unter ihnen befanden sich nicht wenige dampfgetriebene Fahrzeuge, wie z. B. das Dampfschiff MÖWE mit dem Baujahr 1898! Oder der ehemalige Seeschlepper WOLF, er wurde später in BUK umbenannt, der bereits seit Anfang der 20er Jahre in seinem nassen Element schwamm und dessen Dampfkessel noch mit Kohle per Hand befeuert wurde.

Eine erste Verbesserung der Arbeitsbedingungen trat durch die Bereitstellung einiger Neubauschiffe aus dem Fischereifahrzeugprogramm ein, darunter einige 17- und 24-Meter-Fischkutter, ein Seiner (501/2) sowie Motorbarkassen, die allerdings allesamt für ihre Aufgabenerfüllung modifiziert werden mußten. Weiterhin übernahm der SHD einige ehemalige Räumboote vom Typ »Schwalbe«, die erst zu Seezeichenkontrollbooten umgebaut wurden.

Im ersten Jahrzehnt seiner Entwicklung erfuhr der SHD einige funktionelle Veränderungen, die der Effektivität und der Verbesserung der gesamten nautisch-hydrographischen Arbeit in der DDR dienten. So übernahm 1952 der SHD auch den Seezeichendienst, wogegen er den Wasserstands- und Eisdienst abgab. Auch das inzwischen aufgebaute Institut für Meereskunde wurde 1960 der Akademie der Wissenschaften der DDR angegliedert.

Anfang der 60er Jahre konnten be-

Der erste Tonnenleger MÖWE, ein Veteran aus dem Jahre 1898

Vermessungsschiff KARL F. GAUSS (JORDAN)

deutende Fortschritte beim weiteren Ausbau des SHD erzielt werden. Die vier bestehenden Tonnenhöfe (Einrichtungen zur Wartung und Instandsetzung von Seezeichen) wurden zu leistungsfähigen technischen Basen ausgebaut. Ab 1962 führte die Werftindustrie der DDR dem SHD kontinuierlich neue Fahrzeuge zu, die erstmalig als Spezialfahrzeuge projektiert und gebaut wurden. So der Tonnenleger FREESENDORF (1962) und der Tonnen- und Kabelleger DORNBUSCH (1964). Letzterer war als Projekt »27« mit einer umfangreichen Spezialausrüstung im VEB Peenewerft Wolgast als Einzelschiff gebaut worden. 1968 folgten dann acht Seezeichenkontrollboote des Typs »SK 64«, die vom Dezember 1967 bis Dezember 1968 nacheinander die Peenewerft lieferte. Der alte dampfgetriebene Tonnenleger BUK (ex WOLF) wurde 1969 außer Dienst gestellt. Seinen Namen übernahm ein 1969 aus der Volksrepublik Polen importierter Tonnenleger.

In den 70er Jahren wurde der SHD mit weiteren technischen Mitteln und modernen Fahrzeugen ausgestattet, die allen Anforderungen mit internationalem Niveau gerecht werden. Eine neue Druckerei kann Seekarten und andere nautische Dokumente nach modernen Verfahren herstellen. Seezeichen wurden von Propan auf E-Betrieb umgestellt. Insgesamt werden heute etwa 250 feste und 2500 schwimmende Seezeichen betrieben.

1976 erhielt der SHD das moderne Vermessungsschiff CARL FR. GAUSS. Dieses Spezialfahrzeug ist auf der Grundlage des MSR-Schiffes im VEB Peenewerft Wolgast gebaut worden. Schiffskörper und Antriebsanlage entsprechen weitestgehend dem genannten Minensucher, wogegen die Einrichtung und die Ausrüstung ganz den Erfordernissen eines Vermessungsschiffes angepaßt sind. Für hydrographische Arbeiten ist das Schiff mit mo-

Tonnen- und Kabelleger DORNBUSCH aus der Peenewerft
Seezeichenkontrollboot »SK 64«

DORNBUSCH

ESPER ORT

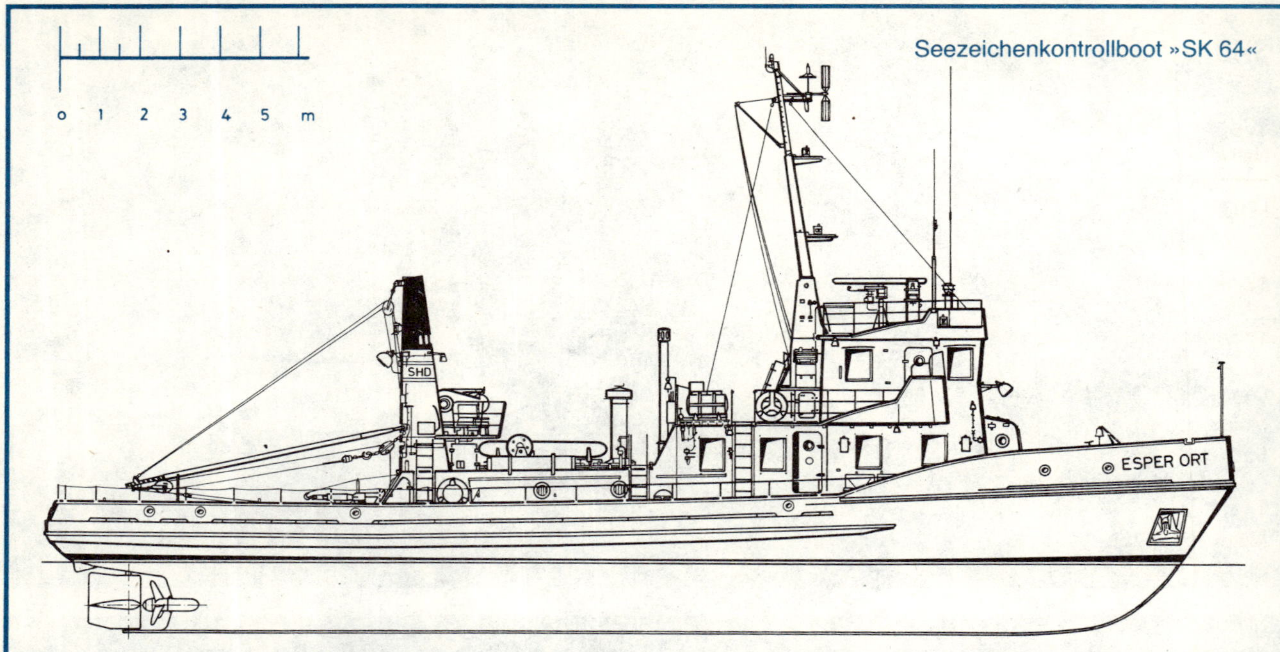

Seezeichenkontrollboot »SK 64«

Technische Angaben	**Seezeichenkontrollboot »SK 64«**	**Tonnenleger BUK (II)**
Verdrängung, voll:	151,8 t	480 t
Länge ü. a.:	29,50 m	53,5 m
Breite:	6,2 m	9,0 m
Tiefgang:	1,86 m	4,2 m
Antrieb:	1 DM »8 NVD 36.1 A«	2 DM »6 NVD 48 A2U«
Leistung:	425 kW	1270 kW
Geschwindigkeit:	11 sm/h	12 sm/h

dernen, rechnergestützten Anlagen ausgerüstet. Dazu zählen Funknavigationsempfänger »Mark 21«, Echograph »Deso 10«, Bordkartierungssystem »Autocarta-S« u. a. Dem Schiff ist außerdem eine mobile Funknavigationskette »Hi-Fix-6« mit vier Sendeanlagen zugeordnet. Für Vermessungsarbeiten in flachen Gewässern führt das Schiff das kleine Vermessungsboot GAUSS I mit, das mit bordeigenen Mitteln ausgesetzt und aufgenommen werden kann. Auch dieses Boot hat moderne Vermessungstechnik an Bord.

Um die Leistungsfähigkeit dieser Vermessungstechnik zu veranschaulichen, sei ein Beispiel genannt. Während früher Tiefen mühselig mit einem Handlot gemessen wurden, gibt das Echolot der CARL FR. GAUSS je Sekunde fünf Lotungen an. Das ergibt bei etwa 12stündigem Einsatz des Schiffes 200 000 Tiefeninformationen, die mit elektronischer Datenverarbeitung für Vermessungsunterlagen weiter aufbereitet werden.

1977 wurden dem SHD drei weitere Seezeichenkontrollboote des Projektes »601« übergeben, die eine verbesserte Ausführung des Projektes »SK 64« darstellen (GELLEN, ARKONA, DARSSER ORT).

Im Dezember 1980 kam ein neuer Tonnenleger des Projektes »872« hinzu. Das Schiff wurde in der VR Polen auf der Nord-Werft in Gdansk erbaut und beim SHD unter dem Namen DORNBUSCH in Dienst gestellt (der ältere Tonnen- und Kabelleger DORNBUSCH wurde 1980 außer Dienst gestellt und abgebrochen). Der neue Tonnenleger kann an Oberdeck 23 Seezeichen transportieren (Gesamtzuladung: 70 Tonnen). Zum Aufnehmen von Tonnen steht ein Bordwippkran mit einer Traglast von 70 kN zur Verfügung. Das Schiff ist ebenfalls mit Geräten für hydrographische Arbeiten ausgerüstet, darunter vier Echolotan-

SHD-Schiffe bis Ende 1953

Typ Name	Verwendung	Bemerkungen
Logger J. L. KRÜGER	Forschungsschiff	Baujahr: 1951; Übergabe 1960 an die Akademie der Wissenschaften der DDR; umbenannt in PROF. ALBRECHT PENCK
17-Meter-Kutter HYDROGRAPH	Vermessungsschiff	Baujahr: 1949; umbenannt in J. L. KRÜGER; außer Dienst: 1972
17-Meter-Kutter STRALSUND	Seezeichenkontrollboot	Baujahr: 1949; umbenannt in FLAGGTIEF; außer Dienst: 1968
Logger ALFRED MERZ	Tonnenleger	Umbau: 1952; außer Dienst: 1963
Motorboot HYDROLOGE	Vermessungsboot	Umbau: 1950; außer Dienst: 1957
Barkasse ERNA	Vermessungsboot	Baujahr: 1923; Übergabe 1957 an das Institut für Meereskunde
Tjalk SENTA	Vermessungsschiff	Baujahr: 1930; Rückgabe 1956 an Eigner
Motorboot SEEMÖWE	Vermessungsboot	Baujahr: 1946; außer Dienst: 1955
Barkasse BORWIN	Seezeichenboot	Baujahr: 1931; umbenannt in WALFISCH; außer Dienst: 1968
Motorboot ORION	Seezeichenboot	Umbenannt in GOLLWITZ; außer Dienst: 1965
Motorboot KRANICH	Vermessungsboot	Übergabe 1960 an das Institut für Meereskunde
Motorboot SCHWALBE	Vermessungsboot	Außer Dienst: 1957
Tonnenleger MÖWE	Tonnenleger	Baujahr: 1898; umbenannt in DORNBUSCH; außer Dienst: 1964
Schlepper WOLF	Tonnenleger	Baujahr: 1906; umbenannt in BUK; außer Dienst: 1969
Seezeichenschiff BLITZ	Seezeichenschiff	Umbenannt in GELLEN; außer Dienst: 1957
Seezeichenschiff LEITHOLM	Seezeichenschiff	Umbenannt in DÄNHOLM; außer Dienst: 1957
Frachtschiff MARS	Tonnenleger	Umbenannt in FREESENDORF; außer Dienst: 1957
Motorboot SEXTANT	Vermessungsboot	Baujahr: 1952; außer Dienst: 1957
Motorboot KOMPASS	Vermessungsboot	Baujahr: 1952; außer Dienst: 1957
Seiner KARL F. GAUSS	Vermessungsschiff	Baujahr: 1952; umbenannt in JORDAN; außer Dienst: 1982
24-Meter-Kutter MAGNETOLOGE	Forschungsschiff	Baujahr: 1953; Übergabe 1960 an das Institut für Meereskunde
24-Meter-Kutter JORDAN	Vermessungsschiff	Baujahr: 1953; außer Dienst: 1976
Schlepper ROLAND	Seezeichenboot	Außer Dienst: Anfang der 60er Jahre
Schute BARTH	Wohnschiff	Außer Dienst: 1960

lagen. Außerdem sind an Bord ein hydrologisches Labor und technische Räume für kartographische Arbeiten eingerichtet.

Ein weiteres modernes SHD-Fahrzeug ist die 1982 zugeführte Vermessungsbarkasse BESSEL, die der VEB Yachtwerft Berlin auf der Basis der Motorbarkasse Projekt »407« gefertigt hat. Zusammen mit dem ebenfalls neu zugeführten Arbeits- und Wohnschiff MERCATOR, das noch eine slipbare kleine Vermessungsbarkasse mitführt, bilden die drei Schiffe eine moderne hydrographische Vermessungseinheit.

In den 35 Jahren seiner Geschichte hat sich der SHD zu einem leistungsfähigen, international geachteten Spezialdienst entwickelt. Seit 1975 ist der SHD Mitglied des Internationalen Seezeichenverbandes (IALA – International Association of Lighthouse Authorities) und nahm an den internationalen

SHD
DORNBUSCH

SHD
CARL FR. GAUSS

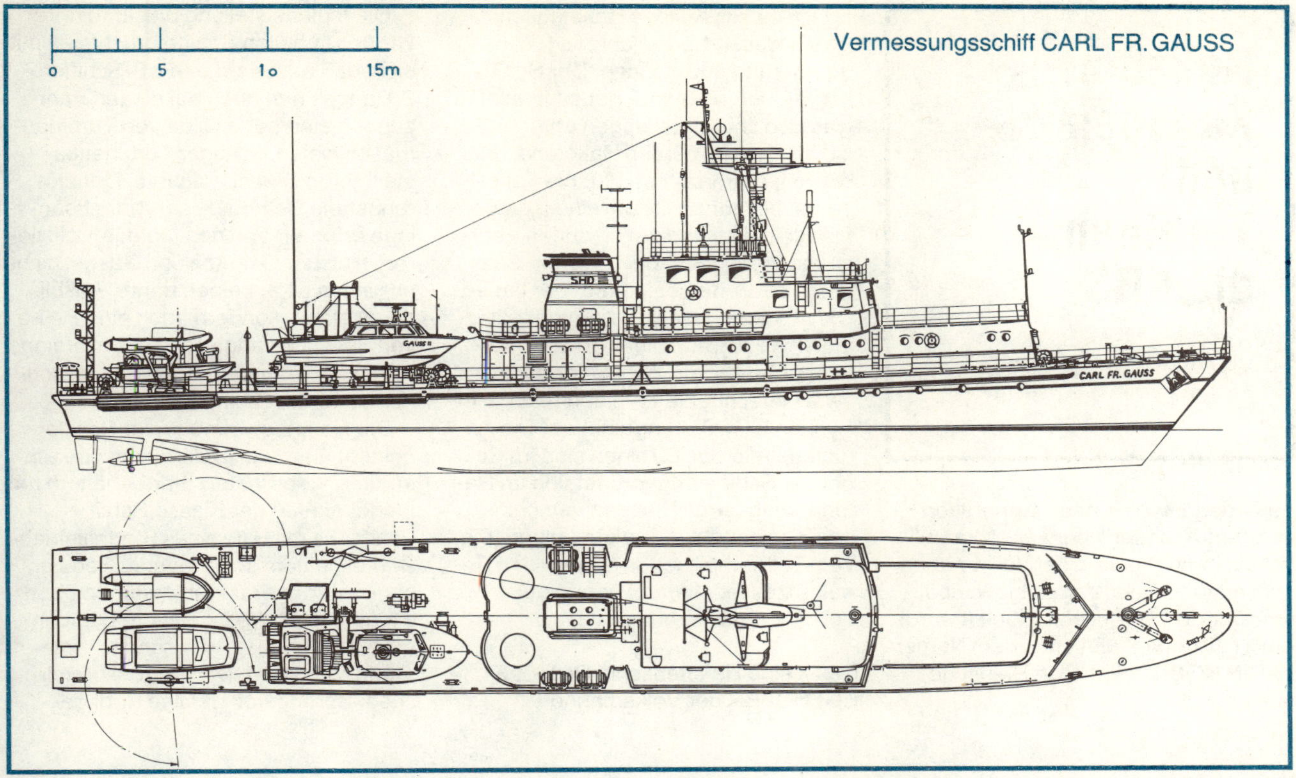

Konferenzen dieser Organisation in Ottawa (1975), Tokio (1980) und Brighton (1985) teil. Ebenfalls seit 1975 arbeitet der SHD im Technischen Komitee für Maritime Markierungssysteme mit und war maßgeblich an der Ausarbeitung des internationalen IALA-Betonnungssystems beteiligt. Auf dieses neue System wurde die DDR-Betonnung 1980 umgestellt. 1982 nahm erstmalig eine Delegation des SHD an der XII. Internationalen Hydrographischen Konferenz in Monaco als Beobachter teil. 1985 ist die DDR dieser Organisation als Mitglied beigetreten.

Der aus der VR Polen importierte neue Tonnenleger DORNBUSCH
Vermessungsschiff CARL FR. GAUSS vom VEB Peenewerft Wolgast

Technische Angaben	Tonnenleger DORNBUSCH	Vermessungsschiff CARL FR. GAUSS
Verdrängung, voll:	1200 t	490 t
Länge ü. a.:	61,3 m	56,52 m
Breite:	10,8 m	7,76 m
Tiefgang:	4,5 m	2,35 m
Antrieb:	2 DM »Cegielski-Sulzer«	2 DM »40 DM«
Leistung:	1420 kW	3680 kW
Geschwindigkeit:	13 sm/h	19 sm/h

Heute verfügen die Mitarbeiter des SHD über moderne technische Mittel, mit denen sie alle Aufgaben erfüllen. Zahlreiche Kollektive sowohl an Land als auch auf den Spezialschiffen kämpfen mit viel Elan und Tatkraft um den Staatstitel Kollektiv der sozialistischen Arbeit. Für die stets zuverlässige Aufgabenerfüllung wurde der SHD 1960 anläßlich seines 10jährigen Bestehens mit der Verdienstmedaille der NVA in Gold ausgezeichnet. 1975 ist dem SHD der Kampforden für Verdienste um Volk und Vaterland in Gold und 1986 der Vaterländische Verdienstorden in Gold verliehen worden.

Raketen, Kanonen und Turbinen – die KRS

1984 begann eine neue Generation raketentragender Überwasserkampfschiffe ihren Dienst in der Volksmarine. Das erste von der Verteidigungsindustrie der UdSSR gelieferte Schiff wurde am 31. Oktober 1984 unter dem Namen ALBIN KÖBIS feierlich in Dienst gestellt.

Dieses, als Kleines Raketenschiff (KRS) klassifizierte Fahrzeug, verdrängt rund 400 Tonnen. Der Schiffskörper, durch neun Schotten in acht wasserdichte Abteilungen unterteilt, ist, ähnlich wie bei den Raketenschnellbooten, so konzipiert, daß die Fahrzeuge bei hohen Geschwindigkeiten als Gleitschiff und bei niedrigen Fahrstufen, besonders bei höherem Seegang, als normaler Verdränger laufen. Die moderne Zweiwellenantriebsanlage mit Festpropeller wird über Verbundgetriebe von zwei Marsch- und zwei Gefechts-Gasturbinen nach dem System COGAG angetrieben. Die Abgasaustritte der Turbinen sind im Spiegel der Schiffe angeordnet und im Hafenbetrieb durch Klappen verschlossen. Die gesamte Antriebsanlage, mit zum Teil komplizierten Steuer- und Regelprozessen, verfügt über einen hohen Automatisierungsgrad.

Das kleine Raketenschiff RUDOLF EGLHOFER der Volksmarine

Die Indienststellung dieser für ihre Größe schnellen Schiffe brachte es mit sich, daß außer auf den KS-Schiffen 2. Ranges nun auch auf diesen Fahrzeugen eine neue Gilde von Turbinenmaschinisten, richtiger Turbinengasten, ihren Dienst aufnahm. Der störungsfreie Betrieb dieser Antriebsanlage erfordert von den Ingenieuroffizieren, Meistern, Maaten und Gasten nicht nur einen allgemeinen hohen Ausbildungsstand, sondern auch eine Reihe von Spezialkenntnissen, was allerdings nicht nur die Angehörigen des Maschinengefechtsabschnittes betrifft.

Die Hauptbewaffnung der Schiffe besteht aus zwei je Bordseite übereinander angeordneten Startbehältern für Flügelraketen der Klasse Schiff – Schiff. Die mit Hilfe eines Starthilfstriebwerkes, einem sogenannten Booster, abgefeuerten Raketen verfügen über ein automatisches Zielsuch- und Lenksystem mit hoher Auffassungs- und Treffgenauigkeit. Der mit herkömmlichem Sprengstoff gefüllte Kopf ge-

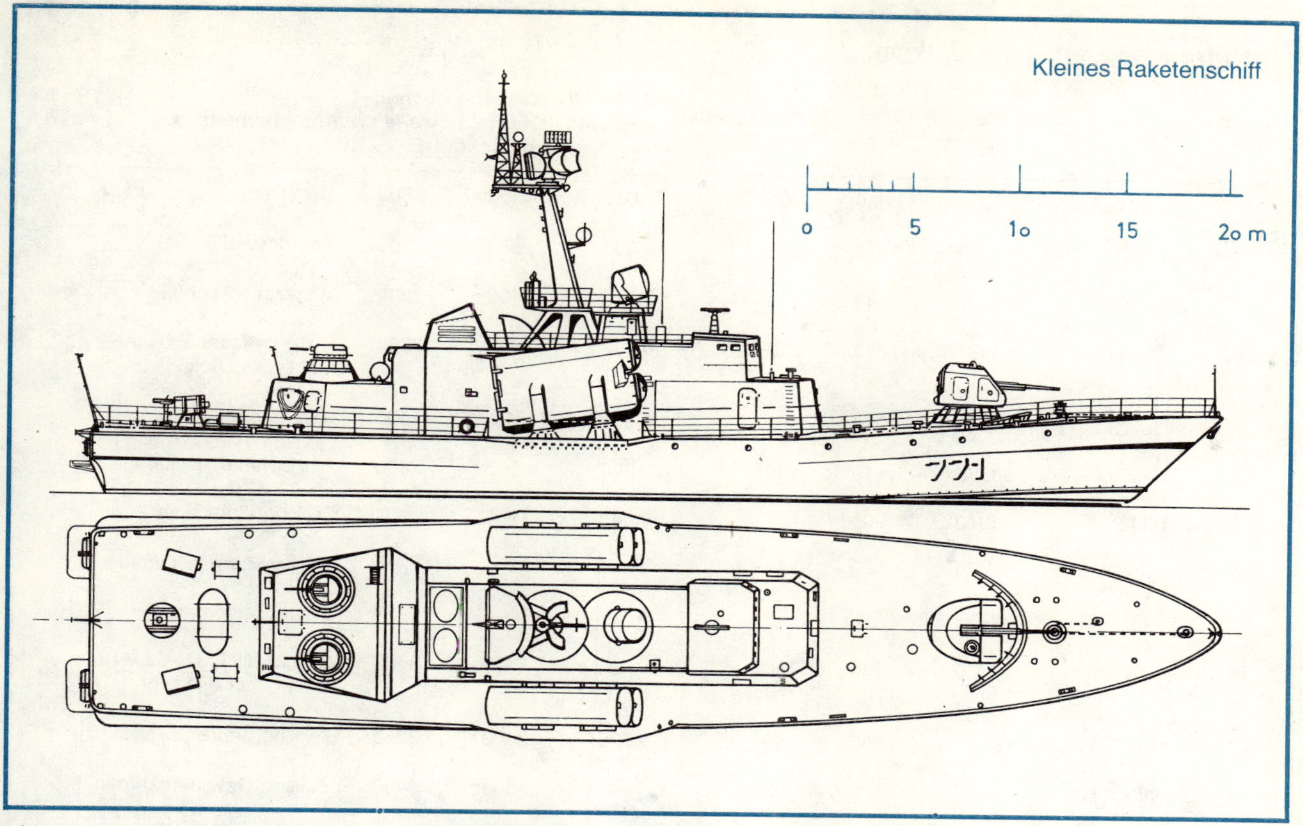

währleistet eine hohe Vernichtungskraft im Zielobjekt.

Als Artilleriebewaffnung verfügen die KRS über ein, auf dem Vorschiff aufgestelltes, automatisches 76-mm-Universalgeschütz sowie über zwei auf dem achteren Deckshaus installierte sechsläufige 30-mm-Geschütze, auch als »Revolverkanonen« bezeichnet. Letztere sind ebenfalls automatische Waffen mit einer hohen Feuergeschwindigkeit, die besonders zur Abwehr schnell und tief fliegender Luftangriffsmittel erforderlich sind. Zur Nahbereichsabwehr gehört noch ein Vierfachstarter für Luftabwehrraketen, ein maritimer Schwestertyp der bewährten Rakete der Truppenluftabwehr der Landstreitkräfte.

Zur funkelektronischen Ausrüstung gehören verschiedene Funkmeßnavigations- und Waffenleitanlagen, Anlagen für die Nachrichtenverbindungen sowie für den funkelektronischen Kampf.

In Fortschreibung der Traditionen der Raketenschnellbootskräfte der Volksmarine wurden die bisher absolvierten Raketenschießabschnitte der neuen KRS mit besten Ergebnissen abgeschlossen.

Eine nicht alltägliche Leistung vollbrachte 1986 Stabsobermeister Boris Pinc, Funkmeßtechniker auf dem KRS PAUL EISENSCHNEIDER. Seine Funkmeßanlage hatte am Vortag des Raketenschießens eine Störung. Das hieß Durchsicht und Herstellung der Einsatzbereitschaft in den Nachtstunden. Am nächsten Tag war es bewölkt, und auch der Seegang beeinträchtigte das Schießen. Funkmeßunterreichweiten machten die Erarbeitung der Werte mit der Funkmeßanlage schwieriger. Durch das ausgezeichnete Können und die hohe Einsatzbereitschaft gelang es Stabsobermeister Pinc, die Ausgangswerte für die Rakete durch die Anlage erarbeiten zu lassen – Raketentreffer.

Weitere inzwischen in Dienst gestellte Schiffe dieses Typs erhielten u. a. die Namen FRITZ GLOBIG, PAUL EISENSCHNEIDER, HANS BEIMLER, RUDOLF EGLHOFER.

Artilleriegeschütze der Volksmarine[1]

Kaliber mm	Typ	Kaliberlänge	Vo m/s	Feuergeschw. Schuß/min	Geschoßgewicht kg	Masse des Gesch. kg	Schußweite m	Anmerkungen
12,7	Fla-MG DschK	–	850	600	0,052	34	3500	Einzel- und Zwillingswaffe
14,5	2-M-7	L/40	1010	550	0,063	550	2500	Zwillingswaffe
20	Flak 38[2]	L/112	840	480	0,115	400	2200	Magazin, 20 Schuß
20	Oerlikon[2]	L/37	810	210	0,112	450	2200	Rückstoßlader, Trommelmagazin 60 Schuß
23	ZU-23-2	–	970	400	0,200	–	2500	KTS-Boote
25	84-KM	L/78	910	240	0,280	835	3800	Einzelwaffe, Steckmagazin
25	2-M-3	L/40	900	450	0,280	1500	–	Zwilling, Gurtkasten
30	AK 230	–	–	–	–	–	–	Zwillingsturm, automatisch
30	–	–	–	–	–	–	–	6 Läufe, automatisch
37	70 K	L/70	880	180	–	1750	3600	Schulschiff E. THÄLMANN und MLR-Schiff »Habicht«
37	W-11-M	–	880	180	0,730	3400	3250	Zwilling, handstabilisiert
57	SIF-31 B	L/85	1020	120	–	14500	8400	Zwilling, Patronenrahmen
57	–	–	–	–	–	–	–	Zwillingsturm, automatisch
76	–	–	–	–	–	–	–	Zwillingsturm, automatisch
76	–	–	–	–	–	–	–	Einzelwaffe, automatisch
85	90 K	L/52	800	18	16,17	5500	15500	Granatpatronen
100	B-34	L/60	900	15	–	14000	21500	Granatpatronen

[1] Bis auf [2] alle Waffen sowjetischer Herkunft
[2] Beutewaffen, von der Sowjetunion übergeben

Hauptantriebsmotoren auf Schiffen und Booten der Volksmarine

Typ	Bauform	Zylinder	*D* mm	*H* mm	*V* l	*E*	*P* kW	*n* U/min	G kg	Anmerkung
Jumo 205 D	Zweitakt-Gegen-kolbenmotor	6	105	2 × 160	16,6	16,2	441	2200	–	ehem. Flugzeug-motor
6 KVD 43A	Viertakt-Reihenmotor	6	350	430	249	–	882	550	15000	MLR-Schiffe »Habicht« und »Krake«
6 NVD 26A	Viertakt-Reihenmotor	6	180	260	39,7	14	198	750	3250	R-Boote »Schwalbe« u. KS-Boote/mod.
8 DV 136	Viertakt-Reihenmotor	8	240	360	130	–	294	500	8600	Hilfsschiffe
30 D	Zweitakt-V-Motor	12	230	304	148	–	1323	800	8150	U-Jäger »201-M«
40 D	Zweitakt-V-Motor	12	230	304	148	–	1618	750	9750	aufgeladen
M 50-F3	Viertakt-V-Motor	12	180	209	62,4	13,5	919	1850	1700	Schnellboote
M 503 A	Stern-Reihenmotor	42	160	170	147,1	15	2942	2200	5400	Schnellboote
68 B	Zweitakt-Gegen-kolbenmotor	18	230	2 × 300	448,7	–	5884	900	42000	Doppelreihen-motor
61 B	Zweitakt-Gegen-kolbenmotor	16	230	2 × 300	398	–	4413	850	40000	Doppelreihen-motor
M 504	Stern-Reihen-motor	56	160	170	191,4	–	3493	1950	7500	–

Verzeichnis der Schiffsnamen

Namensverzeichnis der TS-Boote Projekt »183«

183/ 1 JULIUS ADLER
183/ 2 ETKAR ANDRÉ
183/ 3 RUDOLF BREITSCHEID
183/ 4 RUDI ARNDT
183/ 5 HERBERT BALZER
183/ 6 WILLI BÄNSCH
183/ 7 BERNHARD BÄSTLEIN
183/ 8 ARTUR BECKER
183/ 9 FRITZ BEHN
183/10 HANS BEIMLER
183/11 HANS COPPIE
183/12 HANNE GÜNTHER
183/13 FRITZ HECKERT
183/14 ADAM KUCKHOFF
183/15 ARVID HARNACK
183/16 BRUNO KÜHN
183/17 ERICH KUTTNER
183/18 HEINZ KAPELLE
183/19 FRITZ LESCH
183/20 WILHELM LEUSCHNER
183/21 FRITZ RIEDEL
183/22 JOSEF RÖMER
183/23 MAX ROSCHER
183/24 FIETE SCHULZE (ex WILLI SACHSE)
183/25 ANTON SAEFKOW
183/26 ERNST SCHNELLER
183/27 WOLFGANG THIES

Literaturquellen

Adam, M.; Müller, R.; Nobis, G.: Sperrgast. Berlin, 1975.
AK-Voraus, Jahrgang 1955.
Autorenkollektiv: Unsere Volksmarine. Berlin, 1961.
Autorenkollektiv: Blaublusen voran. Rostock, 1966.
Autorenkollektiv: Uns eint der Rote Oktober. Rostock, 1966.
Autorenkollektiv: Bewährung auf See, Rostock, 1978.
Autorenkollektiv: Waffenbrüder – vereint zur See. Rostock, 1979.
Autorenkollektiv: Rechliner Schiffbauer einst und heute. Geschichte des VEB Schiffswerft Rechlin, Teile 1 bis 3, 1981.
Autorenkollektiv: Schriftenreihe der Sektion Gesellschaftswissenschaften der Offiziershochschule der Volksmarine »Karl Liebknecht«. H.26/1982.
Autorenkollektiv: Auf gleichem Kurs, Rostock, 1983.
Autorenkollektiv: NATO-Chronik, Fakten, Dokumente. Berlin, 1983.
Autorenkollektiv: Chronik des VEB Peenewerft Wolgast (Auszug), 1984.
Autorenkollektiv: Geschichte der Deutschen Demokratischen Republik. Berlin, 1984.
Autorenkollektiv: Armee für Frieden und Sozialismus. Berlin, 1985, 1987.
Autorenkollektiv: Volksmarine ein Ehrenname. Politische Verwaltung der Volksmarine, 1985.
Berger, H.: Zur Geschichte des Seehydrographischen Dienstes der DDR (Manuskript). Rostock, 1984.
Berger, U.; Wünsche, W.: Jugendlexikon Militärwesen. Berlin, 1984.
Ehm, W.: Zwei Jahrzehnte zuverlässiger Schutz zur See. In: Seewirtschaft, H.8/1976.
Ehm, W.: Die Entwicklung der Volksmarine der NVA. In: Militärgeschichte, H.4/1979.
Ehm, W.: Wichtigste Aufgabe: Kampf um hohe Gefechtsbereitschaft. In: Volksarmee, Nr.33/1983.
Ehm, W.: Gefechtsnahe Ausbildung und politisch-moralische und psychologische Vorbereitung. In: Militärwesen, H.2/1985.
Ehm, W.: 30 Jahre Seestreitkräfte der NVA – Bilanz und Perspektive. In: Militärwesen, H.1–2/1986.
Hofmann, H.: Volksmarine der DDR – zuverlässiger Partner der verbündeten Ostseeflotten. In: Militärtechnik, H.2/1981.
Hofmann, H.: Die Angehörigen der rückwärtigen Dienste der Volksmarine stellen sich den Aufgaben der nächsten Jahre. In: Militärtechnik, H.2/1984.
Kopenhagen, W.: Die Schiffe der Volksmarine. In: Jugend und Technik, H.11/1981.
Kramer, R.: Schiffsbergungen an der Küste der DDR (Manuskript). Rostock, 1984.
Otte, E.: Die Grenzbrigade-Küste (Diplomarbeit).

Zeitungen/Zeitschriften

Auf Gefechtskurs, Jahrgänge 1970 bis 1987.
Flottenecho, Jahrgänge 1956 bis 1962.

Bildquellenverzeichnis

Archiv Armeemuseum der DDR (2), Archiv Grenzbrigade-Küste (1), Archiv GST (2), Archiv Kombinat Schiffbau Rostock (3), Archiv Kramer, W. (1), Archiv Peenewerft (18), Archiv Schiffswerft Rechlin (1), Archiv SHD (5), Archiv Volksmarine (65), Archiv Yachtwerft Berlin (1), Bär (1), Ehm, W. (1), Flohr(11), Fotozirkel Flottenschule (1), Franke (1), Hübner (2), Karbaum (2), Kramer, R. (1), Kramer, W. (1), Lückstedt (1), Ludolph (5), Mehl (1), Menz (1), Militärbilddienst (2), Molitor (1), Natusch (2), Olthoff (2), Reuter (1), Rosentreter (5), Rusch (7), Schäfer (18), Schreckenbach (1), Seemann (17), Thierfelder (2), Winter (1).

Mehl, Hans; Schäfer, Knut; Israel, Ulrich:
Vom Küstenschutzboot zum Raketenschiff. –
Berlin: Militärverl. d. DDR, 1989 –
231 S.: 279 Ill.

ISBN 3-327-00075-1

2., überarbeitete und erweiterte Auflage, 1989

Lizenz-Nr. 5
A 107/83
Printed in the German Democratic Republic
Gesamtherstellung: Grafische Werke Zwickau
Lektor: Fregattenkapitän Hans-Ulrich Geburzi
Zeichnungen: Bertholdt (2), Beyer (12), Kramer (73), Kuhlmann (4)
Titelfoto: Dieter Flohr
Gesamtgestaltung: Dieter Lebek
Redaktionsschluß: 30. 9. 1987
LSV: 0559
Bestellnummer: 746 776 7
02100

Brückenfahrstand
eines modernen
Kampfschiffes

Revolverkanone
und Düppelwerfer

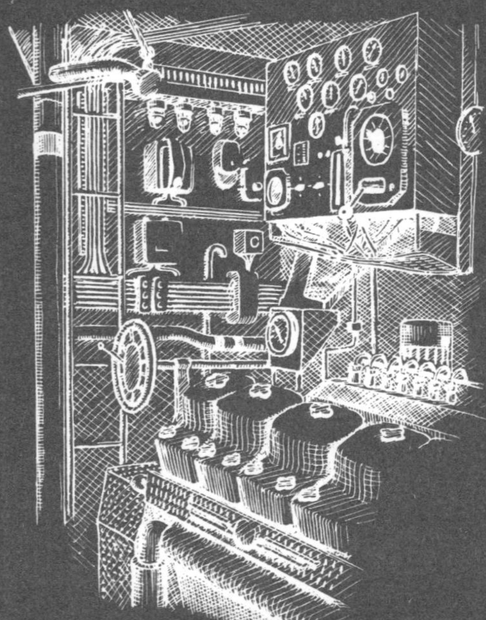

Örtlicher
Motorenfahrstand

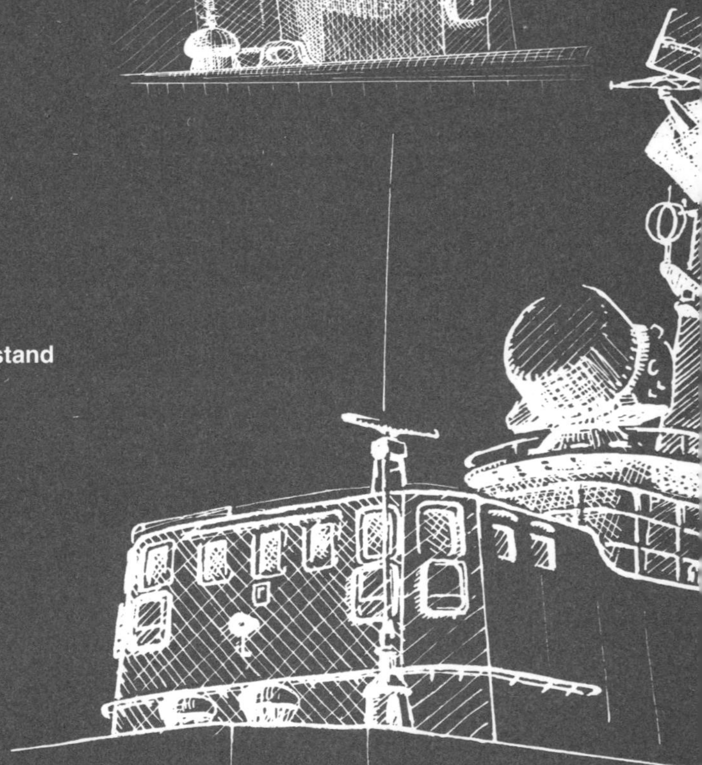

Brückenkomplex
und Feuerleitanlage
auf einem kleinen Raketenschiff